Compréhension • Lexique • Étude de la langue • Orthographe

# C.L.É.O.

## FRANÇAIS
### Manuel d'entraînement

CM1


**Antoine Fetet**
PEMF

Avec la collaboration de Jean-Claude Denizot
PEMF

RETZ
www.editions-retz.com
9 bis, rue Abel Hovelacque
75013 Paris

# Sommaire



## Compréhension



## Lexique



## Étude de la langue



ISBN : 978-2-7256-2907-0

## Étude de la langue



## Orthographe

# Présentation

**Le manuel C.L.É.O. CM1, avec son aide-mémoire, accompagne les élèves, à leur rythme, dans la maîtrise progressive du français.**

Il est organisé en **quatre domaines** :
- **Compréhension** (informations implicites, connecteurs temporels et temps verbaux, chronologie du récit, substituts du nom, intentions et sentiments des personnages, etc.).
- **Lexique** (ordre alphabétique, utilisation du dictionnaire, familles de mots, préfixes, suffixes, polysémie, antonymie, mots génériques, etc.).
- **Étude de la langue** qui englobe la **grammaire** et la **conjugaison** (organisation de la phrase, classes et fonctions grammaticales, étude du système verbal, etc.).
- **Orthographe** (correspondances graphophonologiques, valeur positionnelle des lettres, consonnes muettes, genre et nombre dans le groupe nominal, accord sujet-verbe, terminaisons verbales, homophones, etc.).

Chaque domaine est aisément repérable grâce au bandeau en haut de page :
- orange pour la compréhension
- rose pour le lexique
- bleu pour l'étude de la langue (grammaire et conjugaison)
- vert pour l'orthographe

Ce manuel comprend trois types d'activités, généralement réparties en trois rubriques.

## Activités « Pour commencer »

En ouverture de chaque séquence, ces activités sont conçues comme des situations-problèmes, déclenchant chez l'élève un questionnement, un intérêt pour la notion à étudier. Elles sont conduites au sein de moments en travail collectif, individuel ou en groupe. Leur déroulement est détaillé dans le guide pédagogique.

L'entrée dans la notion permet naturellement une première découverte, mais constitue également une préparation aux activités « Pour s'entraîner » : quelles procédures seront à mettre en œuvre, sur quels points l'attention devra-t-elle porter, quelles seront les difficultés à surmonter ou les obstacles à franchir… ? Il ne s'agit pas ici de présenter des savoirs trop tôt ou trop vite et d'en demander l'acquisition instantanée : C.L.É.O. promeut une vision plus réaliste des processus d'apprentissage. L'élève doit être conscient qu'apprendre n'est ni forcément facile, ni forcément rapide, mais qu'un entraînement méthodique et régulier, une appropriation patiente des procédures sont nécessaires à une véritable acquisition des compétences. Le principe des entraînements réitérés donne le temps à tous les élèves de progresser et de maîtriser peu à peu les difficultés rencontrées.

*Consignes pour une tâche écrite, individuelle ou en petit groupe.*

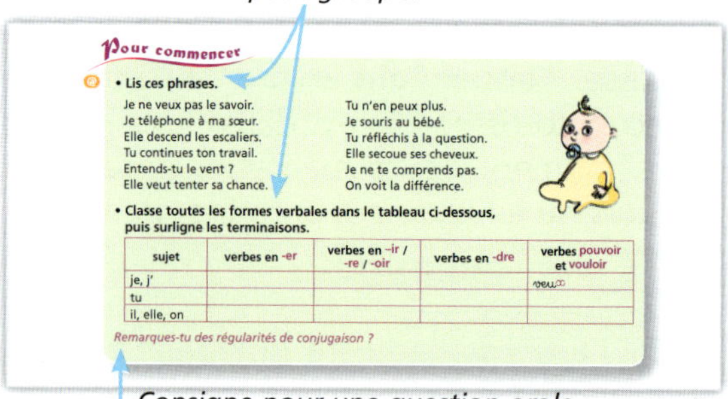

Pour commencer

• Lis ces phrases.

Je ne veux pas le savoir.
Je téléphone à ma sœur.
Elle descend les escaliers.
Tu continues ton travail.
Entends-tu le vent ?
Elle veut tenter sa chance.
Tu n'en peux plus.
Je souris au bébé.
Tu réfléchis à la question.
Elle secoue ses cheveux.
Je ne te comprends pas.
On voit la différence.

• Classe toutes les formes verbales dans le tableau ci-dessous, puis surligne les terminaisons.

| sujet | verbes en -er | verbes en -ir / -re / -oir | verbes en -dre | verbes pouvoir et vouloir |
|---|---|---|---|---|
| je, j' | | | | veux |
| tu | | | | |
| il, elle, on | | | | |

*Remarques-tu des régularités de conjugaison ?*

*Consigne pour une question orale, à débattre collectivement.*

Des ressources supplémentaires, téléchargeables sur le site **www.cleofrancais.fr** (repérées par le symbole @ dans le manuel), facilitent la mise en œuvre de séances nécessitant une manipulation particulière (tableau à compléter, étiquettes à utiliser, etc.).

## Activités « Pour s'entraîner »

Ces séries d'activités constituent le cœur de l'apprentissage. Elles s'appuient sur la manipulation concrète des notions étudiées, et non sur la présentation *a priori* des savoirs. D'un format stable (une consigne commune, une complexité similaire sur l'ensemble d'une série), elles donnent le temps aux élèves de se saisir de la notion en cours d'apprentissage et de progresser, chacun à son rythme.

**Trois auteurs de littérature jeunesse** (Fanny Joly, Roland Fuentès, Sabine Minssieux, présentés p.192 de ce manuel) ont écrit une partie des textes supports d'activités. Chacun d'entre eux y a apporté son style, son imaginaire, et sa passion de l'écriture, permettant qu'étude de la langue et plaisir de lecteur aillent de pair.

## Activités « Pour aller plus loin »

Ces activités sont destinées en priorité aux élèves les plus rapides et les plus avancés : elles leur permettent de travailler sur les mêmes notions mais sous un angle différent, généralement plus complexe, ou encore d'aborder une notion nouvelle en lien avec celle qui est étudiée. Elles constituent donc un moyen efficace de gérer l'hétérogénéité dans la classe.

## L'aide-mémoire

Il synthétise l'ensemble des notions à maîtriser au CM1. Quand une règle, une procédure ou un savoir ont été formalisés en classe, l'enseignant donne à apprendre la leçon correspondante dans l'aide-mémoire. Ce moment de formalisation intervient en cours ou à l'issue des entraînements.

Son rôle est donc double :

- **outil d'apprentissage** des leçons, il comporte une rubrique « À la maison » (destinée aux parents) pour rendre la mémorisation plus efficace ;
- **outil d'aide** pour l'écriture en autonomie des élèves, il est organisé et rédigé de manière à être réellement à leur portée.

## Évaluation

La démarche de C.L.É.O. met l'accent sur l'appropriation progressive des savoirs et des savoir-faire. De même, l'évaluation proposée s'intéresse davantage aux progrès de l'élève sur le moyen et le long terme qu'à sa performance à un instant *t*.

Les élèves peuvent mesurer leurs progrès en continu, grâce à des graphiques (présentés dans le guide pédagogique et à télécharger sur **www.cleofrancais.fr**). Ils suivent ainsi l'évolution de leurs performances et prennent davantage conscience du caractère progressif de l'appropriation des compétences.

À la fois plus sécurisant et plus exigeant, ce mode d'évaluation définit clairement le niveau de réussite attendu de la part de tous les élèves.

### Comment utiliser C.L.É.O. au quotidien ?

L'utilisation de ce manuel n'est pas linéaire : les séquences d'entraînement sont organisées sur le moyen et le long terme (de quelques semaines à plusieurs mois), de sorte que la programmation prévoit le tuilage sur l'année des domaines d'activités et des notions à étudier (voir la programmation indicative proposée dans les pages 6 et 7).
Pour exemple, une journée de classe comporte généralement quatre moments de travail avec C.L.É.O., de durées variables :

- une séance **« 5 minutes chrono »** en début de journée, équivalent du calcul mental pour l'étude de la langue (il s'agit d'une très courte activité ritualisée, portant sur un point d'orthographe, de lexique ou de grammaire, et permettant la réactivation et le renforcement d'un point de langue étudié précédemment – description détaillée dans le guide pédagogique ) ;
- une séance **« Pour commencer »**, d'une durée de 40 minutes environ ;
- deux séances **« Pour s'entraîner »**, d'une durée cumulée de 30 minutes environ.

## En conclusion

La conception de C.L.É.O. s'appuie sur des options didactiques et pédagogiques fortes :

- laisser le temps à tous les élèves de s'approprier les notions à acquérir ;
- organiser des entraînements réguliers sur ces notions… mais non rébarbatifs ;
- proposer des situations de travail mobilisatrices et stimulantes ;
- donner aux élèves une meilleure visibilité des apprentissages dans lesquels ils s'engagent.

◆ Activité « Pour commencer »
◆ Activité « Pour s'entraîner »

# Program

Cette proposition de programmation est indicative : on l'adaptera à la réalité de

| | SEPTEMBRE | | | | OCTOBRE | | | | | NOVEMBRE | | | DÉCEMBRE | | | | | JANVIER | |
|---|---|---|---|---|---|---|---|---|---|---|---|---|---|---|---|---|---|---|---|
| Sem. | 1 | 2 | 3 | 4 | 5 | 6 | 7 | 8 | Vacances | 10 | 11 | 12 | 13 | 14 | 15 | 16 | Vacances | 19 | 20 | 21 |

## Compréhension

- Je fais attention à la logique des textes - p. 10
- Je comprends ce qui est « caché » dans un texte - p. 36
- J'adapte ma lecture au fil du texte - p.14
- Je comprends … p. 18
- Je repère …

## Lexique

- J'utilise le contexte pour trouver le sens d'un mot - p. 46
- Je trouve un mot grâce au contexte - p. 52
- Je manipule des noms composés - p. 60
- Je comprends … fabriqués
- Je maîtrise l'ordre alphabétique - p. 48
- J'apprends à utiliser le dictionnaire - p. 54
- Je sais repérer les mots d'un même domaine - p. 62
- Je comprends comment les mots sont fabriqués : les suffixes (1) - p. 50
- Je comprends comment les mots sont fabriqués : les préfixes - p. 56

## Étude de la langue

- Je maîtrise la ponctuation dans les phrases - p. 88
- Je découvre l'emploi des temps simples et des temps composés - p.100
- Je manipule le groupe sujet (2) - p. 106
- Je conjugue les verbes au présent - p. 90
- Je distingue les compléments du nom et les compléments du verbe - p. 110
- Je conjugue …
- Je reconnais les noms, les verbes et les adjectifs - p. 94
- Je maîtrise la forme affirmative et la forme négative - p. 11…
- Je manipule le groupe sujet (1) - p. 98
- Je conjugue les verbes à l'imparfait et au passé composé - p. 102
- Je reconnais les COD et les COI - p. 114

## Orthographe

- J'accorde l'adjectif qualificatif avec le nom - p. 152
- J'accorde le verbe avec le sujet (1) - p. 158
- J'utilise *et, ou, mais* - p.168
- J'utilise *à, là, où, voilà* - p. 154
- J'écris les mots en *-ail, -eil, -euil, -ouil…* - p. 162
- J'utilise *c, ç* et *g, gu, ge* - p. 170
- Je maîtrise le pluriel des noms et des adjectifs - p. 156
- Je maîtrise les formes des verbes *être* et *avoir* conjugués au présent - p. 166
- Je choisis le participe … en *-er* - p. 172

mation

chaque classe et à la répartition effective des vacances, variable d'une année à l'autre.

| FÉVRIER | | | | | MARS | | | | AVRIL | | | MAI | | | | | JUIN | | |
|---|---|---|---|---|---|---|---|---|---|---|---|---|---|---|---|---|---|---|---|
| 22 | 23 | 24 | 25 | Vacances | 28 | 29 | 30 | 31 | 32 | 33 | Vacances | 36 | 37 | 38 | 39 | 40 | 41 | 42 | 43 |
| la chronologie d'un récit - | | | | | | | | | Je repère | | | les « sauts dans le temps » d'un récit - p. 28 | | | | | | | |
| | | | | | | | | | | | | | | | | | | | |
| qui parle dans un dialogue - | | | | | p. 22 | | | | | | | Je comprends les réactions et les sentiments des personnages - p. 32 | | | | | | | |
| comment les mots sont les suffixes (2) - p. 64 | | | | | Je maîtrise le sens propre et le sens figuré - p. 74 | | | | | | | Je comprends comment les mots sont fabriqués : les diminutifs - p. 84 | | | | | | | |
| Je comprends les différents sens d'un mot - p. 68 | | | | | | J'utilise des synonymes - p. 76 | | Je découvre p. 78 | | | | les niveaux de langue - | | | J'utilise des mots de sens contraire - p. 82 | | | | |
| Je comprends comment les mots sont fabriqués : les familles de mots - p. 66 | | | | | | J'utilise des mots génériques (1) - p. 72 | | | | | | | | J'utilise des mots génériques (2) - p. 80 | | | | | |
| Je maîtrise la forme interrogative (1) - p. 124 | | | | | | Je découvre l'attribut du sujet (1) - p. 130 | | Je manipule relatives - | | | | les propositions p.134 | | | Je maîtrise tous les éléments du groupe nominal - p. 148 | | | | |
| les verbes au futur - p.116 | | | | | | | Je reconnais les pronoms sujets et les pronoms compléments - p. 132 | | | | | Je découvre l'attribut du sujet (2) - p. 138 | | Je révise toutes les fonctions - p. 146 | | | | | |
| Je maîtrise les déterminants - p. 120 | | | | | Je conjugue les verbes à l'imparfait et au passé simple - p. 126 | | | | | | | | Je maîtrise la forme interrogative (2) - p. 144 | | | Je découvre les compléments d'objet second - p. 150 | | | |
| Je repère les compléments de verbe - p. 122 | | | | | de phrases et les compléments | | | | Je reconnais et les CCT - | | | les CCL p. 136 | Je découvre l'impératif présent - p. 140 | | | | | | |
| | Je maîtrise des noms | | | | le genre et le nombre et des adjectifs - p. 176 | | | Je maîtrise les les possessifs et p. 180 | | | | démonstratifs, les réfléchis - | | Je choisis *on* ou *on n'* - p. 188 | | | | | |
| | Je maîtrise les p. 178 | | | | accents graves et aigus - | | | Je maîtrise | | | | l'accord du participe passé - p. 182 | | | | | | | |
| en -é ou l'infinitif | | | | | | | | | | | | | J'accorde le verbe avec le sujet (2) - p. 186 | | | | | | |

# Comment utiliser ton manuel ?

**Pour commencer**

Seul, en petit groupe, ou avec toute la classe, tu découvriras un nouveau chapitre avec les activités « Pour commencer ».

**Pour s'entraîner**

Tu travailleras sur les séries d'activités « Pour s'entraîner » régulièrement, au fil de l'année ! Comme ça, tu auras bien le temps de comprendre et de réussir ce qu'il faut apprendre.

**Pour aller plus loin**

Si tu finis ton travail avant les autres, tu feras les activités « Pour aller plus loin ». Elles demandent souvent un peu d'astuce et représentent parfois un petit défi !

**Sur ton cahier**
n°1 p. 14
Au début, je croyais que...
Ensuite, j'ai compris que...

Ce cadre t'explique comment présenter ton travail sur le cahier : ce qu'il faut écrire, comment tu dois répondre, etc.
Observe-le bien avant de commencer !

Lorsque des phrases sont écrites de deux couleurs différentes, les parties de phrases en bleu sont les seules que tu dois recopier sur ton cahier.

**3** **a** La plupart du temps, les loups chassent du gibier, petit ou gros. Mais Loup-Gris n'a rien mangé depuis longtemps, il se contente donc d'insectes et de fruits sauvages.

**Pour t'aider**
Les propositions relatives commencent par un pronom relatif, **qui** ou **que**.

Ce cadre te propose des rappels sur des notions ou des listes de mots pour réaliser l'activité.
N'oublie pas de t'en servir !

Cette bulle te donne des conseils ou des astuces pour t'aider à réaliser l'activité ou t'éviter de faire des oublis.

**Bon travail avec C.L.É.O. !**

# Compréhension

*Les trois enfants se promenaient sur la plage déserte.*
*Ils observaient les vacanciers, allongés sur leurs serviettes.*

→ Le début de cette histoire te paraît-il logique ?

*Tonton Zéro se tenait la jambe en grimaçant.*
*Lorsqu'il m'a aperçu, il s'est mis à sourire.*

→ Comment comprendre ce sourire, alors que Tonton Zéro s'est fait une entorse ?

*« Salut Romane, c'est Léa !... Oui, je l'ai bien reçue, merci ! Je ne sais pas si je t'aurais reconnue... Mais non, tu n'as pas vieilli, ce n'est pas ce que j'ai voulu dire ! »*

→ De quoi parle donc Léa ?

**Dans cette partie, tu vas apprendre à te poser les bonnes questions pour mieux comprendre les textes !**

# Je fais attention à la logique des textes

## Pour commencer

- **En lisant ce texte, des élèves y ont trouvé des erreurs de logique : observe leur travail.**

Les trois enfants se promenaient sur la plage déserte. Ils observaient les vacanciers, allongés sur leurs serviettes. Le vent soufflait en rafales sur la mer grise aux reflets verts. Graziella, l'aînée des cousins, marchait en tête. Félix et Jeannot, les jumeaux, s'amusaient à lancer des petits galets dans l'eau pour l'éclabousser. Marinette, la plus petite, les suivait de loin. « Qu'ils sont bêtes, ces deux-là, pensa-t-il. Toujours à essayer d'agacer quelqu'un ! »

En rouge : S'il y a des vacanciers, la plage n'est pas déserte !

*Qu'en penses-tu ? Comment pourrais-tu rectifier cette erreur ?*

- **Observe maintenant les mots encadrés en vert. Explique ce qui ne va pas et rectifie le texte.**
- **Trouve la troisième erreur de logique que les élèves n'ont pas repérée.**

## Pour s'entraîner

- **Lis le texte et relève les erreurs de logique.**
- **Ensuite, modifie le texte pour qu'il soit cohérent.**

### 1

Dans sa cabane, Tiloann a étendu un vieux tapis. Un truc déchiré, qui a perdu ses couleurs et qui sent le chien mouillé, mais qu'il ne changerait pour rien au monde.

« Une cabane avec tapis, ça ressemble déjà plus à une maison, non ? il m'a demandé, tout fier.

Alors, pour ne pas le vexer, elle lui a répondu :

– Il est splendide, Tiloann ! Je peux l'enfiler tout de suite ? »

### 2

Cette quiche était vraiment magnifique ! Le pâtissier l'avait décorée avec un petit bûcheron entouré de quelques champignons en meringue, et du sucre glace pour imiter la neige. Quand Thibault l'apporta à table, tout le monde applaudit en criant : « Joyeux Noël ! » Puis Thibault la découpa et donna la plus grosse cuisse à Clara, car elle savait qu'il était gourmand.

### 3

Mais où pouvait bien être cette raquette ? Paul avait reçu un rappel de la bibliothèque : « Prière de rapporter l'article emprunté avant samedi, dernier délai. » Il avait fouillé toute sa chambre : il n'était pas sous son matelas, ni entre le bureau, ni dans son placard…

S'il ne le retrouvait pas, il lui faudrait le rembourser. Tout à coup, il eut un déclic : mais oui, bien sûr, il l'avait laissé au salon ! Effectivement, il le retrouva sous les coussins du lavabo. Il courut aussitôt le rendre avant la fermeture de la poste.

4

Pour réussir ce délicieux gâteau au chocolat, il vous faudra :

- 3 œufs ;
- 25 cl de crème ;
- 200 g de farine ;
- 100 g de sucre ;
- 100 g de beurre.

Préchauffez votre four sur 150° pendant dix minutes environ. Pendant que le four refroidit, mélangez les œufs, la crème, la farine, le sucre. Faites doucement congeler le beurre au bain-marie puis incorporez-le au mélange. Beurrez soigneusement le moule après avoir versé le mélange. Laissez cuire 25 minutes, pas plus.

5

Tiloann a demandé à Maroussia :

« Avec qui tu te marieras quand tu seras grande ?

– Avec toi.

– Tu crois qu'on se disputera encore ?

– Ça dépendra des jours.

– Tu auras une belle maison ?

– Oui. Une tout en bois, avec d'immenses placards pour les bonbons.

– On a eu des enfants ?

– Oui.

– Combien ?

– Deux et demi.

– Pourquoi deux et demi ?

– Parce que deux c'est pas assez, et trois, c'est trop. »

6

« Le TGV n° 6751 à destination de Biarritz partira de la voie n° 24.

Ce train s'arrêtera en gare de Tours, Poitiers et Bordeaux. Si vous n'avez rencontré aucune difficulté pour composter votre billet, veuillez vous signaler au contrôleur dès que le train quitta la gare. En voiture 17, pour votre bien-être, une voiture-bar vous interdira boissons chaudes, boissons fraîches, journaux et viennoiseries. Nous vous rappelons qu'il est recommandé de fumer dans les wagons ainsi que sur les plates-formes. »

7

Le roi Stanislas adorait la confiture de patates douces. Il en mangeait matin, midi et soir, et il se levait encore la nuit pour se préparer des tartines.

Or, une nuit, il ne trouva plus aucun pot de confiture dans son congélateur secret.

« Au vol ! » s'écrièrent-ils, et ils s'évanouirent.

8

Le chevalier Golo possédait les plus splendides moustaches du royaume. Il était occupé à les raser, comme chaque matin, lorsqu'un page affolé vint le trouver chez lui.

« Venez vite, chevalier ! Un bateau de pirates est en train d'attaquer le château ! »

Le chevalier posa aussitôt sa brosse à dents et s'élança vers les remparts.

9

Jean Mêlilo en avait assez de traîner dans son appartement sans rien faire d'intéressant. Le dimanche serait bientôt fini, c'était trop bête. Il décida d'aller au théâtre. Il regarde le programme dans son journal. Que voir ? film policier ? comédie ? science-fiction ? Il hésita un bon moment. Puis il se décidera pour un dessin animé. Quand j'étais petit, sa mamie l'emmenait souvent voir au cinéma des dessins animés.

Mais pile au moment où Jean Mêlilo s'apprête à sortir, la pluie se mit à tomber. « Allons, les parapluies ne sont pas pour les chiens », je me suis dit dans sa tête. Et il partit, sourire aux lèvres et parapluie sous le bras.

## ...Pour s'entraîner

- **Lis le texte et relève les erreurs de logique.**
- **Ensuite, modifie le texte pour qu'il soit cohérent.**

**10**

Samuel s'approcha de la pancarte... Les lettres tracées à la peinture étaient à moitié effacées, mais on pouvait encore lire : « Voiture à vendre. Tél. 00 54 36 87 20. » Le toit était couvert de mousse, plusieurs vitres étaient cassées et le jardin était envahi de mauvaises herbes, mais l'endroit lui plaisait beaucoup. Le voisin d'à côté les renseigna sur le quartier : « Ah ! depuis l'ouverture de la nouvelle route, la rue est très agréable, c'est beaucoup moins calme, car les voitures ne passent plus par ici pour aller au centre-ville. » Samuel téléphona aussitôt à sa femme : « Chérie, je crois que j'ai trouvé l'appartement de nos rêves ! »

**11**

Panne sèche ! Plus une goutte de carburant ! Les vacances commençaient bien... Papa a laissé le monospace s'arrêter mollement sur le bas-côté. Nous sommes tous descendus. Sans essence, il était impossible de ne pas repartir. Il ne nous restait qu'à faire de l'auto-stop. Le pouce baissé, nous faisions tous de grands sourires aux automobilistes qui passaient sans s'arrêter. Quand ils nous apercevaient de loin, ils accéléraient pour prendre le temps d'observer cette drôle de famille aux six pouces tendus, mais aussitôt ils reprenaient de la vitesse, mi-amusés, mi-stupéfaits : ces parents étaient vraiment prudents de se promener au bord de la route avec leurs cinq enfants !

**12**

Par cette nuit de pleine lune, les cambrioleurs traversèrent le parc du château. Arrivés au pied de l'imposante demeure, le plus jeune des deux descendit un mur couvert de lierre et arriva sur le balcon. Madame la marquise était profondément endormie. En cette nuit d'été, elle avait laissé la fenêtre de sa chambre fermée, pour laisser entrer un peu de fraîcheur. Le voleur s'introduisit dans la pièce sur la pointe des pieds et se dirigea vers le cabinet de toilette. Il ne mit pas longtemps à trouver le coffret où la duchesse rangeait ses bijoux. Il empocha bracelets, colliers et bagues, et sortit à la hâte. Du haut du balcon, il lança le sac rempli de bijoux à son complice resté en bas. Mais ce dernier lança un juron de douleur : il l'avait reçu sur le nez. Aussitôt, les deux grands chiens-loups de la marquise déboulèrent en aboyant furieusement. Le voleur resté en bas n'eut pas d'autre choix que de grimper au balcon, lui aussi. Et que croyez-vous qu'il arriva ? C'est là que la police les arrêta.

**13**

« Question superbonus ! Concentrez-vous, chers candidats ! »
Une musique angoissante envahit le studio de radio. Un petit boîtier dans la main, Margot sent de grosses gouttes de sueur lui couler dans le dos. Sans doute à cause de la tension. Ou des projecteurs. Ou des trois à la fois.
L'animateur approche le micro de sa bouche et, d'une voix posée, il annonce : « À quelle vitesse le faucon pèlerin peut-il voler en piqué ? Réponse A, 120 km/h.
Réponse B, 240 km/h. Réponse C, 360 km/h. Attention... cinq secondes pour valider votre choix. » Margot appuie aussitôt sur le bouton C, elle est sûre de sa réponse, les reptiles sont justement sa spécialité ! Soudain, toutes les caméras se tournent vers elle...

« Et notre gagnante, ce soir, est... Margot ! »
La jeune femme n'en revient pas. Les autres candidats l'applaudissent, le public est debout et l'animateur la critique chaleureusement.

14

« On raconte, commença Fatima, qu'autrefois le Sahara était verdoyant : une riche savane abritait des girafes et des éléphants, des lions et des gazelles. Un jour, un homme en colère frappa de son bâton un rocher sacré et le fendit en deux.

– Qu'as-tu fait là ? dit l'aigle, qui aussitôt s'envola vers les montagnes.

– Qu'as-tu fait là ? barrit le lion, qui aussitôt s'enfuit vers le Sud.

– Qu'as-tu donc fait là ? demanda la gazelle, qui aussitôt s'enfonça dans son terrier.

– Qu'as-tu donc fait là ? rugit le renard, qui aussitôt bondit loin de là.

Du rocher fendu jaillit une source de sable doré, qui bientôt recouvrit de ses dunes la savane, emplit le lit des rivières et assécha les plaines. Une tempête de sable chassa au loin les nuages porteurs de sécheresse. Tous les animaux s'enfuirent, excepté le petit renard qu'on appelle le fennec. Ses oreilles poussèrent pour guetter l'arrivée de l'homme et se mettre à l'abri de ses colères.

C'est ainsi, conclut le conteur, que le Sahara est devenu une jungle. »

## Pour aller plus loin

- **Lis attentivement les deux textes ci-dessous : ils ont été mélangés et ne sont pas du tout logiques !**
- **Échange des éléments des textes a et b de manière à reconstituer deux histoires parfaitement compréhensibles.**

**a**

Marcel lisait la radio d'un œil distrait quand une information attira son attention. Oh ! pas un gros titre, non, une courte annonce coincée en bas de la page des sports, entre une chanson de Zazie et les résultats du championnat de basket.

Cet article invitait les habitants de sa ville à une réunion très importante qui devait avoir lieu le lendemain à 19 h. On présenterait un projet de piste cyclable qui devait passer… au beau milieu du jardin de Marcel !

Aussitôt, il mit ses chaussures, prit son agenda et courut à la réunion. Il n'était pas question qu'il laisse une autoroute se construire derrière chez lui !

**b**

Marcel écoutait son journal d'une oreille distraite quand une information attira son attention. Oh ! pas une émission spéciale d'une heure, non, un minuscule article coincé entre une publicité pour un dentifrice et le bulletin météo.

Cette annonce invitait les habitants de son quartier à une réunion très importante qui devait avoir lieu le jour même à 19 h. On présenterait un projet d'autoroute qui devait relier le centre-ville à tous les quartiers de la commune.

Aussitôt, il prit son parapluie pour noter la date et l'heure de la réunion. Il allait au travail en vélo et se réjouissait de ce projet qui allait lui simplifier la vie.

# J'adapte ma lecture au fil du texte

## Pour commencer

- **Lis ce texte.**

C'est Camille qui a eu l'idée :
« Et si on faisait une course, tous les deux ? On va jusqu'au poteau de basket ; une fois là-bas, on en fait le tour, et le premier qui revient ici a gagné !
– D'accord ! Mais je te préviens, je suis sûr de gagner !
– C'est ce qu'on va voir ! »

Dorian traça pour nous la ligne de départ sur le sol avec un bâton. On a mis nos roues avant pile poil dessus, et Dorian a donné le départ : « À vos marques ! Prêts ? Partez ! »

On est partis à cent à l'heure, le plus vite possible. Nos pneus crissaient comme ceux des voitures de course ! **Le problème, c'est qu'on est arrivés ensemble au poteau de basket, moi d'un côté, Camille de l'autre, et au moment de prendre le virage…** on s'est rentrés dedans ! Accident de première classe !

Les copains sont accourus pour nous aider à nous relever. Heureusement, nos ………… n'avaient pas de dégâts. Une fois assis, Camille et moi on a piqué un de ces fous rires !

- **Fais un petit dessin pour représenter le moment imprimé en couleur.**
- **Trouve quel est le mot caché à la fin du texte.**

*Maintenant, ton enseignant va te donner une nouvelle information.*
*Y a-t-il des indices que tu n'avais pas remarqués et qui auraient pu te mettre sur la voie ?*

## Pour s'entraîner

- **Lis le texte.**
- **Explique comment tu voyais les choses en commençant ta lecture et comment tu les vois après avoir lu le texte en entier.**

**Sur ton cahier**
n°1 p. 14
Au début, je croyais que…
Ensuite, j'ai compris que…

**1**

Chère maman,
Je t'écris cette petite lettre pour te dire qu'ici, tout va bien. La nourriture est assez bonne, mais pas très variée. Je me suis fait de nouveaux amis : on fait un peu de sport tous les jours, pendant la promenade. Le soir, je regarde la télé, mais dans la journée je m'ennuie souvent. Je dois dire que le confort de la maison me manque beaucoup. Mais ce qui me manque le plus, c'est ma liberté. J'attends avec impatience le début du procès, je pourrai enfin prouver que je suis innocent !
Je t'embrasse, ton fils qui t'aime.

**2**

Golo avait mis un genou en terre. La tête basse, les épaules affaissées, il ne bougeait plus.
Le roi Stanislas s'approcha lentement de lui. Il brandit sa lourde épée au-dessus de la tête de Golo, et la reposa délicatement sur son épaule droite, puis sur son épaule gauche, en déclarant :
« Golo, par ce geste, je te nomme chef de la garde des confitures de patates douces. »
Ainsi s'achevait, chaque nuit, le rêve du chevalier Golo, qui, pas plus qu'aucun autre sujet du royaume, n'avait pu goûter une seule cuillerée des confitures royales.

3

Ted le Biceps rampait plus silencieusement qu'un Indien d'Amérique. Centimètre par centimètre, il se rapprochait de Maroussia, sans lâcher le précieux sachet de bonbons qu'il tenait entre ses dents. Il allait parvenir jusqu'à elle quand, depuis l'estrade, la foudre lui tomba dessus :

« Ted ! Viens ici tout de suite ! Donne-moi ce sac et file au piquet ! »

4

« Allô ?

– Bonjour, madame Ramier ! Ici Sylvain Grujard, de Jackpot Superstar ! Je vous annonce une FANTASTIQUE nouvelle. Aujourd'hui c'est votre jour de chance : VOUS AVEZ GAGNÉ ! C'est officiel : votre nom a été sélectionné parmi des milliers d'abonnés au téléphone en France, Belgique, Suisse, Canada et jusqu'en Afrique ! »

Madame Ramier sentit son cœur battre plus fort dans sa poitrine. Elle balbutia :

« Mais...

– Qu'avez-vous gagné ? C'est la question que vous vous posez, bien sûr, madame Ramier, et je le comprends parfaitement. Ne soyez pas impatiente, vous allez le savoir très vite. Pour cela il vous suffit de me donner, là, sans plus attendre, votre numéro de carte bancaire, sans oublier la date d'expiration ni le code confidentiel...

– Biiip... biiip... biiip

– Allô ? madame Ramier ? »

L'homme raccrocha à son tour et, avec un long soupir de lassitude, barra « Ramier » de sa liste.

5

Par la fenêtre, je vois Tantor qui dort paisiblement. Tant mieux. Il aura besoin de toutes ses forces demain soir.

Je crois que je vais faire comme lui pour être en forme moi aussi. Comme il n'y a pas école après-demain, tonton a promis de m'emmener à la représentation. Je n'aime pas beaucoup les numéros d'animaux, mais j'ai pris l'habitude, chaque année, quand le chapiteau vient s'installer sur la place, d'aller applaudir Tantor l'éléphant.

6

L'homme en costume cravate abandonna son sourire de séducteur pour agripper l'épaule de la femme au chapeau.

« Tu sais ce que je lui dis à ton père, moi ? Tu veux le savoir ? »

Le garçon âgé de six ou sept ans, qui tenait la main de l'élégante rousse, la lâcha pour tenter de s'interposer :

« Oh ! ça suffit, vous n'allez pas recommencer... Pitiééé ! »

L'homme repoussa l'enfant comme on chasse une mouche :

« Arrière, toi, ne te mêle pas de ça ! »

Les talons de la femme cessèrent de claquer sur les pavés.

« Tu lui touches un cheveu, tu lui touches un cheveu... Je... Je... Fais attention, Raoul ! »

« Coupez ! C'était bien, mais tu as oublié la moitié de ta réplique, Gloria ! » cria le réalisateur du haut de sa grue.

7

L'eau montait à vue d'œil, elle atteindrait bientôt nos genoux. Des trombes d'eau se déversaient sur nos épaules, nos sacs à dos étaient trempés, nous n'avions plus un seul cheveu de sec. Une rivière s'était formée à l'endroit où, une heure auparavant, n'existait qu'un banc de sable. Selon Hassan, notre guide, depuis cinquante et un ans, personne n'avait connu d'orage aussi violent dans cette région du Sahara.

## ...Pour s'entraîner

- **Lis le texte.**
- **Explique comment tu voyais les choses en commençant ta lecture et comment tu les vois après avoir lu le texte en entier.**

**8**

Martin n'avait vraiment pas le moral. Il rentrait tout seul chez lui, dans le froid du mois de janvier, et ce soir-là, justement, il aurait bien voulu passer la soirée avec quelques amis. Malheureusement, aucun n'avait répondu à son invitation…
Arrivé chez lui, il fut surpris de constater que la porte n'était pas fermée à clé. « Tiens ! se dit-il, quel étourdi, j'ai oublié de la verrouiller ce matin ! Et par-dessus le marché, l'électricité est coupée, plus de lumière ! Décidément tout va mal ce soir ! »
Plus étrange encore, une délicieuse odeur de gâteau au chocolat flottait dans l'appartement…
Martin n'appréciait pas du tout cette accumulation de petits mystères. Il tendit l'oreille et, dans le noir complet, il crut entendre le bruit léger d'une respiration ou une sorte de murmure étouffé. Martin commençait vraiment à prendre peur. Il empoigna le petit tabouret de l'entrée, pour se défendre, au cas où…

Il avance à tâtons vers la cuisine, le cœur battant, à la recherche de la lampe de poche qui devait se trouver dans un tiroir du buffet.
Tout à coup, la lumière s'alluma et tous les amis de Martin crièrent ensemble : « Bon anniversaire ! »

**9**

Valentine n'aimait pas la rue Saint-Ambroise, avec son interminable mur qui longeait le cimetière. Les rares passants qu'on y croisait, solitaires ou en groupes serrés, marchaient silencieux, le regard bas, la mine désolée...
Mais Valentine n'avait pas le choix. Pour aller chercher le pain, c'était le seul chemin. Ce soir, sous le ciel plombé, le décor était spécialement triste. Un vol de corbeaux passa. Valentine le suivit des yeux. Tiens ! un homme marchait derrière elle. Elle pressa le pas. Lui aussi. Les corbeaux tournoyaient à présent en croassant. Un signe ? Un mauvais présage ? Les mains moites, le cœur battant, la fillette se mit à courir. L'homme à ses trousses cria :
« Hep ! Mademoiselle ! Ce n'est pas à vous, ça, par hasard ? »
Il lui montrait un bracelet. Le bracelet à petits cœurs offert par Mamé à Noël : il venait de le ramasser derrière elle à la boulangerie...

**10**

À peine avais-je passé le coin de la rue des Peupliers que Constantin se leva du banc où il m'attendait tous les matins. Il se précipita vers moi, l'air hagard :
« Hé, Claudio, t'es au courant ?
– Non... Quoi ?
– Il y a une visite médicale pour les CM aujourd'hui. Tant pis pour ceux qui n'ont pas apporté leur carnet de santé… L'infirmière va leur refaire toutes les piqûres ! »
J'ai senti mes jambes flageoler :
« C'est horrible ! Ils sont fous ! On ne pouvait pas deviner qu'il fallait apporter son carnet de santé… Personne ne nous a prévenus ! »
Constantin ne m'écoutait plus. Il se tapait sur les cuisses :
« Ah ! Je t'ai bien eu ! Personne ne t'a dit qu'on est le premier avril aujourd'hui ? »

**11**

Dès que le commandant lui en donna l'ordre, Kévin sortit par le sas de secours, situé à l'avant du poste de pilotage.
Malgré la nuit profonde qui l'entourait, et le lourd scaphandre qui le protégeait, il se dirigea sans hésitation vers la turbine endommagée. Comme il avait à peine assez d'oxygène pour réussir sa mission, il se mit à démonter la partie détruite par l'explosion sans perdre un instant.

Soudain, une pieuvre géante, surgie des profondeurs, lui arracha des mains sa puissante lampe torche. Kévin se retrouva dans l'obscurité la plus totale…

**12**

Samantha prépara soigneusement ses skis et son matériel. Elle passa un peu de pommade sur ses lèvres, qui allaient beaucoup souffrir du soleil et du vent.
C'était le dernier entraînement avant la compétition de dimanche. Elle n'avait plus d'autre occasion de perfectionner son style en slalom. Si elle gagnait cette épreuve, elle avait de grandes chances d'être sélectionnée pour les jeux Olympiques. Elle mit tout son équipement dans le coffre de sa voiture et prit la direction du port. Déjà, plusieurs de ses concurrentes, tirées par de puissants hors-bord, s'entraînaient sur le plan d'eau. Elle enfila sa combinaison et salua le pilote du bateau qui l'attendait sur le quai.

## Pour aller plus loin

- **Lis ce dialogue : un monsieur étranger téléphone à une commerçante.**

### Dialogue de fous

« Allô ? Bonjour Madame, est-ce que vous avez des ______ ?
– Oui, bien sûr Monsieur. Quel genre de ______ recherchez-vous ?
– Oh ! quelque chose de pas trop cher… C'est pour un dîner que j'organise chez moi.
– Je vois. Et vous cherchez une couleur en particulier ?
– Euh… rose ou grise. Pourquoi ? vous avez d'autres couleurs ?
– Bien sûr. Nous avons des ______ de toutes les couleurs, à pois, à rayures !
– Ah bon ? Mais elles sont fraîches, vos ______ ?
– Fraîches ? Que voulez-vous dire ? Elles sont à la dernière mode, ça je peux vous l'assurer !
– Bon ! vous m'en réserverez un kilo, des grosses ______ roses !
– Un kilo ? Mais Monsieur, les ______ se vendent à l'unité !
– À l'unité ? Vous voulez rire ! J'ai une douzaine d'invités, il m'en faut bien un kilo !
– Mais Monsieur, vous voulez offrir une ______ à chacun de vos invités ?
– Mais bien sûr Madame, et même plusieurs, ils ont bon appétit !
– Bon appétit ? Mais Monsieur, les ______, ça ne se mange pas, ça se noue autour du cou !
– Moi, les ______, je les décortique et je les mange ! Madame, excusez-moi, mais quel métier faites-vous exactement ?
– Moi ? Je vends des accessoires de mode, des foulards, des nœuds papillons…
– Oh ! excusez-moi, je croyais que vous étiez poissonnière ! Au revoir, Madame ! »

- **Trouve ce que ce monsieur voulait acheter. Fais la liste des indices.**
- **Qu'est-ce qu'avait compris la commerçante ? Fais la liste des indices.**

# Je comprends
# la chronologie d'un récit

## Pour commencer

• **Lis ce texte.**

Enfin ! Dans quelques minutes, l'arbitre allait siffler le début du match. Quentin entra fièrement sur le terrain de foot. Son père lui avait acheté le matin même de nouveaux crampons. Quentin s'était entraîné dur, depuis des mois, pour être sélectionné dans l'équipe des minimes du club. La veille au soir, il avait eu du mal à s'endormir tant il était impatient de jouer ce match. Au début de la seconde mi-temps, quand il marqua son premier but, tous ses coéquipiers l'entourèrent pour le féliciter.

**Pour résumer l'histoire, un élève a commencé à faire une liste de tous les événements qui composent ce récit. Entre parenthèses, il a écrit le moment où se passe chaque événement :**

- coup de sifflet (début du match)
- entrée sur le terrain (juste avant le match)
- achat de crampons (le matin du match)

• **Continue cette liste.**
• **Remets la liste de ces événements dans l'ordre où ils se sont déroulés dans la réalité.**

*Que constates-tu ?*

## Pour s'entraîner

• **Lis le texte. Fais la liste résumée de tous les événements qui le composent.**
• **Puis remets cette liste dans l'ordre chronologique.**

**1**

Sabrina s'approcha de sa mère et annonça d'une toute petite voix : « Maman, il faut que je te dise quelque chose. » Elle avait longtemps hésité à lui parler, mais sa meilleure copine, Léonie, lui avait assuré que c'était la meilleure chose à faire. Sabrina continua : « Il y a des grands, à l'école… ils m'embêtent. Ils ont dit que si je le disais à quelqu'un, ils allaient me casser la figure. » La maman de Sabrina la rassura aussitôt : « Ne t'inquiète pas, nous allons nous occuper de ce problème. Tu as drôlement bien fait de m'en parler ! »

**2**

Quand il a fallu sortir le livre de lecture, ce matin, j'ai essayé de le cacher de mon mieux avec ma trousse et mes cahiers. La maîtresse s'est approchée de moi, plutôt soupçonneuse. « Samuel, qu'est-ce que tu fabri… Oh ! Samuel, qu'est-il arrivé à ton livre ?
– Maîtresse, c'est ma petite sœur, hier soir… J'avais fait un dessin et je n'avais pas rangé mes feutres…
– Eh bien, elle se prend pour une artiste, ta petite sœur !
– Mes parents ont dit qu'ils remplaceraient le livre. On ira le commander demain à la librairie…
– J'espère bien ! La prochaine fois, tu ne laisseras plus traîner tes affaires ! »

3

Nestor l'écureuil sortit la tête de son trou et vit qu'une épaisse couche blanche avait recouvert la forêt : il avait neigé toute la nuit. Il descendit de son arbre à la recherche de nourriture. Il se dirigea vers un vieux sapin et creusa un peu la terre sous une grosse racine. Nestor se souvenait qu'à la fin de l'été, il avait entassé dans cette cachette des noisettes et d'autres graines. Il fit un excellent repas et retourna se blottir dans son trou.

4

Un bâton dans une main, les skis dans l'autre, Romain remontait avec difficulté la piste qu'il venait de descendre à toute allure. Il se demandait bien comment il pourrait retrouver le bâton perdu parmi tous ces skieurs, quand une jeune femme s'arrêta près de lui dans un grand nuage de neige : « Tiens, je pense que j'ai trouvé ce que tu cherchais ! »

5

Aujourd'hui, tonton Zéro m'a invité pour le goûter. Il était tout joyeux, ses yeux brillaient comme des bougies d'anniversaire :
« Regarde, Rémi, les bons kiwis que je t'ai rapportés ! »
Il s'est approché de moi et il m'a chuchoté à l'oreille, comme s'il craignait qu'un espion se cache dans la pièce :
« Ce matin, je me suis levé aux premiers rayons du soleil, j'ai sauté dans mon voilier, et je suis allé jusqu'en Nouvelle-Zélande pour cueillir ces fruits ! »
J'ai félicité tonton pour sa rapidité, puis j'ai dévoré ses kiwis.
Ils étaient juteux à point ! Mais je n'ai pas dit à tonton qu'en venant chez lui, j'avais vu exactement les mêmes, chez le primeur du coin de la rue...

6

Le maître avait beau parler de choses intéressantes (la prise de la Bastille en l'occurrence), Arthur n'avait d'yeux que pour la chaise vide à côté de lui...
Coralie était partie. Elle ne reviendrait pas. Elle était là-bas, à Toronto.
Arthur n'irait jamais. Jamais avant longtemps en tout cas. C'était à pleurer.
Le garçon se souvenait du premier jour comme si c'était hier.
Le jour de son arrivée.
La directrice était entrée.
Le maître, qui venait de commencer une dictée, avait froncé les sourcils :

« Oui ?
– Vous avez une nouvelle élève, la voici... »
Quelques jours auparavant, le maître avait changé Arthur de place, parce qu'avec sa carrure de rugbyman, il empêchait Gabriel de voir au tableau !
Toutes les têtes s'étaient tournées. Et elle était apparue. Coralie. Jolie comme une fleur.
« Bonjour Coralie. Va t'asseoir là-bas, près de ce garçon qui a l'air hypnotisé ! Arthur, fais de la place pour ta nouvelle voisine ! »

7

Ce matin, à huit heures et quart, tonton Zéro est venu me chercher sur sa mobylette rouge. Depuis longtemps, il voulait m'amener à l'école. Mais maman refusait. Elle avait peur qu'il n'oublie l'heure à cause de sa distraction légendaire.
Hier, comme il insistait encore, elle a soupiré :
« D'accord, mais gare à toi si tu laisses passer l'heure ! »
En arrivant à l'école, je suis descendu de la mobylette rouge et j'ai regardé ma montre : cinq minutes d'avance !
Je me suis retourné vers tonton pour le féliciter, pour une fois qu'il n'était pas en retard, et là, j'ai remarqué qu'il était encore en pantoufles...

## ...Pour s'entraîner

- **Lis le texte. Fais la liste résumée de tous les événements qui le composent.**
- **Puis remets cette liste dans l'ordre chronologique.**

**8**

Ce matin, j'ai rencontré Tiloann dans la rue. Il portait un énorme sac de bonbons, et pleurait comme une fontaine.

« Bou-hou ! Rémi... Aujourd'hui, j'ai cassé ma tirelire pour offrir un kilo de bonbons à Maroussia. Et tu sais quoi ? Je viens de la croiser bras dessus, bras dessous avec Ted le Biceps, en train de s'empiffrer de chamallows.

– Écoute, Tiloann, j'ai dit en louchant vers le sac de bonbons, c'est triste, mais t'as quand même pas tout perdu... »

Il a reniflé, a poussé un long soupir, puis il a souri en me tendant le sac :

« T'as raison. Tant qu'il nous reste des bonbons, la vie est belle ! Tu veux une fraise Tagada ? »

**9**

Quand maman rentra ce soir-là, il n'y avait plus d'électricité dans la maison. Elle appela aussitôt son fils :

« Jarod, peux-tu m'expliquer pourquoi le courant ne marche plus ?

– Ben, c'est à cause de l'aspirateur... Je crois qu'il a grillé...

– Comment ? L'aspirateur a grillé ? Mais pourquoi ?

– Heu... c'est quand j'ai essayé de le refroidir... avec le tuyau d'arrosage.

– Quoi ? Mais qu'est-ce que tu racontes ?

– Ben oui, comme j'avais aspiré les braises du feu, pour nettoyer la cheminée, il y avait de la fumée et des petites flammes vertes qui sortaient de l'aspirateur !

– Mais comment peux-tu faire autant de bêtises en aussi peu de temps ! Décidément, ce n'est pas possible de te laisser tout seul à la maison ! C'était la dernière fois ! »

**10**

Malgré le froid de décembre, Jean Dupont se sentit tout ragaillardi en quittant le cabinet de l'avocat.

Il se revoyait, six mois plus tôt, fou de joie au volant de la Citroyota qu'il venait d'acheter.

La fameuse Citroyota que le vendeur lui avait décrite comme « quasi neuve, une occasion en or » !

Mme Dupont avait même sorti le champagne ce soir-là : depuis le temps que le couple rêvait de cette voiture !

Et boum, sur la route des vacances : boîte de vitesses à changer !

Et re-boum, sur la route du retour : embrayage à refaire en entier !

Et cet escroc de vendeur qui ne répondait à aucun appel, aucun message, aucun courrier.

Maître Jaunard allait s'occuper de lui... Ce mauvais gredin allait voir ce qu'il allait voir, non mais !

**11**

En sortant de l'école, je suis allé chez Tiloann.

Il voulait fêter son anniversaire dans la cabane que son papa lui a construite, sur l'arbre au fond de leur jardin.

Tiloann m'a fait les honneurs :

« Messire Rémi, bienvenue dans mon château ! »

L'air mystérieux, il a ouvert une boîte en carton dissimulée derrière un fauteuil crevé :

« Voici le trésor... Un trésor de macarons à la noix de coco ! »

Hélas, pendant la journée, les fourmis avaient trouvé le trésor, et dévoré la moitié des macarons...

**12**

Une heure que Sébastien tournait en rond dans le salon, ruminant ses sombres pensées... Deux en maths ! Comment allait-il faire avaler ça à son père ?
Il revit la tête du prof lui tendant sa copie, le matin même :
« Monsieur Dubois, comment comptez-vous vous y prendre pour progresser ? »
Excellente question. Mais sans réponse pour l'instant.
La dernière fois que Sébastien avait ramené un zéro en maths, il y a 10 jours exactement, son père avait commencé par piquer une colère. Puis il lui avait fait subir une rafale de « cours de soutien » à sa façon, mélange d'explications interminables et de reproches... insupportables !
Une idée traversa le cerveau du garçon : et s'il maquillait son 2 en 12 ?
Son copain Victor s'y était risqué le mois dernier. Résultat ? Quatre heures de colle. Plus une punition carabinée. Sans parler de la honte quand ses parents l'ont appris. Vraiment trop cher payé ! Et puis malhonnête. Hors de question.
La clé tourna dans la serrure. Sébastien se laissa tomber dans le canapé, un peu comme un boxeur sonné avant même le combat.

**13**

Appliqué comme un bon élève, M. Justin traçait les lettres à la bombe de peinture noire sur le drap blanc.
Il riait tout seul par instants, à l'idée de la tête que ferait la fouineuse du 27 en découvrant demain matin la banderole qu'il était en train de confectionner.
Dès que la nuit serait tombée, il comptait l'accrocher entre les deux gros châtaigniers de son jardin : ainsi elle l'aurait sous le nez !
Six mois plus tôt, au lendemain de son emménagement, il avait aperçu la voisine guettant ses moindres faits et gestes derrière son rideau. Cela lui avait déplu.
Par la suite, chaque soir, il fermait ses volets de bonne heure, histoire de lui adresser un message muet, mais clair néanmoins : « Je suis votre nouveau voisin, pas une bête curieuse... »
Mais cela n'avait pas suffi. Avant-hier, il l'avait surprise en train de l'espionner aux jumelles, carrément !

M. Justin admira son œuvre. Il ne restait plus qu'à la laisser sécher...

## Pour aller plus loin

**Les phrases de ce texte ont été complètement mélangées !**
**• Reconstitue le texte.**
**• Fais la liste des événements, puis classe-les dans l'ordre chronologique.**

Elle a râlé un peu, mais a fini par tout arranger.
À la place du shampoing, j'avais pris le flacon de bain moussant !
C'est à ce moment-là que la catastrophe est arrivée !
Les copines sont venues voir le désastre.
En préparant mes affaires, à la maison, je m'étais trompée de bouteille...
Il y avait de la mousse partout, jusque dans les vestiaires !
Célia est allée prévenir quelqu'un à l'accueil.
Mercredi dernier, je suis allée à la piscine avec mes copines.
On a nagé dans le grand bassin sans planche ni ceinture.
Ensuite, j'ai commencé à me laver les cheveux sous la douche.
Une dame est arrivée avec un seau et un balai.

# Je repère qui parle dans un dialogue

## Pour commencer

@ **• Lis le dialogue suivant, puis joue la scène avec tes camarades.**

Pour régler l'affaire au plus vite, le principal convoqua dans son bureau tous les professeurs de ma classe.
Mlle Ledru, le chignon tiré en arrière et l'air exaspéré, prit tout de suite la parole :
« Ne comptez pas sur moi pour revenir sur ma décision ! Je n'accepterai plus jamais ce petit malotru dans ma classe !
– Allons, Mathilda, vous n'allez pas en faire une maladie ! lui dit gentiment Mme Vidalin, qui avait un peu de peinture dorée sur le front. Après tout, ce n'est pas si…
– Comment ? l'interrompit Mlle Ledru. L'élève Michaud lance des boules puantes sous mon bureau et vous voudriez que je passe l'éponge ?
– Si vous aviez passé l'éponge… elle ne sentirait pas bon ! remarqua malicieusement M. Jackson, le prof d'anglais.
– Oh ! Andrew, je vous dispense de vos blagues stupides », siffla Mlle Ledru dont le chignon commençait à se défaire.
M. Fayard tapota sur son bureau avec son crayon :
« Allons, allons, Mesdames, Monsieur, un peu de calme ! »
Il se tourna vers moi et me demanda soudain :
« Mais bon sang, Jérémy, qu'est-ce qui t'a pris ?
– M'sieur, j'le ferai plus, c'est promis !
– Excuse-toi immédiatement !
– Mam'zelle, pour m'excuser, j'apprendrai mes tables sur le bout des doigts !
– Bon, soupira-t-elle, mais ne t'avise pas de recommencer ! »

**En utilisant cinq couleurs, surligne les différentes manières de désigner chaque personnage.**

*Peux-tu trouver la discipline enseignée par chaque professeur ?*

## Pour s'entraîner

**Pour chaque personnage de l'histoire, fais la liste de ses différentes désignations.**

**1**

« Et pour vous, Madame Petibon ? »
La vieille dame avança d'un pas :
« Une demi-baguette pas trop cuite, s'il vous plaît, Bérengère, et un croissant pour le petit !
– Oh merci, Mamy ! » sautilla de joie le garçonnet qui l'accompagnait.
Un homme en imperméable surgit du fond du magasin :
« Pardon : j'étais là avant ! »
La boulangère lui lança un regard hostile :
« Vous n'êtes pas pressé à ce point tout de même !
– Je suis désolé, protesta le client, je posais juste mon parapluie à côté de la porte, c'est mon tour, c'est mon tour et point !
– Faites attention, jeune homme, à ce train-là, vous serez le premier au cimetière ! » ironisa la grand-mère en lançant un clin d'œil à la commerçante.

2

« Monsieur Bercot, a annoncé le vendeur à papa, cette tondeuse est exceptionnelle. Elle résiste au froid, au chaud, à la pluie… et en plus elle tond le gazon ! »
Papa s'est tourné vers tonton.
« Qu'est-ce que tu en penses, Ludovic ?
– Je te conseille de la prendre, Stéphane. Avec ça, tu pourrais tondre la forêt de Fontainebleau.
– Mmm… Peut-être, mais ce que je veux, moi, c'est juste tondre ma pelouse, qui est minuscule !
– Votre beau-frère a raison, Monsieur Bercot, c'est le produit qu'il vous faut. Avec ça, vous pourriez tondre un stade de football ! Le moteur est fabriqué en Allemagne : qualité exceptionnelle ! En plus, nous vous offrons une garantie de 10 ans sur le panier ramasse-herbe !
– Écoutez, monsieur Partagas, je préfère réfléchir encore. »
Le soir, à table, papa a dit à maman :
« Marjolaine, la prochaine fois que je voudrai acheter une tondeuse, j'irai sans ton frère… À cause de lui, j'ai failli me faire avoir ! »

3

« Et pour vous, monsieur et madame Bercot, ce sera ?
– Une grande pizza aux anchois, s'il vous plaît.
– Stéphane, tu sais bien que Rémi n'aime pas les anchois.
– Oups ! Tu as raison, Marjolaine. Alors une tomate-mozzarella, s'il vous plaît.
– Bien, monsieur Bercot. Ça roule !
– Euh, patron…
– Oui, Jean-Louis ?
– Il n'y a plus de mozzarella.
– Aïe ! Messieurs dames, nous sommes désolés, mais mon pizzaïolo m'avertit qu'il vous faut choisir autre chose.
– Tu entends, Marjo ? Plus de mozzarella. Qu'est-ce qu'on fait ?
– Eh bien, une aux champignons, alors.
– Pas de problème, madame Bercot. Vous pouvez venir la chercher à quelle heure ?
– Huit heures, ça irait ?
– Parfait. À tout à l'heure, messieurs dames. »

4

La caméra fit un zoom sur Régis Fontaine :
« Après cette page de publicité, nous reprenons notre débat : pour ou contre le portable à l'école ? Docteur Gantois, vous m'aviez demandé la parole…
– Oui, je m'insurge contre la position de M. Delvaux : si je le comprends bien, il faudrait autoriser les élèves à utiliser leur téléphone à tout moment ! »
Le président de l'association de parents réagit aussitôt :
« Mais ce n'est pas ce que j'ai dit, Madame ! Je souhaite simplement pouvoir contacter mes enfants en cas d'urgence.
– Merci pour cette précision, l'interrompit l'animateur. Qu'en penses-tu, toi, Samuel ?
– Je suis plutôt d'accord avec M. Delvaux, mais si c'est autorisé, j'ai des copains qui vont en abuser !
– C'est sûr, renchérit Mlle Chaudy. Plusieurs de mes élèves ne peuvent déjà plus se passer de leur portable ! »
La première intervenante ajouta d'un air victorieux : « Je suis heureuse de constater que nous sommes d'accord, la représentante des enseignants et moi. »
Mais l'invité assis juste en face d'elle n'en démordait pas :
« C'est aux maîtres de s'assurer qu'il n'y a pas d'abus ! »
Le plus jeune des participants remarqua timidement :
« Ça ne va pas être facile pour eux…
– Eh bien, Mesdames, Messieurs, merci ! le coupa le journaliste. Le débat n'est pas clos, nous y reviendrons dans une prochaine émission. Bonsoir et à bientôt ! »

## ...Pour s'entraîner

**Pour chaque personnage de l'histoire, fais la liste de ses différentes désignations.**

**5**

À la sortie de l'école, maman nous a emmenés au skate-park.

« Ludovic doit nous rejoindre à cinq heures pour nous conduire à la plage. Vous avez une demi-heure. »

En grimpant sur son skate-board, Tiloann m'a demandé :

« Il est souvent à l'heure, ton oncle ?

– Tonton Zéro ? Ça dépend... Quand il n'a pas de problème avec sa montre, il peut être à l'heure. Pourquoi ?

– Parce que Maroussia doit venir au skate-park avec Clémentine, à cinq heures et quart.

– Et alors ?

– Alors ? Eh ben... aujourd'hui on est fâchés. Je ne veux pas la voir ! »

À cinq heures et quart, tonton n'était toujours pas arrivé. Maman nous a appelés.

« Dites, les garçons. Ça serait pas les petites Dubois qui arrivent ? »

Tiloann s'est baissé en faisant semblant de rattacher son lacet.

« Mais quand est-ce qu'il vient, ton oncle ? »

Maroussia et sa sœur poussaient déjà la grille quand tonton est apparu à l'autre bout du parc. Tiloann a couru vers lui.

« Salut, Tilou. Tu as hâte de te baigner, on dirait. Désolé du retard, j'ai fait tomber ma montre dans la douche, ce matin... »

**6**

« Que fait-on cet après-midi ? » lança le colonel qui détestait l'oisiveté et ne pouvait rester plus de dix minutes dans une chaise longue.

Son épouse cessa un instant de se vernir les ongles de pieds :

« Personnellement, Albert, je ferais volontiers une sieste... »

Le militaire ouvrit des yeux ronds :

« Une sieste, Hélène ! Par ce temps radieux ? Tu n'y penses pas ! Je propose une marche d'une quinzaine de kilomètres sur la plage ! Qu'en dites-vous, les enfants ? »

Wilfried ne réagit pas. Le hard rock qu'il écoutait à fond dans son casque ne lui avait pas permis de capter l'échange entre ses parents.

Mme Dugenou tapota l'épaule de son fils aîné :

« Trésor, Papa te parle ! »

L'adolescent leva le nez, sourit à sa mère... et monta le son de son MP3. Sa jeune sœur était, quant à elle, plongée dans une revue canine.

« Charlotte ! aboya le père. On va marcher sur la plage, tu viens ?

– Maman m'a promis qu'on irait au " Paradis du Toutou " acheter un caniche... » répondit la blondinette.

Le gradé eut comme un hoquet :

« Et on appelle ça des VACANCES ! »

**7**

« Pas question ! s'écria Victorine.

– Plutôt mourir ! » ajouta sa cadette.

Mlle Lefrousquet était contrariée : la comtesse lui avait pourtant donné l'ordre de préparer ses deux filles pour le grand bal donné au palais.

« Mais que va penser Madame votre mère ? continua la gouvernante. Victorine, vous qui êtes la plus grande, donnez le bon exemple à votre sœur.

– Croyez-vous que ça m'amuse de porter ces

dentelles qui m'irritent la peau ? Croyez-vous que ce soit drôle de faire mille risettes et révérences ridicules à tous les petits marquis du royaume ? Non, ma bonne Séraphine, ma décision est prise, peu importe ce que va en penser maman… Léonore fera comme bon lui semble, mais moi, je n'y vais pas !
– Ces bals sont d'un ennui, soupira la plus jeune des sœurs.
– Allez-y à notre place, ajouta l'aînée sur un ton de défi.
– Mademoiselle, ne faites pas l'effrontée, répliqua sèchement la gouvernante.
– À quoi bon lutter ? » se résigna la cadette après un long silence.
Puis, se tournant vers la domestique, elle ajouta :
« Allez chercher ces robes, qu'on en finisse ! »

8

Thérèse Leformol poussa la porte du restaurant d'un geste vif. Un serveur à moustache s'avança :
« Madame, vous avez réservé ? »
La quinquagénaire se tourna vers les jeunes gens qui l'accompagnaient :
« Sylvia, Gérard, avez-vous réservé ? Non ? Mais je ne peux faire confiance à personne ! Il faut donc que je m'occupe de tout moi-même ! »
La stagiaire et l'infirmier hochèrent la tête négativement.
Le garçon prit un air navré.
« Nous serons douze, insista la chirurgienne, tout le service de pédiatrie doit nous rejoindre ici… »
Le moustachu disparut… et ne tarda pas à réapparaître, flanqué d'un maître d'hôtel :
« Entrez messieurs dames, nous allons vous dresser une table en terrasse.
– À la bonne heure ! » sourit la spécialiste.
Au même instant, un air de maracas retentit dans son sac à main. Elle sortit un téléphone, s'éloigna, échangea quelques paroles inaudibles, puis déclara dans un sourire suave :
« Erreur d'aiguillage : notre rendez-vous est en face, au *Coq Hardi* ! »

9

Tartagnol s'approcha de Charlepogne.
« Sire, je voudrais devenir chevalier pour vous aider à combattre le méchant Poilenfrac.
– Ce serait avec plaisir, jeune homme, mais il y a un problème.
– Ah oui alors ! s'exclama Tartendur. Un sérieux problème !
– Ne vous mêlez pas de ça, chevalier ! ordonna le roi. Ce jeune homme est courageux, mais il ne peut combattre avec son cheval.
– Et pourquoi donc ? Je sais très bien trotter, galoper, charger en levant haut l'épée…
– Il ne s'agit pas de vous, jeune Parpagnol…
– Tartagnol, Majesté…
– Oui, très bien… Barbagnol, c'est ce que je disais. Le problème vient de votre cheval. On m'a dit qu'il miaule au lieu de hennir.
– Ah oui, alors ! Il miaule plus fort que mille chats réunis ! Oh ! Oh !
– Chevalier Tartendur, taisez-vous !
– Pardon, Votre Altesse. »
Le roi posa sa main sur l'épaule de Tartagnol, le regarda bien en face et lui dit :
« Comprenez bien, jeune homme. Ce cheval ferait éclater de rire l'armée ennemie. Et Poilenfrac nous accuserait de déconcentrer ses chevaliers. Croyez-moi : si vous voulez devenir chevalier, changez de cheval. »

## ... Pour s'entraîner

**Pour chaque personnage de l'histoire, fais la liste de ses différentes désignations.**

**10**

« Margot ?
– Présente !
– Pauline ?
– Présente !
– Quentin ?
– Présent !
– Bien, je vois que vous êtes tous là. Cette petite réunion doit nous permettre de mettre au point notre mission très spéciale !
– Pourquoi tu chuchotes, maman ? Et qu'est-ce qu'on fait tous dans le placard à balais ?
– Mais tu n'as pas compris, mon petit loup, que c'est top secret ? C'est pour que papa ne soit pas au courant ! »
Au même moment, ils entendirent s'ouvrir la porte du sous-sol...
« Ohé ! Où êtes-vous ? Chérie, tu es là ? Mais il n'y a personne dans cette maison ! »
Zut et re-zut ! M. Frémiot venait de remonter de la cave ! Il allait tout découvrir ! Sa femme se pencha à l'oreille de leur fille aînée et lui murmura :
« Margot, toi qui es la plus grande, sors discrètement et dis-lui que nous sommes partis faire un tour de vélo... »
La fillette se glissa hors du placard. Son père fut très étonné de la voir toute seule à la maison.
« Mais d'où viens-tu, ma belle ? Et pourquoi as-tu des toiles d'araignée dans les cheveux ? »
À ce moment-là, il entendit un grand bruit venant du placard à balais, suivi d'un fou rire général !
Le plus petit de la famille sortit en premier, une serpillière sur la tête.
La cadette le suivit en trébuchant, à moitié ligotée par le tuyau d'aspirateur.
Enfin, leur maman tomba dans les bras de son mari, un pied coincé dans le seau à récurer ! Elle lui dit en riant :
« On voulait te préparer une surprise pour la fête des Pères, mais c'est raté !
– Ah non, ce n'est pas raté ! Vous voir sortir tous les quatre de ce placard... c'est déjà une énorme surprise ! »

**11**

« Allô, Girardin ? Je voudrais vous voir d'ici deux minutes dans mon bureau !
– Bi... Bien Monsieur, tout de suite Monsieur ! »
Christophe se demandait pourquoi M. Delgado le convoquait. Avait-il fait une erreur ? Ou, tout simplement, le patron avait-il à se plaindre de son travail ?
Il monta au sixième étage et frappa à la porte du directeur général, qui répondit aussitôt d'un retentissant : « Entrez, Girardin ! »
Christophe pénétra dans l'immense bureau. Il salua Mme Derrida et Max Legras, qui étaient déjà installés à la table de réunion. La responsable du service comptabilité lui fit signe de s'asseoir avec eux, tandis que son collègue Max l'observait d'un air énigmatique.
« Aïe ! aïe ! aïe ! je crains le pire, pensa Christophe. S'ils sont là tous les trois, ce n'est certainement pas pour une bonne nouvelle... »
Delgado prit la parole :
« Mon cher Girardin, il y a maintenant trois ans que vous travaillez dans notre entreprise. Sophie m'a dit que vous faites un excellent travail dans son service, et votre collègue ici présent pense, comme moi, que vous méritez un meilleur poste. À partir de lundi, je vous nomme directeur adjoint !
– Eh bien, je ne m'attendais pas à cette nouvelle ! Merci, Monsieur le directeur ! Moi qui pensais avoir fait une bêtise !
– Félicitations, Christophe ! J'étais sûre que vous finiriez par obtenir cette promotion !
– Bravo, mon vieux ! ajouta Legras en lui faisant un clin d'œil, mais maintenant je devrais plutôt dire : bravo, Monsieur le directeur adjoint ! »

12

« Allô, Gilberte ? C'est Georges ! Bonjour, chère amie, comment vas-tu ? J'ai un petit service à te demander : pourrais-tu dire à Germaine que Gustave ne pourra pas emmener Gaétan chez le médecin ?
– Pourquoi, que se passe-t-il, mon frère est malade ?
– Non, non, rassure-toi, il n'est pas malade : il devait aller se faire vacciner contre la grippe, mais la voiture de son vieux copain vient de tomber en panne, et donc, impossible pour lui de le conduire chez le docteur. Comme je savais que ta belle-sœur devait profiter de la voiture pour aller faire des courses en ville, ça serait bien que quelqu'un la prévienne…
– Je veux bien essayer de prévenir Germaine, mais je ne te promets rien, car je ne sais pas si je la verrai aujourd'hui…
– Ça m'ennuie bien, je voudrais être sûr qu'elle aura le message !
– Eh bien, tu sais, le plus simple, je pense… c'est que tu lui téléphones directement !
– Mais bien sûr, comment n'y ai-je pas pensé plus tôt ? Au revoir, ma chère, et merci pour tout !
– Au revoir, vieil étourdi ! »

## Pour aller plus loin

- **Lis le dialogue ci-dessous, puis recopie-le en le complétant avec les éléments qui te sont proposés dans la colonne de droite.**

« C'est génial ! ......
– Je n'arrive pas à y croire, ...... Je suis tellement contente pour elle !
– Moi aussi, je suis contente pour elle, mais ça me rendrait presque jalouse ! Comment tu l'as appris ? ......
– Je l'ai lu dans le journal !
– Tu es sûr que c'est vrai ?
– Mais oui, j'ai vu la liste des gagnants !
– De toute façon, Margot, elle a toujours de la chance ! ......
– Ce n'est pas à moi que ça arriverait, ......
– Moi, je partirais bien avec elle, ......
– Ne te fais pas d'illusion, ...... Elle m'a dit que si elle gagnait, elle partirait avec quelqu'un qu'elle aime bien ! »
......
« Alors ce sera toi, sans aucun doute ! Prépare ta crème solaire et ton bikini ! »

- ajouta Claire.
- constata Claire.
- demanda Sandrine à Franck.
- fut la première réaction de Sandrine en apprenant la nouvelle.
- Franck se tourna vers Sandrine et s'exclama :
- remarqua Sandrine en soupirant.
- répliqua malicieusement Claire.
- dit le jeune homme qui rêvait tout haut.

- **Réponds à ces questions :**
**- Quels sont les personnages qui participent à ce dialogue ?**
**- De quelle bonne nouvelle parlent-ils exactement ?**

# Je repère « les sauts dans le temps » d'un récit

## Pour commencer

• **Lis ce texte.**

En arrivant ce matin-là, Jamel avait remarqué une jeune étudiante d'origine asiatique qui semblait complètement perdue.
« Tu cherches quelqu'un ? Est-ce que tu as besoin d'aide ?
– Excusez à moi, je parle français non bien, bredouilla Li Yan.
– Pas de souci, répondit Jamel. Tu es étudiante ici ?
– Oui, j'informatique à université. Toi aussi tu informatiques ? »
Jamel répondit en riant :
« Oui, moi aussi " j'informatique " ! Viens avec moi, je vais te montrer où se passent les cours. »
Aujourd'hui, Jamel sourit en repensant à cette première rencontre. Il tient par la main un adorable bambin aux cheveux bouclés et aux yeux en amande. Ses parents l'ont appelé Dong Xi, ce qui signifie Est-Ouest en chinois.

*À un endroit du texte, il se produit un « saut dans le temps ». Repère-le.*

• **En quelques phrases, raconte ce qui s'est passé, selon toi, pendant ce saut dans le temps.**

## Pour s'entraîner

• **Lis le texte, puis cherche à quel endroit se produit un saut dans le temps.**
• **En quelques phrases, raconte ce qui s'est passé, selon toi, pendant ce saut dans le temps.**

**1**

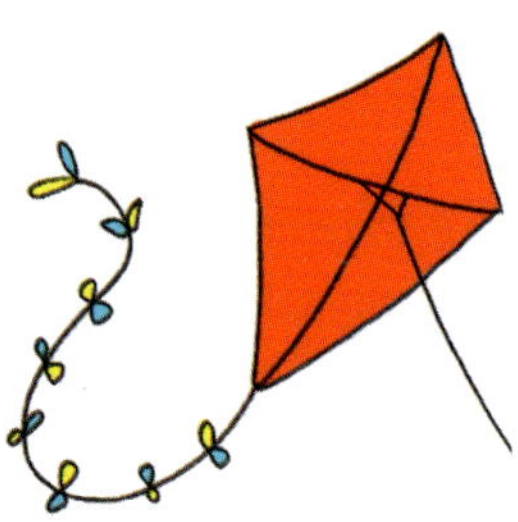

« Quand est-ce que tu me le présentes, ton supertonton ? » m'a demandé Tiloann. Je n'avais rien contre, alors je lui ai proposé : « Viens à 4 h sur le terrain vague derrière chez moi. Tonton a promis d'apporter son dernier cerf-volant. »
Malheureusement, maman m'a demandé d'attendre le plombier, qui devait réparer la machine à laver pendant qu'elle allait faire des courses.
Lorsque je suis arrivé sur le terrain vague, tonton Zéro n'était pas là. Tiloann était tout seul. Il faisait voler un cerf-volant magnifique.

**2**

Le dompteur se souvenait de sa première rencontre avec la jeune lionne, trois ans plus tôt. Il était allé la choisir dans un zoo en Italie et tout de suite il l'avait remarquée : elle avait grogné quand il s'était approché, puis avait roulé sur le dos en le menaçant de ses griffes…
« Oh ! oh ! on dirait qu'elle ne se laissera pas dresser facilement, avait-il pensé. Mais elle a l'air vive et très intelligente. Joueuse, aussi, et ça c'est le principal ! »
Le public applaudissait à tout rompre. Le chapiteau, comme chaque soir, était bondé. Personne ne voulait manquer le numéro de Ramón Alvarez, qui réussissait l'exploit de bander les yeux de Zelda la lionne pour lui faire traverser un cerceau de feu !

3

Pour l'anniversaire de Maroussia, Tiloann avait mis sa belle chemise bleue à fleurs blanches. Comme elle portait une robe blanche à fleurs roses, on aurait vraiment dit le couple de l'année. Elle lui faisait des sourires de princesse et lui des clins d'œil d'acteur américain.
C'est au moment du gâteau que ça a dérapé.
Tiloann tenait à l'apporter lui-même. Il était tellement excité qu'il n'a pas vu le tapis…
En se relevant, il est allé aussitôt chercher de l'essuie-tout, mais c'était trop tard. Maroussia, des bougies plein les cheveux, la figure pommadée à la chantilly, la robe repeinte en marron chocolat, lui a lancé avec la voix qu'ont les méchantes dans les films américains :
« Maintenant, Tiloann, on est ennemis à vie ! »

4

« Je compte sur toi, Oscar ! lance Mme Koldu en enfilant son manteau, à moins le quart tu couperas le four ! Et tu étendras le linge aussi !
– Pas de souci ! » claironne le garçon.
Une heure plus tard, en poussant la barrière, Mme Koldu scrute le jardin : aucun linge ne sèche sur le fil. Dans l'entrée de la maison, elle plisse le nez : quelle est cette odeur de brûlé ?
Mme Koldu attaque le nettoyage du plat à gratin calciné, en ressassant les mots qu'elle brûle (c'est le cas de le dire) de lancer à son fils...
Mais où a-t-il bien pu filer ?
Bip bip... Un portable couine dans l'entrée.
Celui d'Oscar ! Oublié !
Mme Koldu s'approche et lit :

5

Au large du cap Enragé, le petit bateau de pêche était chahuté comme une coquille de noix. « Le cap Enragé ! Il porte bien son nom ! », pensa le capitaine.
D'énormes vagues arrivaient de tribord, prêtes à engloutir le bateau qui craquait de toute part. Tout occupé à manœuvrer dans la tempête, le vieux marin n'avait pas remarqué qu'une caisse de matériel, mal fixée par des cordages, commençait à rouler dangereusement sur le pont…
Le capitaine ouvrit enfin les yeux. Il voulut relever la tête pour voir où il était, mais une violente douleur lui traversa le crâne. Autour de lui, les murs blancs de la chambre où il se trouvait semblaient flotter dans le brouillard.
« Reposez-vous, tout va bien », lui dit l'infirmière qui se tenait à côté de lui. Le capitaine crut entendre encore la voix de son second le rassurer : « Pas d'inquiétude, j'ai ramené *la Vaillante* à bon port ! » Puis le marin sombra à nouveau dans le sommeil.

6

Tiloann et Maroussia sont amoureux la moitié du temps. L'autre moitié, ils se disputent.
Quand ils sont amoureux, ils se font plein de bisous qui résonnent dans toute la cour de récré. Quand ils se disputent, ils se donnent des claques, tellement de claques que leurs joues ressemblent à des tomates.
Ce matin, en passant la grille de l'école, Tiloann m'a lancé :
« Vite ! Il faut que j'aille embrasser Maroussia. En ce moment, on s'aime à la folie ! »
Il souriait d'une oreille à l'autre, comme si on lui avait collé une banane au milieu de la figure.
Quand il est revenu vers moi, la banane avait laissé la place sur ses joues à deux tomates mûres. Mais mûres !

## ...Pour s'entraîner

- **Lis le texte, puis cherche à quel endroit se produit un saut dans le temps.**
- **En quelques phrases, raconte ce qui s'est passé, selon toi, pendant ce saut dans le temps.**

### 7

C'était pendant la classe verte, au début du mois de septembre, en Alsace. Ce jour-là, nous allions partir à la découverte du travail de la vigne. Avant la balade, Jean-Marc, notre animateur, nous avait prévenus : « Surtout, ne mangez pas de raisin quand nous serons dans les coteaux ! D'abord, il est encore vert et, franchement, ce n'est pas bon ! Ensuite, vous auriez rapidement de petits ennuis très désagréables que je vous laisse imaginer… »
La balade était très intéressante. Un viticulteur nous a expliqué son travail au fil des saisons : l'entretien du sol, la taille des ceps, la manière d'attacher les jeunes tiges aux fils de fer et, enfin, la vendange. Pendant ce temps, je ne sais pas pourquoi, Louis et Solène se sont un peu éloignés du groupe. Quand le maître s'en est aperçu, il leur a demandé de revenir avec nous.

Puis nous sommes rentrés au centre d'accueil pour le goûter. Tout le monde profitait de la récréation dans la cour, sauf Solène et Louis. Ils étaient tout pâles et se tenaient le ventre en se tortillant. Tout à coup, j'ai vu Solène courir à toute vitesse vers les toilettes. Le maître a dit à Jean-Marc :
« Je crois que ces deux-là n'ont pas bien compris ce que tu leur as dit tout à l'heure ! »

### 8

Allongée sur la plage, Emma était plongée dans sa lecture. C'était un énorme roman, de plus de 800 pages, un de ces livres dont on ne peut plus se détacher, plein de suspense, d'aventures, de rebondissements ! Autour d'Emma, des enfants construisaient des châteaux de sable, des jeunes jouaient au volley, d'autres s'élançaient dans les vagues au milieu de cris joyeux et d'éclaboussements sonores. Mais rien de tout cela ne la gênait : elle était véritablement captivée par son roman. Plus que quelques chapitres, pensait-elle, et elle saurait enfin pourquoi le professeur Démonios avait décidé de fuir son pays, pourquoi Carmen n'avait pas révélé son terrible secret à son meilleur ami, pourquoi Jarod avait trahi la confiance de toute sa famille… Elle replongea dans son livre.
Emma venait de lire le mot FIN. Elle releva la tête, encore éblouie par le style de ce roman magnifique. Autour d'elle, les derniers baigneurs quittaient la plage, le soleil se couchait sur la mer et elle s'aperçut qu'elle avait manqué le dernier bus pour rentrer chez elle.

### 9

Thomas Austin était un Anglais passionné de chasse au lapin. Quand il partit s'installer en Australie, au XIX$^{e}$ siècle, il s'aperçut que cette espèce n'existait pas sur cette île : pour son plaisir, il fit donc venir une douzaine de couples de lapins et les lâcha dans la nature. Cinquante ans plus tard, on comptait 600 millions de lapins en Australie, dévorant la végétation et les cultures, menaçant de disparition les kangourous et les wallabies, à cause du manque de nourriture.

**10**

« Le patron sera content de moi, j'ai bien travaillé aujourd'hui ! »
Depuis quelques semaines, Jordan est apprenti carreleur. Ce matin, il finit de poser un magnifique carrelage dans la salle de bains d'un client. Il faut faire attention à ne pas mettre trop de colle, à bien aligner les carreaux et surtout à ne pas marcher sur le sol qui vient juste d'être posé : Jordan sait que 24 heures de séchage sont nécessaires, sinon, tout est à refaire !

Coincé dans le bac de douche, au fond de la salle de bains, Jordan attend depuis des heures que son patron vienne vérifier son travail.
Il n'est plus tellement sûr que M. Timoléon va le féliciter… Avec une corde et une échelle, peut-être son patron pourra-t-il l'aider à sortir par la fenêtre sans rien abîmer ?

## Pour aller plus loin

- **Lis ce texte, puis trouve la place des phrases reproduites sur les étiquettes.**
- **Ensuite, récris le texte en insérant un court paragraphe à chaque fois que tu repères un saut dans le temps.**

«  »

Un large sourire de victoire éclaire le visage de Tom. Le brochet qu'il a au bout de sa ligne résiste et se débat, mais il suffira de le fatiguer un peu pour le cueillir comme un fruit mûr dans son épuisette !

«  »

À certains moments, le fil est tellement tendu que Tom craint qu'il ne casse. Tom joue de son moulinet, laisse le brochet prendre le large avant de le ramener avec précaution. Surtout, ne pas faire d'erreur, ne pas vouloir aller trop vite…

«  »

Pour toute réponse, Tom jette son matériel de pêche dans un coin du garage et monte dans sa chambre sans dire un mot. Dans ces cas-là, son père sait qu'il est inutile d'essayer de lui parler : le mieux, c'est d'attendre que l'orage passe ! De toute façon, il va bientôt être l'heure de manger, et la faim le fera sortir de sa chambre…

«  »

Killian ne peut s'empêcher de taquiner son petit frère…
« Demain, j'y retourne, et tu verras… Tu ne te moqueras plus de moi, tu pourras me supplier à genoux, tu n'auras pas un gramme du brochet que je rapporterai ! Tant pis pour toi ! »

« Alors fiston, tu nous as ramené le repas de midi ? »

« Ça y est ! Cette fois, c'est sûr, c'est la bonne ! »

« Rien ne vaut un bon bifteck ! »

« Je ne pensais pas qu'il lutterait aussi longtemps… Il doit être énorme, ce brochet ! »

# Je comprends les réactions et les sentiments des personnages

## Pour commencer

**• Lis le dialogue suivant, puis joue la scène avec tes camarades.**

Mes parents étaient sortis faire quelques courses. C'était le début du printemps, je m'ennuyais un peu. « Qu'est-ce que je pourrais bien faire pour me rendre utile ? me suis-je demandé en me grattant la tête… J'ai trouvé : je vais m'occuper des mauvaises herbes ! »
J'ai commencé par le potager. En plissant le front, j'ai arraché toutes les petites pousses vertes que je voyais. Maman allait être drôlement contente, elle qui a horreur de le faire !

Ensuite, je suis passé au massif de fleurs. Là encore, il y avait du travail ! J'ai déterré des espèces d'oignons dégoûtants que j'ai mis sur le tas de compost en faisant la grimace. « Papa ne va pas en revenir, lui qui dit tout le temps que je suis trop petit pour jardiner ! »

Quand j'ai vu la voiture arriver, j'ai sautillé sur place : « Papa, maman, vous ne devinerez jamais ce que j'ai fait ! »
Maman m'a fait un grand sourire : « Non, mon poussin, raconte… »
Elle s'est interrompue au milieu de sa phrase, la bouche grande ouverte.
Elle venait de découvrir le potager. Les yeux ronds comme des soucoupes, elle a dit : « Ça par exemple… »
Papa, lui, a lâché le sac de courses quand il a vu le massif de fleurs : « Mes tulipes ! Mes jacinthes ! »
Je me suis mis à tortiller mes cheveux. D'une toute petite voix hésitante, j'ai demandé : « Vous êtes contents, hein ? »

*Mets-toi à la place des deux parents : comprends-tu leur réaction ?*
*Recherche dans le texte les indices qui te renseignent sur les sentiments des personnages.*

## Pour s'entraîner

**Lis le texte, puis relève tout ce qui permet de mieux comprendre ce que ressentent les personnages.**

**Sur ton cahier**

n°1 p. 32
– « fronça les sourcils » : quand on réfléchit

**1**

Le roi Stanislas fronça les sourcils, se mordit les lèvres et demeura immobile de longues minutes en regardant l'échiquier. Puis son front s'éclaira, un large sourire lui fendit le visage d'une oreille à l'autre. Il avança son fou.
« Échec ! » clama-t-il, tellement fort que les vitres tremblèrent.
Le chevalier Golo observa tranquillement la situation. Il toussota en mettant la main devant sa bouche, puis tendit sa main vers l'échiquier, l'immobilisa quelques instants au-dessus des pièces, prit enfin une longue inspiration et avança sa dame.
« Échec et mat, sire ! »
Le visage de Stanislas devint rouge, puis vert, puis orange, puis violet très foncé. Il hurla : « Tu seras châtié pour ton impertinence ! »
Et il sortit de la pièce en claquant la lourde porte en chêne.
Le chevalier Golo, le dos courbé comme un très vieil homme, regardait le jeu de ses yeux pleins de larmes. Il avait oublié que le roi détestait perdre aux échecs.

2

Quand tonton Zéro a dégringolé du rocher, j'ai failli m'évanouir. Mais j'ai pensé :
« Pas de bêtise, Rémi. Si tu tombes dans les pommes, qui portera secours à tonton ? »
Alors, respirant un grand coup, j'ai couru jusqu'au pied du rocher. En arrivant près de lui, mes jambes tremblaient quand même, et mon cœur battait à se rompre. Dans quel état allais-je trouver mon tonton adoré ?
À première vue, rien de grave. Mais il se tenait la jambe en grimaçant. Lorsqu'il m'a aperçu, il s'est mis à sourire.
« Ah ! Ah ! Rémi. Tu as admiré cette chute ? Je me suis pris pour un oiseau.
– Tu es sûr que tout va bien, tonton ?
– Impeccable, mon grand. J'en ai vu d'autres, tu sais. »
Là-dessus, il s'est redressé, a fait quelques pas, et il est tombé comme un bloc.
« Ce que je suis maladroit ! J'ai glissé sur une brindille. »
Moi, je regardais sa cheville droite : elle était deux fois plus enflée que la gauche. Alors j'ai dit d'une voix forte :
« Écoute, tonton : maintenant, tu ne dis plus rien. Je vais chercher de l'aide, et gare à toi si tu bouges avant mon retour ! »

3

« C'est bon ? Tu aimes le ragoût de lapin de papy Germain ? » questionna le vieux fermier, la moustache encombrée de miettes, en adressant à Myriam un grand sourire aux dents noires.
Myriam avala péniblement sa bouchée. Sa maman lui avait appris qu'il ne fallait pas parler en mangeant. Son assiette était pleine d'une potée épaisse où des bouts de gras nageaient dans une sauce qui sentait l'ail, et il fallait bien s'y attaquer... Et son papa qui répétait toujours qu'il faut FINIR son assiette, surtout lorsqu'on est invité...
« Mmmhhh... Crès bchon... grimaça la brunette.
– À la bonne heure ! » s'exclama le bonhomme en lui servant une nouvelle louche de son redoutable frichti.

4

« Mais qu'est-ce qu'il fabrique, ce facteur ? »
Léo n'en pouvait plus d'attendre le nouveau jeu Laserbooster que son amie Sarah avait promis de lui envoyer des États-Unis. Chaque jour, chaque nuit, il rêvait de l'arrivée du précieux paquet. Et ce facteur qui s'entêtait à n'apporter que des factures et des publicités !
Une fois de plus, ce mardi matin, dès qu'il aperçut la camionnette jaune, le garçon descendit l'escalier en trombe pour aller à la rencontre du postier.
Mais Benoît, son grand frère, l'avait devancé.
« Un paquet pour moi ? » lança Léo, fébrile, à son aîné qui revenait du jardin avec le courrier.
Benoît agita au bout de son bras droit un colis bien empaqueté.
Léo trépignait et sautait autour de Benoît, comme un petit taureau dans l'arène !
« Minute, papillon ! Il faut d'abord que je regarde pour qui c'est... Non, celui-ci est pour papa : Monsieur L. Sapiro... »
Léo stoppa net. Les épaules basses, il se dirigea lentement vers la maison en traînant les pieds dans les graviers de l'allée.
Benoît examina le colis en plissant les yeux : « Attends un peu... Ooohh... Mais ça vient d'Amérique ! Qui peut bien lui envoyer ça ? Une certaine Sarah ! Tu connais une Sarah, toi ? Pas moi ! »
Comme s'il avait été frappé par la foudre, Léo fit volte-face et, s'agrippant à l'épaule de son frère, finit par s'emparer du colis.

## ... Pour s'entraîner

**Lis le texte, puis relève tout ce qui permet de mieux comprendre ce que ressentent les personnages.**

### 5

L'été dernier, j'ai passé quelques jours de vacances chez tante Suzanne. Un après-midi, elle m'a proposé une glace.

« Mais attention ! a-t-elle ajouté en agitant son index, je viens de laver le carrelage et je ne veux pas retrouver des taches de chocolat partout, comme la dernière fois ! Si jamais tu fais la moindre tache, je ne te donnerai plus jamais de glace !

– Je ferai très attention, tante Suzanne, je te le promets !

– Tu as plutôt intérêt ! »

J'ai pris le cornet à deux mains et j'ai commencé à monter les escaliers pour aller dans la chambre… Patatras ! je faisais tellement attention à la glace que j'ai trébuché dans Pataud, le gros chien de berger !

Il y avait du chocolat partout… Je n'avais pas le choix : il fallait que j'aille le dire à ma tante…

En voyant ma mine dépitée, elle a tout de suite compris :

« Oh non ! tu as fait tomber ta glace ! Tu es vraiment trop maladroite ! »

Tante Suzanne a pris la serpillière et s'est dirigée vers l'escalier. Elle a longuement regardé tout autour d'elle. Puis elle a mis les mains sur les hanches, en haussant les sourcils. Enfin, elle a fini par dire :

« Excuse-moi, quand j'ai vu ta figure, j'ai vraiment cru que tu avais laissé tomber ta glace ! »

Juste à côté d'elle, Pataud se léchait les babines et remuait vigoureusement la queue comme pour me dire merci. C'était plutôt à moi de le remercier !

### 6

Le chevalier Golo faisait sa ronde de nuit dans les couloirs obscurs du château quand un bruit de pas attira son attention. Il se plaqua à l'angle d'une porte, la main crispée sur son épée, retenant sa respiration. Une lueur approchait, une ombre s'agrandissait sur le sol. Le cœur de Golo martelait sa poitrine comme un cheval au galop.

Lorsqu'il reconnut le roi Stanislas, portant une chandelle, Golo respira. Son cœur se calma. Le roi, un sourire gourmand sur les lèvres, se dirigeait comme chaque nuit vers son garde-manger. Golo le laissa passer, et il attendit silencieusement dans l'obscurité.

Lorsque Son Altesse revint, mâchonnant avec délices une tartine à la confiture de patates douces, Golo émit un léger toussotement.

Le roi sursauta.

Reconnaissant son chevalier, il s'empressa d'avaler le reste de sa tartine, dissimula sa main pleine de confiture derrière son dos, et demanda d'un ton sec :

« Que faites-vous ici, chevalier ?

– Eh bien, sire, j'effectue ma ronde de nuit, selon vos propres ordres. »

Le roi se pinça les lèvres. Il demanda, la voix mal assurée :

« Et, euh… Avez-vous vu quelque chose ?

– Oui, Majesté. »

Stanislas devint très pâle. Golo poursuivit, un petit sourire au coin des lèvres :

« J'ai vu une souris et trois papillons de nuit.

– Très bien, je vous souhaite une bonne nuit », dit le roi d'une voix plus ferme.

Et il disparut dans le couloir en se léchant discrètement les doigts.

7

Confortablement installés dans la cabane de Tiloann, on buvait du thé pomme-cannelle en écoutant tonton Zéro raconter ses aventures.
« Je vous ai déjà parlé de ma chasse au bison chez les Indiens ? »
Tiloann et moi, on s'est regardés en secouant la tête.
« Alors écoutez, a dit tonton avec un sourire plein de dents blanches. Un matin, Chiratonga vient me réveiller sous mon tipi, et il me dit :
– Hugh ! Ami Ludovic, les bisons sont revenus.
Ses yeux brillaient comme des bougies.
– Hop ! Je bondis dans mes mocassins, j'avale une microration de pemmican et j'enfourche mon cheval.
Les grandes plaines de l'Arizona resplendissaient devant nous. À un moment, Chiratonga a froncé les sourcils et il a chuchoté :
– Ça sent le bison. Troupeau derrière colline.

C'était la première fois que je chassais le bison. Mes mains tremblaient comme des feuilles dans le vent.
Arrivés en haut de la colline, nous avons vu… un troupeau de vaches avec une fermière qui les conduisait au pré.
Chiratonga n'a rien dit. Il a rangé son arc dans son carquois et il a pris le chemin du retour, la tête basse, les épaules affaissées. Je l'ai suivi sans dire un mot. »

## Pour aller plus loin

• **Lis ce texte.**

« QUI a dit : RAS LE BOL DE LA GRAMMAIRE ? » répéta la maîtresse, les yeux lançant des éclairs.
Dans les rangs, on aurait pu entendre une mouche voler.
Antoine, impassible, ne laissait paraître aucune trace d'émotion sur son visage.
« Pourvu que je ne me mette pas à rougir ! » songea Sophie... en piquant justement un fard que l'enseignante, par chance, ne remarqua pas, car la fillette était au dernier rang.
À présent, Antoine regardait autour de lui en fronçant un peu les sourcils, comme s'il recherchait le coupable.
Quelle tête faire ? Comment se tenir ? Les pensées de Sophie se bousculaient dans sa tête :
« Si je baisse la tête, elle va croire que c'est moi… Mais si je la lève, elle va me remarquer au lieu de m'oublier... À moins que je fasse semblant de chercher un crayon sous la table ? Trop risqué ! Ou de lacer mes souliers ? Non, je serais la suspecte n° 1 ! »
Antoine s'était aperçu de l'agitation de Sophie. Il jetait des regards rapides dans sa direction.
« Pour la dernière fois, QUI a dit ça ? répéta l'enseignante. Attention : si personne ne se dénonce, je donne une punition générale ! »
À cet instant, Antoine leva le doigt et murmura :
« C'est moi, M'dame ! »

• **Écris quel est, selon toi, le nom du coupable.**
• **Explique les réactions de Sophie puis d'Antoine.**
• **Et si le coupable était l'autre enfant ? Explique alors à nouveau leurs réactions.**

# Je comprends ce qui est « caché » dans le texte

## Pour commencer

**Lis ce texte.**

Une pluie fine s'abattait sur la ville, les phares des voitures se reflétaient dans les flaques. Kim marchait d'un pas rapide entre les gratte-ciel. Il avait remonté le col de sa veste pour se protéger du froid, car il était parcouru de frissons. Il se sentait perdu, si loin des siens ! Autour de lui, la foule se pressait, quelques cyclistes se faufilaient sur les trottoirs. Kim s'arrêta devant un haut immeuble aux parois de verre : était-il déjà arrivé chez le médecin ? Impossible d'en être certain, car il ne parvenait pas à déchiffrer les caractères sur les sonnettes.

**Trois élèves ont lu ce texte. Voici ce qu'ils en ont compris :**

Je pense que Kim est un Chinois qui vient de s'installer à New York.
Il a rendez-vous chez le médecin car il est malade (il frissonne).

Je pense que Kim est un Français qui vit à Hong Kong.
Il ne sait pas lire les caractères chinois.
À Hong Kong il y a beaucoup de vélos, il y a aussi des gratte-ciel.
Kim est malade, c'est pourquoi il a pris rendez-vous chez le médecin.

Je pense que Kim est aveugle. Ça se passe à Paris.
Il ne peut pas savoir s'il est arrivé chez le médecin, car ce n'est pas écrit en braille.

*Es-tu d'accord avec eux ?*
*Et toi, comment comprends-tu ce texte ?*

## Pour s'entraîner

**Lis le texte, réponds aux questions, puis indique entre parenthèses les indices qui t'ont permis de répondre.**

**1**

« Elle est d'argent mais il est d'or. ... En sept lettres... Aide-moi ma chérie... »
Aglaé suspendit son crayon. Trois fois que la voix suppliante de tante Germaine l'interrompait en plein milieu de cette maudite multiplication à six chiffres, pleine de virgules.

**a** À ton avis, à quel endroit se passe la scène ?
**b** Qu'est-ce que tante Germaine est en train de faire ?

**2**

Le président releva un peu la manche de sa robe noire et frappa du bout de son stylo sur la table. La salle se tut.
« Levez-vous, jeune homme, je vous prie. Donc, si je reprends vos déclarations concernant le vol de bicyclette qui a eu lieu dans la soirée du 27 août : vous avez d'abord prétendu être en déplacement à Maubeuge. Puis vous vous êtes rétracté en disant que vous gardiez des enfants en région Languedoc-Roussillon, ceci sans précision ni preuve. Et maintenant vous assurez que vous vous trouviez en vacances aux Bahamas ! Je veux savoir la vérité, maintenant ! »

**Où se passe cette scène ?**

**3**

Le professeur Hauser souleva sa lanterne à hauteur des yeux et commença à déchiffrer les signes gravés dans la pierre. Cachant à grand-peine son excitation, il s'adressa à son assistant qui travaillait non loin de là :
« Schmidt, vous pouvez y aller, la journée a été longue ! Je finirai seul. »

Dès qu'il fut certain que Schmidt s'était éloigné suffisamment, Hauser appuya sur la pierre hexagonale qui, selon les inscriptions, lui ouvrirait l'accès à la chambre royale.
À ce moment précis, ce fut comme un voile noir qui tombait devant ses yeux.
Il perdit connaissance.

**Pourquoi le professeur Hauser a-t-il perdu connaissance ?**

**4**

Il avançait par bonds discrets, de portes cochères en abribus, suivant sa proie sans la perdre de vue parmi la foule de l'avenue. La proie en question s'arrêtait fréquemment pour prendre des photos, malgré les sacs de voyage, nombreux, luxueux, qui l'encombraient. Tout à coup, elle se posa sur un banc, se délesta de ses bagages et s'approcha, l'œil collé à l'objectif, d'un immeuble de style rococo. L'aubaine !

**Que va-t-il se passer ?**

**5**

« Peggy, vous vous occuperez de madame Lassalle, s'il vous plaît. »
Je me suis assise dans le fauteuil, un peu inquiète car c'était la première fois que je voyais cette Peggy dans le salon. Elle mit les gants en latex, et avec son pinceau, mèche après mèche, appliqua la teinture. Quand elle voulut rincer ma tête, je vis tout de suite que quelque chose ne tournait pas rond… Elle appela sa patronne : « Jocelyne, vous pouvez venir, s'il vous plaît ? J'ai un petit souci… »
Celle-ci accourut tout de suite et tenta de me rassurer : « Ne vous inquiétez pas, madame Lassalle, ce n'est rien ! »
Mais à voir sa figure horrifiée, je compris qu'une catastrophe était arrivée !

**a** **Où se passe cette histoire ?**
**b** **Qu'est-il arrivé à Mme Lassalle ?**

## ...Pour s'entraîner

**Lis le texte, réponds aux questions, puis indique entre parenthèses les indices qui t'ont permis de répondre.**

**6**

« Ursule, viens ici ! Tu as vu ce que tu as fait ? Tu as vu ? Sur le tapis de monsieur Pichard ? Hein ? Monsieur Pichard qui est si gentil et qui nous donne toujours ses restes de rôti ! C'est moi qui t'ai appris à te comporter de la sorte ? Sûrement pas ! Et QUI va devoir s'en occuper maintenant ? Pas toi ! Eh non ! Eh voilà ! C'est encore mémère avec son lumbago ! Ne me regarde pas avec ces yeux de martyre, tu veux ? Tu n'es qu'un vilain ! »

**a** Qui est Ursule ?
**b** Qu'a-t-il fait ?

**7**

« Chères Chaumontoises, chers Chaumontois,
Dans la période difficile que nous traversons, chacun doit savoir se montrer solidaire. Et je dirais même : exemplaire. C'est en tout cas le double objectif que s'est fixé votre équipe municipale.
Ainsi, afin de soulager notre budget commun, nous avons décidé d'économiser sur les jardiniers qui entretiennent les massifs fleuris de nos places, ronds-points, parcs et jardins. Désormais, c'est vous qui vous en chargerez. »

Qui prononce ces paroles ?

**8**

« Madame, ça ne devrait plus tarder, maintenant, je l'attends d'un jour à l'autre.
– Mais ça fait trois semaines que je vous l'ai confié ! Il est encore sous garantie !
– Vous savez, nous l'avons renvoyé au fabricant, car c'est un modèle haut de gamme, nous ne le réparons pas nous-mêmes !
– Monsieur, qu'un appareil de ce prix tombe en panne après quelques jours d'utilisation, je ne trouve pas ça normal !
– Pour vous faire patienter, je peux vous prêter un modèle de remplacement, mais il est moins performant : il ne permet pas d'accéder à Internet ni de prendre des photos. »

De quel appareil s'agit-il ?

**9**

« Donc, qu'est-ce qu'un astéroïde ? Ce n'est pas un extraterrestre ! Ni un muscle de la jambe ou du bras ! Ni un médicament dopant ! Un astéroïde est une petite planète invisible à l'œil nu. Notez, s'il vous plaît. Un astéroïde est une... Mademoiselle Besson ! Vous savez par cœur ce qu'est un astéroïde ? Vous n'avez pas besoin d'écrire ? »
Marguerite quitta brutalement des yeux la pie qui voletait entre les branches du châtaignier de la cour :
« Euh... »

Où se passe cette scène ?

10

Tonton Zéro transpirait à grosses gouttes, sa respiration s'accélérait, ses yeux s'arrondissaient comme des soucoupes. Il allait bientôt hurler, je le voyais bien. Alors je lui ai tapé gentiment sur l'épaule et j'ai dit :
« Ne te mets pas dans cet état, Tonton ! »
Puis j'ai appuyé sur le bouton arrêt de la télécommande.

**a Que font tonton Zéro et son neveu ?**
**b Pourquoi tonton Zéro a-t-il eu cette réaction ?**

11

Un trou noir. Un immense trou noir. Je ne me souvenais de rien. Qu'est-ce que je faisais là, à marcher le long de cette route déserte, en pleine nuit ? Je savais qu'il s'était passé quelque chose, mais quoi ? J'avais très mal à la tête. La jambe de mon pantalon était déchirée. Est-ce que je m'étais battu ? Ou m'avait-on attaqué ? Une voiture s'est arrêtée à ma hauteur. Le conducteur a baissé la vitre et m'a demandé :
« Monsieur, avez-vous besoin d'aide ?
– Non, non… Enfin, je ne sais pas… Peut-être…
Pouvez-vous me dire où nous sommes ? »
Sans répondre, l'homme a ouvert la portière et m'a aidé à m'asseoir.
« Ne vous inquiétez pas, je vous emmène à l'hôpital. »

C'est en arrivant au carrefour des Quatre-Vents que tout m'est revenu. La tache d'huile. Le fossé.
L'homme m'a demandé : « C'est la vôtre ? »
Oui, c'était bien la mienne.

**Qu'est-il arrivé à cet homme ?**

12

Tiloann ne pouvait plus se relever. Chaque fois qu'il parvenait à se redresser à quatre pattes, une nouvelle secousse l'envoyait rouler sur le plancher. Sa tête, ses épaules, ses genoux cognaient aux quatre coins. Son corps tout entier était un véritable gong. Et pour couronner le tout, il n'avait plus un seul cheveu sec.
Les secousses ont fini par diminuer, puis se sont arrêtées complètement.
Tiloann a risqué un œil à l'extérieur de sa cabane. Un timide rayon de soleil traversait le feuillage, le vent était tombé. Tiloann est redescendu de l'arbre en prenant garde de ne pas glisser sur les branches mouillées.

**Que s'est-il passé ?**

13

Le groupe avançait lentement.
« Remarquez la composition en fuite vers l'horizon, continua la femme de sa voix monocorde. Remarquez également la touche de roux presque fluorescent que l'artiste a posée autour de l'œil du perdreau… »
Maxime s'approcha de la fenêtre. Là-bas, vers la tour Eiffel, un bateau-mouche glissait sur l'eau.

**Où se passe cette scène ?**

## ...Pour s'entraîner

**Lis le texte, réponds aux questions, puis indique entre parenthèses les indices qui t'ont permis de répondre.**

**14**

« Tu vois cet instrument ? m'a demandé tonton Zéro en brandissant une hache étincelante.
– Ben oui, Tonton. C'est une hache.
– Exactement, Rémi. Une hache. Figure-toi que je reviens d'un voyage chez les Indiens.
Le jour de mon départ, le grand chef Chiratonga m'a offert cette hache en cadeau d'adieu. »
Tonton m'a mis l'objet dans les mains.
« Fais très attention. C'était la hache du grand-père de Chiratonga pendant la guerre contre les hommes blancs. »
À ce moment-là, une étiquette s'est détachée de l'outil. Je l'ai ramassée et j'ai lu : 15 euros.

**Qu'est-ce que Rémi a compris ?**

**15**

« Chevalier Golo, dit le roi Stanislas, il te faut partir tout de suite pour le royaume de Charlepogne. Tu apporteras ceci. »
Le roi remit un coffret de bois au chevalier, puis le poussa vers la sortie.
« Sois-y avant le dessert ! »
Golo éperonna son cheval, qui hennit de douleur, puis galopa plus vite qu'un lièvre.
À midi, le château était en vue. Le chevalier pénétra tout suant dans la grande salle.
Des convives étaient installés à une table au bout de laquelle trônait Charlepogne.
Devant lui se dressait un gâteau gigantesque.
Golo s'approcha, et lui remit le coffret.
« De la part du roi Stanislas », annonça-t-il en s'épongeant le front.
Charlepogne ouvrit le coffret, en sortit un bracelet d'or, et sourit.
« Merci, chevalier. Je vois que mon royal cousin n'a pas oublié la date. »

**Que se passe-t-il chez Charlepogne ?**

**16**

Tonton voulait faire fondre du chocolat au bain-marie.
« Tu vois, Rémi, on chauffe une grande casserole d'eau. Puis, on dépose à l'intérieur une autre casserole, plus petite, remplie de carrés de chocolat. De cette manière, le chocolat fond sans attacher au fond de la casserole. C'est bien clair ? »
C'était clair, oui. Je me léchais déjà les babines à l'idée de tous ces moules qu'on allait remplir de bon chocolat.
Oui, mais tonton et moi, on n'avait pas prévu qu'à ce moment-là maman nous demanderait de l'aider à dégager sa voiture coincée dans la gadoue.
Quand on est revenus dans la cuisine, elle a juste soupiré :
« Tant pis, je rachèterai des casseroles ! »

**Que s'est-il passé ?**

17

Combien de temps tiendrait-il encore ?
Un jour, deux peut-être, mais pas plus.
John scrutait désespérément le ciel, l'oreille aux aguets. Pas le moindre vrombissement ne venait troubler le silence. Il ouvrit sa gourde avec précaution et but une minuscule gorgée d'eau.

Il lui restait en tout et pour tout deux biscuits et quelques raisins secs. Mais que faisait donc Willy ?
Trois jours déjà qu'il était parti ! En grimaçant de douleur, John rampa avec difficulté jusqu'à son sac de couchage, se protégea du mieux qu'il put dans la fente d'un rocher et se prépara à passer une nouvelle nuit dans une solitude absolue.

**Qu'est-il arrivé à John ?**

18

Sarah n'en croyait pas ses yeux : était-ce vraiment lui ? Non, ce n'était pas possible, trois mois étaient passés depuis la disparition de Pedro ! Avec son père, Sarah avait mis des affichettes dans tout le quartier, mais sans résultat. Hésitant entre le rire et les larmes, elle s'approcha tout doucement. Il semblait soupçonneux, sur ses gardes. Quand elle fut sur le point de le saisir, il fila dans la haie. Cette manière de s'enfuir, cette méfiance… Et surtout, cette queue beaucoup plus épaisse… Sarah poussa un long soupir et rentra à la maison.

**Pourquoi Sarah pousse-t-elle un soupir ?**

19

« Ça alors ! s'écrie Maroussia. C'est bien la première fois que je vois ça ! Tous les deux le même !
– Oui, mais c'est moi qui ai commencé à tirer ! crie Ted le Biceps.
– Peut-être, rétorque Tiloann, mais c'est dans mon seau qu'il a atterri.
– Je vais vous mettre d'accord, déclare tonton Zéro en décrochant les deux hameçons.
La tête sera pour Tiloann et la queue pour Ted. Comme ça : pas de jaloux. »

**Que s'est-il passé ?**

20

« Allez, les garçons ! Poussez de toutes vos forces ! »
Il est marrant, tonton ! Tiloann et moi, on pousse comme des taureaux, mais rien. Rien de rien.
« Allons, du nerf ! On y est presque ! »
Tu parles ! J'ai les jambes en compote et Tiloann va bientôt marcher sur sa langue, sans résultat.
« Bon, écoutez : si vous y arrivez, je vous emmène au cinéma ce soir. »
Tonton doit avoir le sens des formules magiques, parce que tout d'un coup, Tiloann et moi, on s'est remis à pousser, et petit à petit, un ronronnement s'est élevé, de plus en plus fort.
« Ça démarre ! Merci les gars, à ce soir pour le cinéma… »

**Quel service les garçons ont-ils rendu ?**

## ...Pour s'entraîner

**Lis le texte, réponds aux questions, puis indique entre parenthèses les indices qui t'ont permis de répondre.**

**21**

Cinq, six, six cinquante, six soixante-dix… Lucas avait beau compter et recompter, ça ne changeait rien au problème.
« Mais comment vais-je lui annoncer ? Moi qui avais juré de faire attention ! »
Il ferma soigneusement le porte-monnaie en cuir et rebroussa chemin, en scrutant le trottoir. Tout à coup, du bout du doigt, il sentit un trou dans sa poche droite. Plein d'espoir, il secoua le pan de son blouson et entendit le petit bruit métallique qu'il espérait ! Soulagé, il reprit le chemin de la maison de son grand-père.

**Pourquoi Lucas est-il soulagé ?**

**22**

D'une main tremblante, Jean-Baptiste posa délicatement les deux dernières cartes au sommet du fragile édifice. C'était la première fois qu'il réussissait ! Frémissant d'excitation, il appela son frère qui lisait dans la pièce à côté :
« Hugo, viens voir, vite ! »
Hugo accourut et ouvrit la porte à toute volée.
« Ben quoi ? Où ça ? »
Jean-Baptiste alla refermer la fenêtre en soupirant :
« Non, rien… »

**Que s'est-il passé ?**

**23**

« Allô, allô ? Fusée X27, m'entendez-vous ? Fusée X27, répondez ! »
Papi avait ratissé les feuilles tombées sous le platane.
« Allô la Terre ? Je vous reçois très mal. Nous avons un sérieux problème, la cabine est remplie de fumée ! Alerte rouge ! »
Du bout de sa fourche, il repoussait les brindilles et les feuilles mortes au centre des flammes.
« Allô, allô, fusée X27, pensez-vous pouvoir tenir le coup et atterrir sur Mars ? »
Mamie venait de mettre une tarte aux pommes à refroidir sur le rebord de la fenêtre.
« Non, nous n'avons plus de vivres et le pilote automatique est détraqué. L'oxygène se fait rare, j'ai du mal à … kof ! kof … j'ai du mal à respirer. Je fais demi-tour ! »
Papi rentra à la maison et mamie lui demanda :
« Tu as vu les enfants ?
– J'ai vu Killian qui jouait avec son talkie-walkie, mais je ne sais pas où est Enzo.
– Ils pourront bientôt venir goûter. »

**a** **Où est Enzo ?**
**b** **Que fait-il ?**

24

« Hein ? Quoi ? Pas possible ! 9 heures moins le quart ?! »
Maëlle n'en croyait pas ses yeux !
Elle sauta dans son pantalon, enfila un T-shirt en dévalant les escaliers, attrapa son sac dans l'entrée, sans même dire bonjour à son père qui prenait son petit déjeuner sur la terrasse, et courut à perdre haleine jusqu'à l'arrêt de bus.
« Mais ce bus n'arrivera jamais, dit-elle en gémissant, après l'avoir attendu presque vingt minutes ! Tant pis, j'y vais à pied ! »
À bout de souffle, elle arriva enfin devant l'école.
Bien sûr, à cette heure-là, la cour était complètement déserte, tout le monde était déjà en classe !

Quand Maëlle voulut ouvrir le portail, elle s'aperçut qu'il était fermé à clé.
« Tiens, c'est bizarre tout de même… » C'est alors qu'elle comprit. Elle se donna une grande tape sur le front et reprit lentement le chemin de la maison…

**Qu'est-ce que Maëlle a compris ?**

25

Dans le cliquetis des fourchettes, Mme Gromaire éleva la voix :
« Je suis désolée, vraiment... Je ne sais pas ce qui s'est passé, mais dès que je l'ai sorti du four, il est retombé ! D'habitude je le réussis toujours, n'est-ce pas Albert ?
– Absolument, ma chérie, ch'est très bjon quchand même, va... » mâchonna M. Gromaire sous l'œil gêné des invités.

**Qu'est-ce que Mme Gromaire a raté ?**

26

Madame Irma rassembla ses cartes, puis, avec un sourire mystérieux, demanda à son client, presque en chuchotant :
« M. Crédolin, avez-vous dans votre entourage une jolie jeune femme aux cheveux roux… ou blonds ?
– Une jeune femme ? Aux cheveux blonds ou roux… Non vraiment, je ne vois personne… À la limite, il pourrait s'agir de ma collègue de bureau : elle a plutôt les cheveux châtains, mais je ne vois qu'elle qui corres…
– Blond foncé, l'interrompit Mme Irma, c'est bien ce que je disais ! Ah ! M. Crédolin, je sens qu'il peut se passer quelque chose entre vous… Oh ! Mais cette personne est particulière ! Il faut savoir l'aborder sans la brusquer !
– Particulière ? Mais… que voulez-vous dire exactement ?
– Eh bien, voyez-vous, c'est une jeune femme qui pourrait… c'est-à-dire, elle semble avoir beaucoup de… Comment vous expliquer ? Hélas, ma vision a disparu ! Pour en savoir plus, il faudrait que je consulte ma boule de cristal… »
M. Crédolin tira son portefeuille de sa veste en disant :
« Mais faites donc, madame Irma, faites donc ! »

**a Qui est Mme Irma ?**
**b Que penses-tu d'elle ? Et de M. Crédolin ?**

## ...Pour s'entraîner

**Lis le texte, réponds aux questions, puis indique entre parenthèses les indices qui t'ont permis de répondre.**

**27**

« Salut Romane, c'est Léa !... Oui, je l'ai bien reçue, merci ! Je ne sais pas si je t'aurais reconnue... Mais non, tu n'as pas vieilli, ce n'est pas ce que j'ai voulu dire ! Simplement, tu as changé : ta coupe de cheveux, et même leur couleur !... Tu te rends compte, ça faisait au moins dix ans !... À part ça, tu es toujours avec Frédéric ?... Pas possible ! Et tu ne m'as même pas invitée !... Mais non, je ne t'en veux pas, je disais ça pour rire ! Félicitations !... Moi aussi, ça me fait vraiment plaisir... N'hésite pas, la prochaine fois que tu viens à Toulouse, passe me voir ! »

**a** Qui sont Romane et Léa ?
**b** Qu'apprends-tu en écoutant cette conversation téléphonique ?

**28**

« Tiens ! tu savais que les voisins d'en face déménageaient ?
– Pas du tout ! Ils auraient quand même pu nous prévenir !
– Il y a un énorme camion garé juste devant chez eux.
– Onze heures du soir, c'est une drôle d'heure pour déménager, tout de même...
– Ils étaient sans doute très pressés, regarde comme les déménageurs se dépêchent !
– Oui, tellement pressés qu'ils ne prennent même pas la peine d'emballer les meubles ou les objets fragiles. Et puis dis donc, ils ne sont pas très délicats, pour des professionnels ! Tu as vu comme ils balancent tout ça dans le camion !
– Incroyable, ils ont déjà fini ! C'est vraiment le service express ! Et regarde comme le camion démarre ! Ce n'est plus un déménagement, c'est une tentative de record du monde !
– Ils n'ont même pas pris le temps de refermer la porte derrière eux !
– Tiens ! une sirène, maintenant... Qu'est-ce qui se passe encore ? »

As-tu compris ce qui s'est passé ?

**29**

Comme chaque année, le 25 avril, la presse était là : les reporters et les photographes se bousculaient dans la salle à manger des Duval.
Noémie commençait à en avoir assez de cette agitation à date fixe ! Depuis leur naissance, c'était la même chose ! Est-ce qu'un jour on les laisserait enfin tranquilles ? Elle avait un peu l'impression d'être une bête curieuse qu'on venait voir dans un zoo ! Et toutes ces questions stupides qu'on leur posait... Après tout, ils étaient des enfants comme les autres.
Julia, au contraire, aimait qu'on la photographie comme une célébrité, car elle rêvait de devenir chanteuse. Adrien et Léo semblaient assez indifférents à tout ce tohu-bohu. Ce qu'ils attendaient, eux, c'était les cadeaux ! Océane, qui était la plus timide des cinq, essayait de se faire aussi discrète que possible. Elle fut soulagée quand ses parents demandèrent enfin aux journalistes de bien vouloir les laisser en famille.

Qu'est-ce que cette famille a de particulier ?

# Lexique

*Un cartouche ou une cartouche ?*
→ Et si les deux étaient possibles ?

*Avant-garde, garde-chasse, chasse-neige…*
→ Comment sont formés les mots composés ?

*Une forêt qui brûle, Roméo qui brûle d'amour pour Juliette…*
→ Sens propre ou sens figuré ?

*J'ai du bol* ou *j'ai de la chance…*
→ Dans quelles occasions peut-on utiliser le langage familier ?

**Dans cette partie, tu vas trouver des réponses à ces questions et apprendre à mieux maîtriser les mots et expressions !**

# J'utilise le contexte pour trouver le sens d'un mot

## Pour commencer

- **Lis le texte : des élèves ont encadré un mot dont le sens leur était inconnu ; ils en ont souligné d'autres qui leur ont servi d'indices pour comprendre ce mot.**

Au petit jour, le **brick** se mit à frémir : le **vent** se levait, les **voiles** se gonflaient, encore paresseusement, mais elles gonflaient. Lentement, il se mit à avancer sur les **flots** qui semblaient se réveiller de leur trop long sommeil. L'**équipage** se précipita à la manœuvre pour l'arracher à l'élément liquide où l'absence de souffle et de courant l'avait comme cloué sur place.

- **Ensuite, on leur a proposé plusieurs sens pour le mot inconnu :**

| un moulin | un bateau de pêche | un matériau de construction | |
|---|---|---|---|
| un bateau | une éolienne | un bateau à voiles | une galette |

**Plusieurs réponses sont possibles. Mais parmi elles, une seule est bien précise. Trouve laquelle.**

## Pour s'entraîner

- **Cherche les indices qui t'aident à comprendre le mot en orange.**
- **Choisis la définition qui convient le mieux dans la liste proposée.**

**Sur ton cahier**

n°1 p. 46
Mes indices : ...
Ma définition : ...

**1**

Tout allait mal ce matin-là : on n'avait pas livré à mon oncle les matériaux qu'il attendait, plusieurs machines étaient tombées en panne et son meilleur ouvrier était malade. Il fallait rattraper d'urgence le retard pour livrer à temps le meuble commandé et déjà payé. Le visage sombre, il tournait en rond dans l'atelier comme un ours en cage. On l'entendait en permanence ronchonner, **maugréer** comme s'il mâchait des reproches incompréhensibles. Il ne faisait pas bon le croiser.

**Pour t'aider**

- dire du mal
- marmonner des paroles désagréables
- insulter
- avoir mal
- chantonner
- chuchoter

**2**

C'était l'homme le plus étrange et le plus inquiétant que j'aie jamais vu : à tout moment, il se lançait dans de folles **diatribes**. Lundi, il affirmait que j'avais mis du poison dans son café et que j'étais de la graine d'assassin. Mercredi, il prétendait que j'avais l'air d'un braqueur de banques. Et mardi ? Mardi, il ne m'avait pas vu... C'était parce que, disait-il, j'étais parti cacher mon butin en Suisse ! Jeudi, il me soupçonnait de préparer un crime atroce. Et il suffisait qu'il me voie le vendredi avec une caisse à outils à la main pour qu'il imagine que j'étais venu saboter les freins de sa voiture. Tous les jours, c'était la même chanson !

**Pour t'aider**

- préparations
- déclarations
- annulations
- recommandations
- accusations violentes
- précautions

**3**

Le père Gudule se grattait la tête : impossible d'accéder à son garage ! Ici un tas de sable abandonné, plus loin des planches déposées en vrac à côté de briques et de pierres éparpillées, ailleurs quelques vieux appareils ménagers oubliés et en train de rouiller. Ajoutez à cela la tempête de la nuit qui avait jeté de lourdes branches cassées au sol. Une seule solution : faire **désobstruer** le chemin.

**Pour t'aider**
- déménager
- réparer
- éclaircir
- débarrasser
- changer
- déclarer

**4**

On aurait dit que le prince Romuald n'avait jamais appris à compter. Tout ce qu'il désirait, il l'achetait. Vêtements, parfums, chaussures, bijoux... rien n'était trop beau ni trop cher pour lui.
Il achetait, il achetait en permanence comme si sa bourse n'avait pas de limite. Le roi, son père, lui reprochait d'être trop **prodigue**, mais rien n'y faisait. Il était sourd aux reproches et l'argent coulait à flots.

**Pour t'aider**
- gentil
- provocateur
- avare
- dépensier
- organisé
- brillant

**5**

Je n'ai jamais connu quelqu'un d'aussi **flegmatique** que Théodule. Quoi qu'il arrive, son visage ne montrait aucune émotion. La foudre aurait pu tomber à ses pieds, il n'aurait pas bougé d'un pouce. Si on lui disait de se montrer plus énergique, il ne répondait pas. Quand, parfois, on finissait par s'énerver devant son manque total de réaction, il se contentait de sourire ! Quel drôle de zouave, ce Théodule !

**Pour t'aider**
- énervé
- fatigué
- sourd
- aveugle
- paresseux
- très calme

**6**

M. Crozet était à la retraite depuis quelques années. Lui, qui avait toujours été un marchand honorable et respecté, ne supportait plus la situation : son fils avait jeté **l'opprobre** sur leur entreprise. Non seulement il n'avait tenu aucune de ses promesses – les commandes, lorsqu'elles étaient livrées, arrivaient avec des mois de retard –, mais en plus la qualité attendue n'était pas au rendez-vous. Pire : les comptes n'étaient pas à jour, les factures se perdaient, l'argent reçu était égaré.

**Pour t'aider**
- la publicité
- le doute
- l'argent
- la célébrité
- la honte
- l'embarras

## Pour aller plus loin

**Lis ce texte : deux mots difficiles sont en orange. Trouve leur définition en t'aidant des indices du texte.**

« Mon chien, explique Frédéric, est énorme. Lorsqu'on le voit, on imagine avoir affaire à un véritable monstre. Mais quelle erreur ! C'est un vrai **pleutre** : la semaine dernière, il s'est caché en gémissant à la vue d'une souris. Même la moindre mouche qui volette autour de lui le terrorise.
– Le mien, raconte Émilie, est tout petit. Il passerait presque inaperçu. Mais il suffit qu'un autre animal apparaisse pour qu'il se mette en colère. Alors, il saute, il aboie en bavant, il court dans tous les sens en sortant ses crocs avec la gueule grande ouverte. C'est une véritable **métamorphose** ! »

# Je maîtrise l'ordre alphabétique

## Pour commencer

- **Fred a trouvé dans son atlas les drapeaux de plusieurs pays. Il a essayé de les classer par ordre alphabétique.**

Allemagne Andorre Autriche Arménie Bulgarie Croatie Égypte Estonie

*Es-tu d'accord avec son classement ?*

- **Corrige ses erreurs au besoin, puis ajoute dans sa liste les pays suivants :**

Albanie Belgique Danemark Espagne Biélorussie

## Pour s'entraîner

- **Range les listes de mots par ordre alphabétique.**
- **Puis donne un titre à chaque liste.**

**Sur ton cahier**
n°1 p. 48
Noms de pays
Cameroun
...

**1**

Chili Cambodge Chypre Colombie Canada Congo

Chine Cameroun Costa Rica Cap-Vert Côte-d'Ivoire Cuba

**2**

canari
colombe
dinde
cygne
chameau

cochon
daim
canard
corbeau
cheval

**3**

pomme
potiron
papaye
pastèque
pissenlit

pêche
poire
pistache
pamplemousse
persil

**4**

billard
bahut
bonnetière
banc
berceau
bibliothèque
bergère
buffet
banquette
bureau

**6**

clairon
castagnettes
clarinette
congas
cymbales
contrebasse
clavecin
contrebasson
cornemuse
cor

**5**

trimaran
traîneau
tandem
téléski
tracteur
triporteur
tramway
tricycle
téléphérique
train

**7**

boomerang
badminton
boxe
baseball
basket-ball
beach-volley
biathlon
bowling
bobsleigh
boule lyonnaise

## Pour aller plus loin

**Retrouve l'infinitif des verbes conjugués en orange, puis classe-les par ordre alphabétique.**

**a**

a. Quand vous **saurez** la vérité, vous serez très étonnés !
b. **Pris** dans la tempête, le bateau est secoué de toute part.
c. Léa **éteignit** la lumière et s'endormit aussitôt.
d. Nous **ferons** réparer le toit dès que possible.
e. Vous **auriez** intérêt à venir en train.
f. Nous vous **enverrons** une carte postale.
g. Je **verrai** bien mieux avec ma nouvelle paire de lunettes.
h. Jamel ne **sut** jamais la vérité.
i. Est-ce que vous **pourriez** m'aider, s'il vous plaît ?
j. M. Gervais **prit** la clé dans sa poche pour ouvrir la porte.

**b**

a. Où **irez**-vous en vacances, cette année ?
b. Les alpinistes **atteignirent** le sommet peu avant midi.
c. Un chasseur **sachant** chasser sans son chien est un bon chasseur.
d. Le sportif **fit** de son mieux, mais ne **parvint** pas à rattraper son retard.
e. La sorcière **teignait** ses cheveux en vert.
f. Fumer **nuit** à votre entourage.
g. Il **vaudrait** mieux ne pas l'énerver.
h. La lettre que j'**ai reçue** ce matin vient de Madagascar.
i. Il **faut** que je m'en aille.
j. La forteresse militaire **tint** bon pendant toute la bataille.

# Je comprends comment les mots sont fabriqués : les suffixes (1)

## Pour commencer

- **Voici la description de nombreux métiers :**

Garder un immeuble.
Fabriquer du papier.
Installer l'électricité.
Écrire des articles de journal.
Jouer la comédie.

Poser du carrelage.
Pratiquer la chirurgie.
Coiffer les clients.
Vendre des fleurs.
Faire de la mécanique.
Soigner les dents.

Tenir un garage.
Faire de la boxe.
Vendre des bijoux.
Conduire un véhicule.
Jouer du piano.
Cultiver la terre.

- **Un élève a cherché le nom de ces métiers, puis les a classés dans ce tableau :**

| -er ou -ier | -ien | -iste | -eur |
|---|---|---|---|
| papetier<br>... | gardien<br>... | ... | ... |

*Comprends-tu comment il a fabriqué ces mots ?*

- **Termine son travail.**

## Pour s'entraîner

- **Retrouve les noms ou adjectifs formés avec les mots en orange et classe-les selon leur suffixe.**

### 1 Habitants d'un pays

Habitant de Hongrie
Habitant du Japon
Habitant du Canada
Habitant d'Algérie
Habitant de Tunisie
Habitant de Chine
Habitant de Hollande
Habitant de Suède

Habitant d'Autriche
Habitant d'Italie
Habitant de Pologne
Habitant du Portugal
Habitant de Norvège
Habitant d'Irlande
Habitant du Luxembourg
Habitant de Thaïlande

**Sur ton cahier**

n°1 p. 50

| -ois | -... | -... |
|---|---|---|
| Hongrois ... | ... | |

### 2 Métiers

Faire de la danse.
Accueillir les clients à un guichet.
Avoir un travail technique.
Tenir un hôtel.
Porter secours.
Jouer de la musique.
Travailler à la poste.

S'occupe des décors de théâtre.
Fabriquer des objets en verre.
Installer et réparer des systèmes de chauffage.
Tenir la caisse dans un magasin.
Travailler dans le domaine de l'électronique.
Travailler dans la police.
Jouer du violon dans un orchestre.

## 3 Métiers

Animer une émission de télé.
Vendre des antiquités.
Explorer des régions mal connues.
Conduire des camions.
Tenir un commerce.
Travailler à l'université.
Sculpter le bois ou la pierre.
Enseigner une matière à des élèves.
Commander un navire.
Réaliser des films.
Travailler dans la publicité.
Jouer de la guitare.
Vivre de la pêche.

## 4 Adjectifs

Sur ton cahier

n°4 p. 51

| -el | -ain | -eur |
|---|---|---|
| annuel | ... | ... |

... → qui se produit tous les ans.
... → qui se trouve sous la terre.
... → qui aime jouer.
... → qui se moque facilement des autres.
... → qui promet, qui laisse espérer de bonnes choses.
... → qui concerne une profession.
... → qui se trouve très loin.
... → qui est produit par une industrie.
... → qui défend les valeurs de la République, qui concerne la République.
... → qui cherche à protéger.
... → qui vient du Maroc.
... → qui rit, qui aime rire.

## 5 Adjectifs

Sur ton cahier

n°5 p. 51

| -el | -ain | -eur |
|---|---|---|
| ... | ... | ... |

... → qui siffle.
... → qui vient de la nature ou qui a un rapport avec la nature.
... → qui vient d'Afrique.
... → qui migre chaque année vers les pays chauds.
... → qui est devenu une habitude.
... → qui vient d'Amérique.
... → qui travaille beaucoup.
... → qui concerne le président.
... → qui a la couleur des châtaignes.
... → qui vient de la tradition.
... → qui concerne l'homme.

## 6 Adjectifs

Sur ton cahier

n°6 p. 51

| -vore | -aire | -in |
|---|---|---|
| ... | ... | ... |

... → qui se nourrit d'herbe.
... → qui a la forme d'un triangle.
... → qui se nourrit d'insectes.
... → du niveau d'un enfant.
... → qui se nourrit de graines.
... → qui fait preuve d'autorité.
... → qui se trouve sous la mer.
... → qui est conforme au règlement.
... → qui vient d'Argentine.
... → qui a la forme d'un cercle.
... → qui contient des documents, qui donne des informations.

## Pour aller plus loin

Sur ton cahier

| Les récipients | ... | ... |
|---|---|---|
| sucrier | ... | ... |

**Voici une série de mots qui ont tous le même suffixe.**

| | | | | |
|---|---|---|---|---|
| sucrier | épicier | amandier | charbonnier | poudrier |
| pâtissier | cuisinier | portier | pistachier | jardinier |
| olivier | figuier | vinaigrier | charcutier | encrier |
| saladier | plombier | poirier | marinier | poivrier |

**Classe ces mots en trois groupes et donne un titre à chaque liste.**

# Je trouve un mot grâce au contexte

## Pour commencer

• **Lis ce texte : des mots y ont été cachés.**

Drame de la nature ! Je lisais [1] le pommier, quand un [2] s'est détaché, tombant à mes pieds. La pomme s'est immobilisée. Elle [3] trop mûre et légèrement gâtée. C'est alors que j'ai [4], sortant du fruit, un ver ou une chenille, je [5] savais pas trop. J'ai observé cet animal se contracter, se déployer, se contracter encore et se déployer toujours pour [6] sur le fruit. Un oiseau s'est précipité... Un coup de bec rapide... Et fin de l'histoire !

• **Dans la liste ci-dessous, retrouve les mots cachés en t'appuyant sur :**
**- le sens du texte ;**
**- l'orthographe (accords, conjugaison...).**

| étaient | fruits | découvert | dans | sous |
|---|---|---|---|---|
| fruit | avancer | ne | se déplacer | semblait |

## Pour s'entraîner

**Lis le texte et trouve les mots cachés en t'aidant de la liste proposée.**

### 1

Le chasseur savait qu'ils étaient là : un [1] d'éléphants mâles qui se reposaient sous les arbres, abrités du [2] torride de la savane. Cela faisait plusieurs heures qu'il [3] observait. L'heure de la chasse était enfin arrivée. Veillant à ne pas se mettre dans le vent pour que les animaux ne [4] pas son odeur, l'homme se coucha sur le sol, et en [5] avec lenteur, entreprit de se rapprocher du troupeau. Le canon de son fusil était enveloppé de tissu pour éviter que l'éclat du soleil sur le [6] n'alerte sa proie.

**Pour t'aider**
avoir - feuillage - leur - groupe - soleil - l' - tas - être - canon - chapeau - métal - troupeau - les - fusil - chaleur - sentent rampant - marchant

### 2

La nuit était tombée. Les lumières s'étaient éteintes. Tout le [1] dormait. Plus aucun bruit. Plus personne alentour. C'était le [2] rêvé pour enterrer son trésor au fond de son jardin. [3] sa pelle, Nestor s'approcha du pied du vieux sapin et commença à [4] la terre sèche. L'inquiétude, tout autant que la chaleur, le faisait transpirer. Lentement, le trou s'agrandissait. Cela allait être [5]. Il voulut alors souffler un peu, avant d'aller chercher le coffret pour l'[6]. Soudain, il entendit derrière la haie : « Alors, voisin, drôle de moment pour [7] des radis ! » Tout était perdu !

**Pour t'aider**
ville - monde - arroser - enterrer - achevé - efficace - prenant - moment - creuser - planter - rangeant

**3**

Le capitaine rassembla l'équipage sur le pont pour lui [1] leur mission secrète : aller, dès les premiers jours de la belle saison, rejoindre les îles lointaines de l'Asie.
Tout le monde savait que les Portugais en [2] l'accès aux étrangers et se réservaient à eux seuls le droit d'y faire du [3]. Ils massacraient les [4] étrangers qui osaient s'y [5]. Le capitaine ordonna à tous de regagner leur poste. Aucun des marins présents ne s'opposa à son projet, de peur de passer pour un [6].

**Pour t'aider**
rendre - permettaient - paresseux - interdisaient - aller - révéler - trafic - dit - commerce - rares - marins - lâche

**4**

Clara apercevait au fond de la rivière d'énormes poissons qui [1] paresseusement. Ils venaient jusqu'à la rive, tournaient et ondulaient dans l'[2] claire. Elle avait jeté ses préparations secrètes pour [3] attirer, les appâter. Ils avaient tout avalé, tout dévoré, mais maintenant que l'hameçon cherchait à les séduire, ils [4] se moquer d'elle et la narguer. L'asticot se démenait avec l'énergie de celui qui va se faire gober... mais cela ne [5] à rien. Les [6] tournaient en une ronde moqueuse autour du vermisseau.

**Pour t'aider**
nageait - l' - eau - semblaient - poisson - poissons - nageaient - onde - servait - les

**5**

Après sa victoire, le pharaon rassembla les prisonniers et leur [1] le choix suivant. Soit ils acceptaient de le servir et de lui [2] fidélité... Ainsi il les enrôlerait dans son armée et ils seraient associés à sa gloire.
Soit ils s'engageaient à déposer les [3] et à ne plus se battre. Ils seraient alors marqués au fer rouge comme du [4], et malheur à eux si un jour ils tentaient de se [5]. Quant à ceux qui [6] l'une et l'autre proposition, ils seraient mis à mort.

**Pour t'aider**
armes - contre - promettre - bétail - refusaient - laissa - jurer - servait - révolter - retourner

## Pour aller plus loin

**Trouve les mots cachés :**
**- si le mot inconnu a un numéro [1], il est dans la liste « Pour t'aider » ;**
**- s'il est caché par [?], il n'est pas dans la liste.**

En Hollande, au XVII^e^ siècle, une véritable [1] s'était emparée des habitants. C'était à qui trouverait la plus belle tulipe, celle qui avait la couleur la plus rare ou la forme la plus étrange. Et tous [?] à prix d'or les bulbes tant désirés pour les planter et en admirer les fleurs. Riches marchands et nobles personnages rivalisaient : ils se devaient de faire aussi [2] que leurs amis, ou mieux [?], les dépasser. De véritables collections avaient été [?]. Les bulbes de tulipes s'échangeaient à [?] d'or : des maisons ou des châteaux pour quelques fleurs, des navires [3] une poignée de bulbes. En peu de temps, des fortunes se faisaient et se défaisaient, les gens s'enrichissaient ou [4] dans la misère.

**Pour t'aider**
bâti - folie - vendues - bien - sombrait - basculaient - constituées - valeur - contre - pour

# J'apprends
# à utiliser le dictionnaire

## Pour commencer

• **Lis ces phrases.**

Le professeur Malabil cherchait le trésor à l'aide de son vieux **pendule**.
La vieille **pendule** était en panne, on n'entendait plus son tic-tac régulier.

*Que remarques-tu ?*

**Voici les définitions de pendule trouvées par un élève dans un dictionnaire :**

**PENDULE** *n.f.* : petite horloge d'appartement.
**PENDULE** *n.m.* : petit objet, suspendu à un fil, qui peut se balancer.

*Observe la classe grammaticale de ces deux mots. Quelle différence remarques-tu ?*

• **Fais le même travail avec les phrases suivantes.**

Quand nous allons nous balader, le chien court toujours **devant** nous.
Éric a eu un accident sans gravité ce matin. Seul le **devant** de la voiture est un peu abîmé.

Je ne suis pas allé à la patinoire **car** je ne me sentais pas en forme.
Le **car** de ramassage scolaire est tombé en panne ce matin.

## Pour s'entraîner

• **Lis les phrases et repère les homonymes.**
• **Trouve dans le dictionnaire leur définition et l'abréviation de leur classe grammaticale, en précisant entre parenthèses ce qu'elle signifie.**

Sur ton cahier
n°1 p. 54
a.
– aller, n.m. (nom masculin)
– aller, ...

**1**

**a** J'ai acheté un aller simple, parce que je ne reviendrai pas en train, mais en voiture.
Sur son vélo, il essaie d'aller le plus vite possible.

**b** Jusqu'en 2002, la monnaie italienne s'appelait la lire.
J'aime beaucoup lire dans ma chambre.

**c** Tout être humain naît avec des droits et des devoirs.
Jean-Luc voulait être médecin, mais il est finalement devenu dentiste.

**d** L'inspecteur Lafouine a découvert des traces de pas dans la neige.
Moi, sauter en parachute ? Il n'en est pas question !

**2**

**a** Le pirate enterra soigneusement son coffre rempli de pièces d'or.
Il devait arriver à midi, or il est déjà treize heures et il n'est toujours pas là !

**b** À chaque fois que Théodule devait jouer un si sur son violon, un son affreux et grinçant sortait de son instrument.
Tu n'aurais pas eu tous ces ennuis si tu m'avais écouté !

**c** Fumer nuit gravement à la santé.
Le hibou est un oiseau de nuit.

**d** J'ai glissé sur une plaque de verglas et je suis tombé sur le derrière !
Derrière la maison, nous avons un grand jardin avec un potager.

**3**

**a** Effrayée par les griffes du chat, la petite souris se terre au fond de son trou.
En rentrant de notre promenade, j'avais les chaussures pleines de terre.

**b** En géométrie, nous avons dessiné le patron d'un cube et d'un pavé droit, puis nous avons construit ces solides.
La cabane que j'ai bâtie dans la forêt n'est pas très solide.

**c** Dès qu'elle entend la sonnette, ma chienne se cache sous le canapé !
En ratissant les feuilles tombées chez mon voisin, j'ai gagné quelques sous.

**d** C'est mon grand-père qui avait planté lui-même ce noyer.
La mer est très dangereuse ici, on peut être emporté par le courant et se noyer.

**4**

**a** La mairie se situe entre l'église et l'école.
Quand la porte est fermée, le chat entre par la fenêtre.

**b** J'ai attendu toute la matinée, mais personne n'est venu.
Je n'ai jamais rencontré la personne qui est sur cette photo.

**c** Au bout de la rue, vous tournerez à gauche, puis à droite.
Quand il se sent en danger, un cheval qui rue peut être très dangereux.

**d** Le voile de la mariée flottait au vent.
Le navigateur, très abattu, s'aperçut que sa voile était déchirée.

**5**

**a** Je ne suis pas sûr d'avoir suffisamment salé la soupe, veux-tu la goûter?
Mélissa est venue à l'heure du goûter.

**b** Peux-tu relire le dernier vers de ce poème ?
Le vagabond se dirige vers la lumière qu'il a aperçue.

**c** Le jeune homme a offert à sa fiancée une bague magnifique, surmontée d'un énorme brillant.
Cet étudiant est très brillant, il a eu les félicitations de tous ses professeurs.

**d** La troupe du roi est très mécontente, car depuis des mois elle n'a pas reçu sa solde.
Dans tous les magasins, c'est la bousculade : la saison des soldes a commencé.

**6**

**a** Le nom de la reine Néfertiti était gravé dans un cartouche.
Le chasseur visa, appuya sur la gâchette, mais il n'avait plus de cartouche dans son fusil.

**b** Avant d'utiliser mon nouveau téléphone, je vais lire le mode d'emploi.
Bastien s'intéresse beaucoup à la mode, il voudrait devenir styliste.

**c** L'hélicoptère se posa sur le toit de l'hôpital ; dans ce brouillard, la manœuvre était très risquée.
Toute sa vie, mon arrière-grand-père a été manœuvre agricole dans une ferme du Berry.

**d** Pendant la visite médicale, on m'a fait lire des lettres sur un panneau en mettant un cache devant mon œil droit, puis gauche.
Le baron d'Argenteuil a dissimulé sa fortune dans une cache restée secrète.

## Pour aller plus loin

- **Trouve, dans ton dictionnaire, les différentes définitions de ces mots et leurs classes grammaticales.**
- **Puis écris une phrase pour chaque mot, en l'utilisant dans ses divers sens.**

| | | | | | |
|---|---|---|---|---|---|
| plat | critique | somme | présent | moule | ferme |
| kaki | livre | pendant | pupille | poste | circulaire |

# Je comprends **comment les mots sont fabriqués : les préfixes**

## Pour commencer

- **Lis ces mots.**

| malvoyant | désapprendre | emporter | réapparaître | clairvoyant | |
|---|---|---|---|---|---|
| desserrer | importer | apprendre | non-voyant | porter | disparaître |
| paraître | enserrer | prévoyant | reprendre | exporter | prendre |
| voyant | resserrer | apparaître | surprendre | serrer | comprendre |

- **Classe ces mots dans un tableau, puis souligne la partie commune de chaque catégorie et colorie le début qui change.**

*Comment expliques-tu ton classement ?*
*À quoi servent ces préfixes ?*

## Pour s'entraîner

**Complète chaque phrase avec un mot de la famille du mot en orange, en utilisant l'un des préfixes proposés en rouge.**

### 1 in- ou im-, dé- ou dés- ?

a Jeanine ne se **console** pas d'avoir perdu son chien : elle demeure …… .

b J'ai remarqué que le réfrigérateur est plein de **givre**. Il faudrait le ……, si tu veux qu'il fonctionne bien.

c Ce matin, j'ai reçu un énorme bouquet de fleurs d'un inconnu. Je ne m'y **attendais** pas du tout ! C'était très agréable, mais tout à fait …… !

d Salomé marmonne entre ses dents : « Ce n'est vraiment pas **juste**, c'est Zoé qui parlait et c'est moi qui suis punie ! Je trouve cette punition très …… ! »

e **L'équilibriste** traverse la rue sur une corde tendue entre deux immeubles. Si jamais une rafale de vent le ……, il risque de faire une chute mortelle.

### 2 dé-, dés- ou des-, r- ou re- ?

a Je passe mon temps à refaire les **nœuds** de mes lacets : ils n'arrêtent pas de se ……, il faut que je les …… sans arrêt !

b Quand l'agent secret a trouvé le prisonnier, il avait les mains **liées** avec de la ficelle. Il lui a aussitôt …… les poignets.

c Le match a été annulé, car le **jeu** a été interrompu par une panne électrique. Il faut donc le …… .

d Je n'ai pas eu le temps de me **coiffer** ce matin. Je dois être tout …… !

e Tes **chaussures** sont toutes mouillées, ……-toi avant d'entrer ! Tu te …… quand tu ressortiras.

### 3 in- ou im-, dé- ou dés- ?

**a** « 1, 2, 3, 4, 5... » Même si je comptais pendant toute ma vie, sans jamais m'arrêter, je n'arriverais jamais à la **fin** ! La suite des nombres est _____.

**b** Je n'ai pas la **possibilité** de lui rendre visite : il est _____ de prendre ma voiture avec cette neige !

**c** Je me réjouissais de **manger** ce raisin, mais il n'est vraiment pas mûr ! Il est _____.

**d** Un **accordeur** doit venir réparer mon piano qui est _____.

**e** Le terrain derrière la maison est envahi de **broussailles** et de ronces, nous allons le _____.

### 4 dé-, dés- ou des-, r- ou re- ?

**a** Le directeur est très ordonné : dans son bureau, chaque objet a sa **place**. Si quelqu'un _____ un dossier, il doit le _____ là où il l'avait trouvé.

**b** Je me suis écorché le genou en tombant et comme je ne l'ai pas soigné, la plaie s'est **infectée**. Je dois la _____.

**c** Ma grand-mère avait **accroché** un joli tableau dans la cuisine, mais il s'est _____. Elle va le _____ dans la salle à manger.

**d** L'été dernier, au camping, on a **monté** la tente juste sur une fourmilière ! Il a fallu qu'on la _____ pour la _____ un peu plus loin. Quelle histoire !

### 5 in- ou im-, dé- ou dés- ?

**a** Ce soir, la tempête fait rage et les bateaux ne peuvent pas **aborder** : la côte est _____, ils devront passer la nuit en mer.

**b** « J'ai trouvé que ce jeune homme manquait de **politesse**. Il n'était guère **agréable** avec nous.
– Tu peux même dire qu'il était très _____ et franchement _____ ! »

**c** Pour finir un puzzle, la qualité principale est la **patience**. Hélas, ce jeu n'est pas pour moi, je suis trop _____ !

**d** Mon chat a _____ toutes mes affaires sur mon bureau, il va falloir que je fasse un peu de **rangement** !

### 6 in- ou im-, dé- ou dés- ?

**a** Je croyais avoir les **capacités** pour réparer ce réveil, mais je dois dire que je suis _____ de le remonter !

**b** Dans l'Antiquité, les Grecs pensaient que leurs dieux ne **mourraient** jamais, qu'ils étaient _____.

**c** Je ne suis pas **certain** qu'il fera beau les prochains jours : le temps est _____.

**d** Mon chien a creusé un trou dans la **terre** : il a _____ un vieil os qu'il avait caché il y a bien longtemps.

### 7 in- ou im-, dé- ou dés- ?

**a** L'évier est **bouché**, l'eau ne coule plus. Peux-tu m'aider à le _____ ?

**b** Il n'y avait plus d'argent pour **achever** ce monument, la construction est restée _____.

**c** Les espions utilisent un **code** secret, mais la police a réussi à _____ leurs messages.

**d** Ces rideaux avaient des **couleurs** éclatantes, mais ils ont _____ au soleil.

**e** J'avais **prévu** de te rendre visite, mais un _____ m'en a empêché.

## ...Pour s'entraîner

**Complète chaque phrase avec un mot de la famille du mot en orange, en utilisant l'un des préfixes proposés en rouge.**

### 8 dé-, dés- ou des-, r- ou re- ?

**a** Quand un appareil électrique ne fonctionne pas, il faut d'abord vérifier son **branchement**. S'il est _____, il suffit de le _____ pour qu'il se remette en marche !

**b** Les ordinateurs sont vieux et peu performants, il nous en faut de **nouveaux** : nous allons _____ l'équipement informatique de l'école élémentaire.

**c** L'incendie a ravagé les arbres du **bois**. Dans quelques mois, il faudra s'occuper de _____ la forêt abîmée.

**d** Quand le médecin m'a demandé de me _____ pour m'ausculter, j'ai posé mes **habits** sur une chaise. Après l'examen, j'ai pu me _____.

### 9 anti- ou para- ?

**a** Quand on saute d'un avion, pour ralentir sa **chute**, on s'équipe d'un _____.

**b** Je n'ai pas envie qu'on me **vole** mon vélo, je n'oublie jamais mon _____.

**c** La grille était toute **rouillée**. Avant de la repeindre, j'ai appliqué une couche de peinture _____.

**d** Dans cette ville très **polluée**, on a développé beaucoup d'équipements _____.

**e** Sur le toit de certains monuments, on voit une pointe métallique qui protège du **tonnerre** : c'est un _____.

### 10 in- ou -im-, dé- ou dés- ?

**a** Nathanaël n'arrive pas encore à prendre sa **décision**, il reste _____.

**b** Albane ne **supporte** pas quand sa sœur entre dans sa chambre : si elle lui emprunte des affaires, elle la trouve carrément _____.

**c** Vois-tu cet arbre, couché au sol, ses **racines** arrachées qui se dressent comme une araignée géante ? C'est la tempête de l'hiver dernier qui l'a _____.

**d** « J'ai cru que ce film ne se **terminerait** jamais… Qu'est-ce que je me suis ennuyé !
– Moi aussi, je l'ai trouvé _____. »

### 11 anti- ou para- ?

**a** Il y avait beaucoup de **bruit** près de cette autoroute, on a construit un mur _____.

**b** Pour se protéger contre les rayons brûlants du **soleil**, on utilise un _____.

**c** Il risque de **geler** fort pendant l'hiver, j'ai donc ajouté de l'_____ au lave-glaces.

**d** Pour se protéger de la **pluie**, on emporte un _____.

### 10 in- ou -im-, dé- ou dés- ?

**a** Clarence ne montre pas beaucoup d'**intérêt** pour son travail, on dirait qu'elle s'en _____ complètement.

**b** Le bandit menaçait les clients de la banque avec son **arme**. La police a réussi à le _____ avant qu'il ne tire.

**c** Le chauffeur du poids lourd a conduit toute la journée, il se sent très **las**. Il va se _____ avant de reprendre la route.

**d** Le timbre sur cette enveloppe n'est pas bien **collé** : je vais le _____.

## Pour aller plus loin

Attention ! parfois les préfixes sont soudés, parfois ils sont suivis d'un trait d'union. Si tu n'es pas sûr(e), utilise ton dictionnaire !

**1. Trouve les mots manquants qui commencent par les préfixes sur- et sous-. Aide-toi des mots en orange.**

a. Pour faire du sport, je ne garde pas mes **vêtements** habituels, je mets mon ____.

b. Il aime se promener dans les **bois** et cueillir, à l'automne, des champignons dans le ____.

c. L'avion des pompiers a pris son **envol** : il va ____ l'incendie de forêt pour évaluer son importance.

d. Quand l'ascenseur est trop **chargé**, un voyant de sécurité clignote pour indiquer qu'il est en ____.

e. Pour s'évader, le prisonnier a essayé de creuser la **terre** sous sa cellule. Les gardiens ont fini par découvrir son ____.

f. Mon oncle est militaire dans la **marine**. Il descend parfois au fond de la mer dans un ____.

g. Mon cousin s'appelle Albert, mais personne ne se sert de ce **nom**. Tout le monde l'appelle par son ____, Bébert.

**2. Lis les définitions suivantes et, en t'aidant des lettres placées dans les cases et de ton dictionnaire, écris les mots comportant un préfixe de nombre.**

**Pour t'aider**

**Préfixes de nombre**

| | | | |
|---|---|---|---|
| uni-, mono- : | un | quadri- : | quatre |
| bi- : | deux | déca-, déc- : | dix |
| tri-, tré- : | trois | multi- : | beaucoup |

**a**

| Définition | | 1 | 2 | 3 | 4 | 5 | 6 | 7 | 8 | 9 | 10 | 11 |
|---|---|---|---|---|---|---|---|---|---|---|---|---|
| a. Œuvre en trois parties : | → | | | | L | O | G | | | | | |
| b. Qui a lieu ou qui paraît tous les trois mois : | → | | | | M | E | S | T | R | | | |
| c. Support à trois pieds pour appareil photo : | → | | | | P | | | D | | | | |
| d. Qui a de multiples couleurs : | → | | | | | | C | O | L | O | | |
| e. Mesure de longueur égale à dix mètres : | → | | | | | M | | T | R | | | |
| f. Qui sait parler deux langues : | → | | | L | I | N | | | | | | |
| g. Vélo à une seule roue : | → | | | | | C | Y | C | | | | |
| h. Qui sait parler trois langues : | → | | | | L | I | N | | | | | |
| i. Qui a dix pattes (comme le crabe, par exemple) : | → | | | | | P | O | D | | | | |

**b**

| Définition | | 1 | 2 | 3 | 4 | 5 | 6 | 7 | 8 | 9 | 10 | 11 | 12 |
|---|---|---|---|---|---|---|---|---|---|---|---|---|---|
| a. Qui se déplace sur quatre pattes : | → | | | | | | | P | | D | E | | |
| b. Compétition d'athlétisme regroupant dix épreuves : | → | | | | | T | H | L | | | | | |
| c. Forme géométrique à quatre côtés : | → | | | | | | | L | A | T | | | |
| d. Période de dix jours : | → | | | | | D | E | | | | | | |
| e. Qui marche sur ses deux pieds (comme l'homme) : | → | | | P | | D | E | | | | | | |
| f. Qui a trois couleurs : | → | | | | | O | L | | | | | | |
| g. Vélo à deux roues : | → | | | C | Y | | | | | | E | | |
| h. Véhicule spacieux dont la carosserie est constituée d'une seule partie : | → | | | | | S | P | A | | | | | |
| i. Compétition sportive regroupant trois sports (natation, cyclisme et course à pied) : | → | | | | A | T | H | | | | | | |

# Je manipule des noms composés

## Pour commencer

- **Complète ces phrases.**

Dans cette variété de petits pois, tout est bon à manger : les graines et la gousse.

On les appelle des petits pois mange-____.

Cet oiseau qui a une large tache rouge sous le bec s'appelle un ____-____.

Ce soldat qui porte le drapeau de son régiment s'appelle le ____-____.

Cet immeuble qui semble toucher le ciel s'appelle un ____-____.

*Explique comment ces mots sont formés.*

- **Avec les éléments suivants, fabrique tous les noms composés possibles.**

| levis | pied | cure | belle | saute | pont | nu | dent | mère | mouton |
|---|---|---|---|---|---|---|---|---|---|

## Pour s'entraîner

**Trouve ou complète les noms composés, en t'aidant de la liste proposée.**

### 1

a. Sur mon vélo, le ____-____ empêche l'eau de m'éclabousser.

b. Il a égaré son ____-____ : comment va-t-il ouvrir la porte ?

c. Le garde-____ met une amende au braconnier qui a tué un lièvre.

d. Autrefois, à chaque passage à niveau, un ____-barrière empêchait les voitures de traverser la voie quand un train approchait.

e. Quand j'ai goûté ce café, je l'ai trouvé bon. Mais quelques instants plus tard, j'ai eu une saveur bizarre sur ma langue : il avait un arrière-____ désagréable.

f. Les élèves de la maternelle se sont assis en ____-cercle autour de la maîtresse qui va leur raconter une histoire.

garde
porte
garde
clés
chasse
demi
boue
goût

### 2

a. Mon pare-____ est couvert d'insectes écrasés, car j'ai oublié de remplir le réservoir du ____-glace.

b. Pour se faire entendre, les policiers parlent dans un ____-voix.

c. L'équipage du bateau des ____-côtes a vérifié la cargaison d'un voilier suspect.

d. L'arbitre d'un match de football vérifie que tous les joueurs portent bien des ____-tibias.

e. Zut, on a manqué le début du film, il est commencé depuis une ____-____.

f. Le marin porte un ____-vent pour se protéger des rafales pendant la bourrasque.

coupe
brise
protège
gardes
demi
lave
heure
porte

**3**

**a.** En voulant acheter le journal, il a fait tomber des pièces de son …… - …… .

**b.** Je me sèche les mains avec l'…… - …… .

**c.** Autrefois, on rangeait les aliments dans un ……-manger pour les protéger des insectes et des souris.

**d.** Pour éviter les fractures dans sa bouche, le boxeur met un protège-…… avant le combat.

**e.** « J'ai besoin d'une …… - …… d'œufs pour préparer ma pâte à crêpes.
– Tiens, voilà une boîte de six ! »

porte
essuie
monnaie
mains
demi
garde
dents
douzaine

**4**

**a.** Dans la salle de bains, il y a un porte-…… et un porte-…… .

**b.** Il commence à pleuvoir, tu devrais mettre en route les …… - ……, on ne voit plus la route !

**c.** Le long de cette falaise, la commune a fait installer un ……-fou pour éviter les accidents.

**d.** Prends le ……-papier pour ouvrir les enveloppes.

**e.** Sur la Côte d'Azur, en été, le bord de la mer est noir de monde. Si on recherche le calme, il faut quitter la côte et monter dans l'……-pays.

serviettes
essuie
glaces
savon
coupe
arrière
garde

**5**

**a.** Mon …… - …… est en panne depuis quinze jours, ce n'est pas drôle de faire les lessives à la main !

**b.** L'équipe de handball ne sera pas championne cette année, elle a perdu la …… - …… .

**c.** Avant de partir pour l'école, Lou-Ann mit son bol et ses couverts sales dans le …… - …… .

**d.** Le père de papy, c'est mon …… - …… - …… .

**e.** Il range ses nombreux costumes dans sa ……-robe.

arrière
lave
père
finale
vaisselle
demi
linge
grand
garde

## Pour aller plus loin

- **Observe avec attention les mots écrits ci-dessous.**

| | | | | | |
|---|---|---|---|---|---|
| avions | crayon | vaisselle | noix | mains | cartes |
| bonheur | croûte | pieds | parapluies | gueule | bébé |
| drapeau | tête | linge | cou | bouteilles | noisettes |

- **Pour chacun d'eux, fabrique un nom composé en choisissant un des trois éléments que l'on te propose dans ce tableau.**

| porte- | casse- | lave- |
|---|---|---|
| un porte-avions | … | … |

- **Choisis un nom composé dans chaque colonne et utilise-le dans une phrase.**

# Je sais repérer les mots d'un même domaine

## Pour commencer

- **Lis ce texte.**

Dans la forêt voisine vivait, paraît-il, une meute de loups, une bande complète avec louves et louveteaux. On ne savait trop où était leur gîte, leur tanière. On entendait le soir leurs hurlements et plus personne n'osait s'aventurer sous les arbres.

Dans le pays, on avait découvert des moutons et des agneaux égorgés, des bêtes blessées avec des marques de crocs.

Les autorités engagèrent un lieutenant de louveterie qui installa des pièges à loup, mais sans succès. On organisa une battue, la forêt fut traversée dans tous les sens… Pourtant, on ne trouva aucun animal.

- **Relève les mots qui se rapportent au loup et à son environnement et classe-les dans ce tableau.**

| LE LOUP | | | |
|---|---|---|---|
| le loup (ses désignations) | son habitat | son mode de vie | pour l'attraper |
| *une meute* … | … | … | … |

## Pour s'entraîner

**Lis le texte et relève les mots qui se rapportent au nom en orange, puis classe-les dans le tableau proposé.**

### 1 Le bateau

Les marins étaient inquiets. La nuit était totale. D'un noir d'encre. Le brouillard s'était levé. Le pilote ne voyait rien. Les instruments de bord étaient déréglés. Le vent poussait le navire droit devant lui. Mais en face, très près de la côte, il y avait des écueils, des récifs pointus, déchiquetés, traîtres et coupants, au ras de l'eau, prêts à éventrer la coque et à précipiter l'équipage dans les flots furieux. Impossible d'appeler les secours, la radio de bord était en panne. De plus, dans cette purée de pois, il n'était pas sûr que les gardes-côtes se seraient aventurés avec leur remorqueur de sauvetage pour venir à leur rescousse !

Cela sentait le naufrage. Cela annonçait le chavirement. On craignait le pire, en attendant la catastrophe.

C'est alors que, dans ces ténèbres, un puissant faisceau lumineux jaillit. La lumière d'un phare traversait l'obscurité.

**Pour t'aider**

| LE BATEAU | | | |
|---|---|---|---|
| le bateau, son équipement, son équipage | les éléments naturels | les dangers | les aides |
| | | | |

### 2 Le bijoutier

Bagues, bracelets, broches, boucles d'oreilles et colliers… rien ne lui semblait trop difficile à fabriquer. Tailler des pierres et les monter, fondre le métal précieux, polir, sertir, graver, tout lui semblait aisé. Il travaillait l'or et l'argent, le cuivre ou les pierres fines comme l'acier et le verre, et tout son art finissait exposé amoureusement en devanture, élégamment disposé sur des présentoirs ou encore protégé dans des écrins précieux. Rapidement, le pays entier parla de ses talents de bijoutier.

**Pour t'aider**

| LE BIJOUTIER | | | |
|---|---|---|---|
| les bijoux | les matières | le travail | la vente des produits finis |
| | | | |

### 3 Le troupeau

Aux beaux jours, le berger menait son troupeau paître dans les collines lointaines, là où les pâturages d'herbes grasses étaient libres. Les cloches tintaient joyeusement dans les prairies d'altitude. Son bétail y restait de longues semaines à brouter et à engraisser. Il gardait ses bêtes, les surveillait et les soignait. Son chien les protégeait contre les attaques d'animaux sauvages. C'était l'époque où brebis et chèvres mettaient bas : agneaux et chevreaux gambadaient dans la prairie.
Il trayait les animaux et récoltait leur lait pour produire des fromages qu'il vendrait au village.

**Pour t'aider**

| LE TROUPEAU | | | |
|---|---|---|---|
| le troupeau | son alimentation | les lieux | les activités du berger |
| | | | |

### 4 Le jardinier

Levée dès l'aube, Flore arrose précautionneusement les jeunes plants, les protège de la chaleur montante en paillant leur pied. Elle arrache au passage les herbes folles. Elle taille ici ce qui se développe en trop, elle coupe là, avec son sécateur, les branches superflues ou arrache les bourgeons inutiles. Au besoin, elle apporte de l'engrais pour stimuler la croissance de telle ou telle plante. Ce travail achevé, de sa bêche elle retourne un coin de terre, qu'elle enrichit d'un peu de fumier avant d'y tracer quelques sillons bien alignés où elle enfouira les graines qui germeront dans les jours à venir.

**Pour t'aider**

| LE TRAVAIL DU JARDINIER | | | |
|---|---|---|---|
| le monde végétal | les actions | les outils | les produits |
| | | | |

## Pour aller plus loin

**Voici un texte qui présente un paysage.**
**Regroupe les mots par grands thèmes et complète le tableau proposé ci-dessous.**

C'était là une campagne verdoyante et vallonnée où coteaux et collines se succédaient à l'infini, séparés par d'étroits vallons dans lesquels coulaient de paresseux ruisseaux et de douces rivières. Partout de l'eau en ce pays humide et bien arrosé par les pluies venant de l'océan. Un climat doux, tempéré, sans excès. De-ci, de-là, bois et bosquets apportaient une touche d'un vert plus soutenu au milieu des prairies qui dominaient tout le paysage. La terre semblait en friche. Les hautes herbes y abondaient. Ni chemin visible, ni sentier, encore moins de routes : le pays paraissait désert.

| la végétation | les cours d'eau | les formes du relief | … | les voies de communication |
|---|---|---|---|---|
| … | … | … | humide, arrosé… | … |

# Je comprends comment les mots sont fabriqués : les suffixes (2)

## Pour commencer

- **Observe ces deux séries de mots.**

| a. | | | b. | | |
|---|---|---|---|---|---|
| mentir | → | menteur | peur | → | peureux |
| marcher | → | marcheur | roche | → | rocheux |
| fournir | → | fournisseur | ennui | → | ennuyeux |

*Comprends-tu comment les mots sont formés ?*

- **Trouve les noms ou adjectifs dérivés de ces mots et classe-les dans la série a ou la série b.**

| | | | | | |
|---|---|---|---|---|---|
| malheur | respect | chaleur | courage | explorer | malice |
| balayer | crème | accélérer | farce | vertige | bouder |

## Pour s'entraîner

**Dans ces phrases, complète les mots avec les bonnes terminaisons.**

**1**

a. C'est un vrai gaff____. Il n'arrête pas de faire des gaff____.

b. Ce march____ est particulièrement bien entraîné. Il march____ depuis plus de dix heures !

c. Le nouvel entraîn____ vient d'arriver. Il va entraîn____ l'équipe dès aujourd'hui.

d. C'est un navig____ courageux et passionné. Il va navig____ en solitaire dans le Pacifique.

e. Mon frère a besoin de dorm____ plus de dix heures par nuit, c'est un gros dorm____.

**2**

a. Cet homme est coll____ d'affiches, c'est lui qui coll____ les publicités sur les grands panneaux en ville.

b. Ce sculpt____ est très célèbre. Il sculpt____ la pierre et le bois.

c. Le ram____ a fait de gros efforts car il est très difficile de ram____ contre le courant.

d. Mon père a enfin trouvé un achet____ pour notre ancienne voiture. C'est un retraité qui va venir l'achet____ aujourd'hui.

e. Regarde ce jeune baign____ ! Je le vois se baign____ chaque jour.

**3**

a. C'était une excellente nag____. Mais maintenant, elle a complètement arrêté de nag____.

b. Ma mère est une bricol____ très habile. Mon père, lui, ne sait pas bricol____.

c. Équipés d'une bouteille d'oxygène, ces plong____ peuvent rester très longtemps sous l'eau. Ils ne plong____ jamais seuls, car ce sport comporte des dangers.

d. J'ai écouté cette merveilleuse cont____. Elle cont____ des histoires orientales.

e. Dans cette forêt, les cueill____ de champignons sont indésirables. Ils n'ont plus le droit de venir les cueill____ ici.

f. Mon cousin est un très bon dans____. Il passe des nuits complètes à dans____.

**4**

a. La brod____ et la blanchiss____ travaillaient à brod____ et à blanch____ le linge.
b. Pour corrig____ ce petit journal, il y a un correct____ et une correct____.
c. Dans cette maternelle, c'est un homme qui dirig____ : il est direct____. Mais à l'école élémentaire, c'est une femme qui est direct____.
d. Il a embauché une décor____. Elle est chargée de décor____ son appartement.
e. Ma tante Line est illustr____. Elle aime illustr____ des livres pour enfants.
f. Quel malheur, on est venu me cambriol____ : le cambriol____ est passé par la fenêtre !
g. Fred a un chaton plein de malic____. C'est un animal malic____.

**5**

a. Ma petite sœur semble fiév____. Maman va vérifier si elle a de la f____.
b. Tu vois ce petit trou sur la peau de cette pomme ? Je suis sûr qu'il y a un v____ à l'intérieur, je vais l'ouvrir. Eh oui, elle est vér____ !
c. Le grenier est bien poussiér____. On va faire le ménage et le débarrasser de cette pouss____ !
d. Quand la nuit tombe, la forêt devient tén____. Les tén____ enveloppent tout.
e. Certains serpents produisent du ven____ : on dit qu'ils sont veni____.
f. J'ai appelé le dépann____ car ma voiture ne voulait plus démarrer ! Malheureusement, il n'a pas réussi à la dépann____.

**6**

a. Il a neig____ toute la nuit : les champs sont couverts d'un manteau neig____.
b. Yanis et Julie sont tombés amou____ quand ils avaient seize ans. Aujourd'hui encore, leur amou____ est toujours aussi fort.
c. Quelle merveill____ ! Ce spectacle est vraiment merveill____.
d. Ce virage est très dang____. Pour éviter le dang____, il faut rouler lentement.
e. Tu as l'air bien souc____ : veux-tu me confier tes souc____ ?
f. Pourquoi proférer ces injur____ ? Il ne faut pas être injur____.
g. Il y a beaucoup de lumi____ dans cette pièce. Elle est très lumi____.

**7**

a. Le promoteur a fait construire un grand hôtel lux____. Il est destiné à ceux qui aiment le lux____.
b. Il a toujours eu beaucoup de chanc____. Il est chanc____ en permanence.
c. Les roues du gros 4 x 4 patinent dans le sabl____. Il est difficile de rouler sur un terrain sabl____.
d. On vient de quitter la plaine pour arriver dans la montagn____. Le paysage devient montagn____.
e. Quelle audac____ ! Tu es bien audac____ de tenter cet exploit.
f. C'est une personne génér____. Elle montre une grande génér____.
g. C'est une jolie salle spaci____. Elle offre beaucoup d'____.

## Pour aller plus loin

**Observe cette liste de noms.**
**Trouve les adjectifs dérivés de la même famille et classe-les en deux colonnes.**

| | | | |
|---|---|---|---|
| crainte | expression | instruction | négation |
| alphabet | folklore | magie | plainte |
| catastrophe | géométrie | mélancolie | symétrie |

Sur ton cahier

| adjectifs en -… | adjectifs en -… |
|---|---|
| crain… | alphabét… |
| … | … |

# Je comprends comment les mots sont fabriqués : les familles de mots

## Pour commencer

- **Une élève a recherché des mots de la famille de neige. Observe son travail.**

| NEIGER | **radical :** | **neig-** | | |
|---|---|---|---|---|
| | **suffixes :** | neige | neiger | neigeux |
| | **préfixes :** | enneigé | | enneigement |
| | | déneigé | déneiger | déneigement |

- **Puis elle a utilisé ces mots dans de courtes phrases. Complète son travail.**

Il a ______ toute la nuit et, ce matin, la ______ tient sur le sol : cela fait un beau manteau ______.
Une ville ______, c'est difficile à vivre : l'______ bloque la circulation.
Les chasse-neige vont commencer le ______ pour faciliter les déplacements.
Quand tout sera ______, les bus passeront.

## Pour s'entraîner

**Pour chaque mot en orange, retrouve les mots de la même famille et utilise-les pour compléter les phrases. Aide-toi des éléments proposés (radical, préfixes, suffixes).**

**1** scier

a. Le menuisier prend sa ______ pour ______ les planches. Sous son établi, il y a un tas de copeaux et de ______ de bois.
b. Antoine a visité une ______ : c'est une usine où l'on effectue le ______ des troncs d'arbres pour en faire des planches. Une fois ______, les planches sont envoyées dans des usines de transformation.
c. Le métier de ______ est vraiment difficile.

**Pour t'aider**
radical : sci-
préfixe : aucun
suffixes : **-e, -er, -eur, -ure, -age, -erie**

**2** raisonner

**Pour t'aider**
radical : raison-
préfixe : **dé-**
suffixes : **-ner, -nable, -nablement, -nement, -né**

a. Mon frère est très prétentieux, il est sûr d'avoir toujours ______ !
b. Pour résoudre ce problème difficile, il faut avoir un ______ logique.
c. Tu ne peux pas ______ espérer la victoire au marathon si tu ne t'es pas entraîné !
d. Ne prends pas la route ce soir, il n'est pas ______ de rouler avec tout ce brouillard.
e. C'est complètement ______ de croire que tu marcheras sur la Lune l'an prochain !
f. Les hommes préhistoriques ont peu à peu appris à ______ avant d'agir.
g. Ce pauvre fou a perdu la tête, il ______.
h. Zamia a été la seule à trouver la réponse exacte, la maîtresse lui a dit : « Bien ______ ! »

### 3 croître

> **Pour t'aider**
> radical : croî- ou croi-
> préfixes : **dé-, ac-**
> suffixes : **-tre, -ssant, -ssance, -ssement**

**a.** En calcul, il faut ranger les nombres dans l'ordre ______ puis, à l'inverse, dans l'ordre ______.

**b.** C'est la chaleur et la lumière qui font pousser les plantes et favorisent leur ______.

**c.** Comme les ressources naturelles ne sont pas infinies, la quantité de pétrole extraite chaque année va bientôt commencer à ______.

**d.** Certaines régions se dépeuplent alors que d'autres connaissent un ______ de leur population.

**e.** Quand le gardien me surprit dans le placard à balais, je me mis à rougir et à bafouiller. Il continuait à me dévisager comme une bête curieuse, ce qui ne fit qu'______ mon embarras.

### 4 vent

> **Pour t'aider**
> radical : vent-
> préfixe : **é-**
> suffixes : **-é, -er, -eux, -iler, -ilation, -ilateur**

**e.** Qu'il pleuve ou qu'il ______, il va tous les jours en mer.

**b.** J'ai installé un ______ pour avoir un peu d'air.

**c.** Cette pièce sent mauvais, il faut la ______.

**d.** C'est une région proche de la mer avec un temps ______ et brumeux.

**e.** Il fait très chaud, les dames prennent leur ______ qu'elles agitent pour s'______.

**f.** Il faudra mettre une ______ dans cette pièce pour qu'elle soit aérée.

### 5 nouveau

> **Pour t'aider**
> radical : nouv-
> préfixe : **re-**
> suffixes : **-eau, -el, -elle, -ellement, -eler, -eauté**

**a.** Charlotte attend un bébé, c'est une excellente ______ !

**b.** Ma carte d'identité n'est plus valable, il faut que je demande son ______.

**c.** Hakim, veux-tu bien t'occuper de ce ______ élève, s'il te plaît ?

**d.** J'aime les jeux vidéo, j'attends avec impatience la sortie des ______.

**e.** Ce maître va prendre la classe de CE1, il est ______ nommé dans notre école.

**f.** Si tu veux que tes poissons rouges restent en bonne santé, n'oublie pas de ______ leur eau régulièrement.

## Pour aller plus loin

**Fais correspondre les lettres et les nombres pour associer le mot à sa définition. Voici un tableau avec des mots de la famille de orange et leur définition.**

| | |
|---|---|
| **A.** Qui se rapproche de la couleur orange. | **1. orangeade** |
| **B.** Fruit comestible de l'oranger. | **2. orange** *(adjectif)* |
| **C.** Qui a la couleur d'une orange. | **3. orangé** |
| **D.** Boisson faite de jus ou de sirop d'orange allongé d'eau. | **4. oranger** |
| **E.** Arbre des régions chaudes cultivé pour ses fruits, les oranges. | **5. orangerie** |
| **F.** Local abrité où sont protégés les orangers en hiver. | **6. orangeraie** |
| **G.** Terrain planté d'orangers. | **7. orangette** |
| **H.** Petite orange confite dans le sucre ou l'alcool. | **8. orange** *(nom)* |

# Je comprends les différents sens d'un mot

## Pour commencer

- **Lis cet article du dictionnaire pour le verbe relever.**

> **RELEVER** *v.*
> 1. Remettre debout.
> 2. Diriger vers le haut.
> 3. Remarquer et noter.
> 4. Mettre à un niveau plus élevé.
> 5. Ramasser pour corriger.
> 6. Donner un goût plus fort.
> 7. *Se relever :* retrouver la force et la santé.

- **Maintenant, lis ces phrases et écris pour chacune le numéro qui correspond à la définition du verbe relever.**

a. Joanna est encore bien malade, elle se relève difficilement de son angine.
b. Il vous reste quelques minutes pour finir l'exercice, je vais relever les cahiers.
c. Peux-tu m'aider à relever le parasol qui a été renversé par le vent ?
d. Je n'ai relevé aucune erreur dans ta dictée.
e. Tu pourrais relever la tête et me regarder, quand je te parle !
f. Ce couscous manque d'épices, il n'est pas assez relevé.
g. Les employés luttent pour que leur patron relève leur salaire.

**Sur ton cahier**

n°1 p. 68
Important (adj.)
Phrase a. = sens 1
Phrase b. = sens ...

## Pour s'entraîner

**Indique pour chaque phrase le numéro qui correspond à la bonne définition.**

### 1

> **IMPORTANT** *adj.*
> 1. En grand nombre, en grande quantité.
> 2. Qui a un grand intérêt, une grande valeur ou qui peut avoir de grandes conséquences.
> 3. Qui a du pouvoir ou de l'influence.

**a.** Tu as effectué là des achats importants.
**b.** Cette dame est un membre important du gouvernement.
**c.** Un nombre important de fourmis avait envahi la pièce.
**d.** Il a acheté un lot important de timbres de collection.
**e.** C'est un livre important pour la compréhension de ce problème.
**f.** Il fait l'important en laissant croire qu'il pourra résoudre cette affaire.

> **COÛTER** *v.*
> 1. Être vendu ou acheté à un certain prix.
> 2. Entraîner des dépenses.
> 3. Avoir des conséquences malheureuses.
> 4. Demander beaucoup d'efforts.

**a.** Sa maison neuve lui a coûté très cher.
**b.** Son imprudence lui a coûté la vie.
**c.** Ce travail lui coûte beaucoup.
**d.** Ce livre ne coûte que douze euros.
**e.** Combien coûte cette jupe ?
**f.** Il va falloir engager des travaux qui vont coûter gros.
**g.** S'il continue ainsi, son impolitesse va lui coûter son emploi.
**h.** C'est un travail qui va lui coûter beaucoup de temps.

## 2

**BANDE** *n. f.*
1. Groupe de personnes ou d'animaux qui vont ou vivent ensemble.
2. Groupe de personnes rassemblées pour se livrer à des activités illégales.
3. Morceau de papier ou d'étoffe beaucoup plus long que large.
4. Surface de terrain plus longue que large.

**a.** Pour soigner sa blessure, il fallut lui mettre une bande à la cheville.
**b.** Il plante des arbres fruitiers sur une bande de terre.
**c.** Une bande d'éléphants ravage les plantations de bananiers.
**d.** Une bande de voleurs pille toute la région.
**e.** La police poursuit la bande qui terrorisait les habitants.
**f.** On avait décoré les balcons avec des bandes d'étoffe multicolores.
**g.** Une bande de sable sépare la terre de la mer.

**COLONNE** *n. f.*
1. Pilier (souvent cylindrique) qui sert à soutenir certaines constructions.
2. Chacune des bandes verticales d'une page ou d'un texte, dans un journal ou dans un livre.
3. Groupe de personnes ou de véhicules qui avancent en file.

**a.** Nous avons admiré les belles colonnes de ce théâtre.
**b.** Une colonne de chars ennemis avait pénétré dans la ville.
**c.** Le maître nous a demandé de nous mettre en colonnes.
**d.** Peux-tu lire la colonne de gauche ?
**e.** Les archéologues ont trouvé une colonne d'un temple romain au fond du fleuve.
**f.** Le préau de cette école est original : il est soutenu par des colonnes.
**g.** L'article du journal était imprimé sur trois colonnes, accompagné d'une photo.

## 3

**DÉLICAT** *adj.*
1. Qui se distingue par sa finesse, son élégance, son raffinement.
2. Qui est fragile.
3. Qui fait preuve de tact, d'une grande sensibilité.
4. Embarrassant, difficile à démêler, qui pose problème pour répondre.

**a.** C'est une plante délicate qui craint les changements de température.
**b.** Je vous remercie de votre cadeau, c'est une attention délicate.
**c.** Que cette affaire est délicate à traiter !
**d.** Ils nous ont offert au cours de ce repas des mets délicats.
**e.** Attention à ce verre de cristal, particulièrement délicat.
**f.** Votre question est particulièrement délicate, je ne sais que répondre.
**g.** Cette personne fait toujours attention aux autres, elle a une attitude délicate.

**SIÈGE** *n. m.*
1. Meuble sur lequel on peut s'asseoir.
2. Place occupée par une personne élue dans une assemblée.
3. Lieu où se trouve la direction d'une entreprise ou d'une institution.
4. Endroit où naît et se développe quelque chose.
5. Opération militaire d'encerclement d'une ville (pour la prendre).

**a.** C'est cette région qui fut le siège de l'épidémie qui se répandit partout.
**b.** Beaucoup de grandes entreprises ont leur siège à l'étranger.
**c.** L'ennemi a entrepris le siège de la capitale.
**d.** Le cerveau est le siège de l'intelligence.
**e.** Le siège de l'UNESCO est à Paris.
**f.** Nous allons manquer de sièges pour la réunion de ce soir.
**g.** Chaises, tabourets et bancs sont des sièges.
**h.** Les différents partis espèrent avoir suffisamment de sièges au Parlement.

## ...Pour s'entraîner

**Indique pour chaque phrase le numéro qui correspond à la bonne définition.**

### 4

**SEMER** *v.*
1. Mettre des graines en terre pour les faire germer.
2. (*fam.*) Laisser traîner des objets derrière soi.
3. Répandre, propager, disperser.
4. (*fam.*) Échapper à quelqu'un qui vous poursuit.

**a.** Le voleur est arrivé à semer la police.
**b.** Je crois qu'il est temps de semer les radis.
**c.** L'ouragan sème la terreur sur son passage.
**d.** Il a encore semé ses affaires partout !
**e.** La guerre a semé la mort et la misère derrière elle.
**f.** Mon oncle va semer le blé d'hiver.
**g.** Il espérait semer ses poursuivants.
**h.** Ne fais pas comme d'habitude, ne sème pas tes jouets dans le jardin !

**PERDRE** *v.*
1. Ne plus avoir quelque chose.
2. Ne plus retrouver quelque chose.
3. Être séparé (par la mort) d'une personne ou d'un animal.
4. Être vaincu au sport, au jeu, en compétition.

**a.** Il a perdu ses grands-parents l'an passé.
**b.** Fais attention, tu vas encore perdre tes clefs.
**c.** L'équipe de France risque de perdre contre le Brésil.
**d.** Son chien est malade, il va le perdre.
**e.** J'ai encore perdu aux cartes !
**f.** Il dit qu'il a perdu son cartable, mais je ne le crois pas.
**g.** En automne, les arbres perdent leurs feuilles.
**h.** Il a perdu son argent en jouant à des jeux stupides.
**i.** À force de passer ses nuits à regarder la télévision, il a perdu sa bonne santé.

### 5

**SEC** *adj.* **(sec, sèche)**
1. Qui ne contient pas ou presque pas d'eau.
2. Où il ne pleut pas beaucoup.
3. Où la sève ne circule plus (*synonyme* : mort) ou que l'on fait sécher pour conserver.
4. Qui est sans douceur, brusque.

**a.** Je pense mettre des raisins secs dans ce gâteau.
**b.** Un pot-pourri rempli de pétales de fleurs sèches parfumait le salon.
**c.** Le lit de la rivière est sec, il n'a pas plu depuis deux mois.
**d.** C'est une région sèche.
**e.** Il m'a répondu d'une voix sèche.
**f.** Cherchez du bois sec pour alimenter le feu !
**g.** Cet homme peu aimable fait souvent des remarques cinglantes et sèches.

**VILAIN** *adj.*
1. Désagréable à voir, à observer.
2. Mauvais.
3. Qui a un comportement pénible, qui n'est pas gentil.
4. Incorrect, grossier.
5. Très désagréable à vivre ou à supporter.

**a.** Quel vilain temps !
**b.** Quel vilain enfant tu fais à toujours crier !
**c.** Peux-tu éviter de dire de vilains mots ?
**d.** Vous avez été particulièrement vilains aujourd'hui.
**e.** Quel vilain spectacle, cette maison à moitié effondrée !
**f.** Pierre a de vilaines dents.
**g.** Cesse de vouloir te venger, sors ces vilaines pensées de ta tête !

**6**

**PORTER** *v.*
1. Soutenir ou tenir une chose ou une personne d'un certain poids.
2. Apporter.
3. Avoir sur soi.
4. Pour une femelle, avoir ses petits dans son ventre.
5. Avoir un nom.
6. Avoir de l'effet.
7. Aller jusqu'à une certaine distance.

**a.** La femelle de l'éléphant porte ses petits presque deux ans.
**b.** J'ai vu qu'elle portait un manteau neuf.
**c.** Tu lui porteras ses devoirs, il est malade.
**d.** Tes conseils ont porté, il a fait de grands progrès.
**e.** On a utilisé sur le front des canons qui portaient à plusieurs dizaines de kilomètres.
**f.** Les secouristes ont porté le blessé sur une civière.

**CORNE** *n.f.*
1. Organe dur et pointu qui pousse sur la tête de certains animaux.
2. Petite excroissance que l'on trouve sur la tête des escargots ou de certains insectes.
3. Matière dure, tirée de la corne des animaux, servant à fabriquer de petits objets.
4. Trompe en métal qui sert à appeler ou à prévenir.
5. Pliure faite à une page.

**a.** Respecte tes livres, évite de faire des cornes.
**b.** Elle portait un bracelet en corne.
**c.** Escargot, montre-moi tes cornes !
**d.** Le toréador a reçu un coup de corne de taureau.
**e.** Sur ce site préhistorique, on a découvert des peignes de corne.
**f.** On distinguait à peine le port : le chalutier actionna sa corne de brume.

## Pour aller plus loin

- **Observe ces dessins qui vont par paires et nomme-les.**
- **Cherche leur définition dans le dictionnaire, puis invente une phrase avec chacun d'entre eux.**

**1**

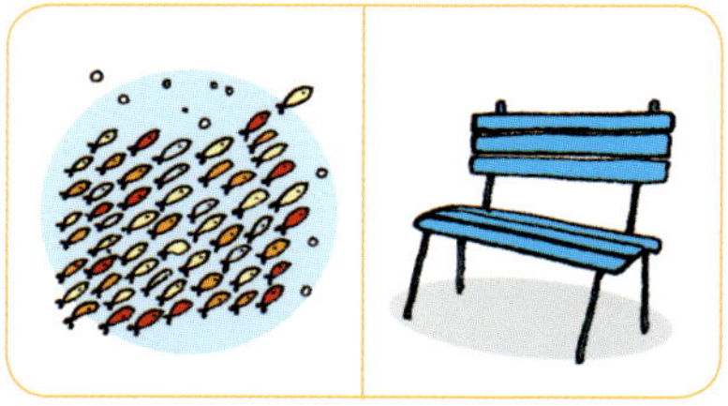

**2**

**3**

# J'utilise des mots génériques (1)

## Pour commencer

- **Lis ce texte.**

Sur une table de plusieurs mètres de long, les serviteurs avaient déposé les aliments qui allaient servir au repas de l'ogrelet : des viandes rôties ou grillées, lapins, pigeons, coqs et perdrix, mais aussi des viandes en sauce, mouton, bœuf ou veau. On avait également apporté des poissons, carpes farcies, brochets en gelée, goujons frits et saumon froid. Tout cela était accompagné de plats de légumes, haricots, carottes, pommes de terre et navets, et d'une montagne de fruits, poires, pommes et melons. Pour éviter que ce prodigieux gourmand ne s'étrangle ou ne s'étouffe, des boissons avaient été prévues…

- **Une élève a essayé de trouver des mots dans le texte qui peuvent en regrouper d'autres :**

| Mot générique | | mots du même domaine |
|---|---|---|
| des aliments | → | viandes, poissons, légumes, fruits, boissons |
| des viandes | → | lapin, pigeon, coq, perdrix, mouton, boeuf, veau |

- **Continue son travail en trouvant trois autres noms génériques et fais la liste des mots de cette catégorie.**
- **Termine le texte en imaginant ce que peut manger l'ogre à la fin de son repas.**

## Pour s'entraîner

**Complète ces phrases avec des noms génériques.**

**1**

a. Il a posé les fourchettes, les cuillères et les couteaux sur la table. Avant de prendre le dessert, il débarrassera les …… .

b. La spatule, la louche et l'écumoire étaient rangés dans un pot à côté de la cuisinière. Le chef aimait avoir tous ses …… sous la main.

c. Le menuisier a aiguisé sa scie et son rabot, puis il a posé ses …… sur l'établi.

d. Pendant la panne d'électricité, nous n'avions plus de lave-vaisselle ni de lave-linge, plus de grille-pain ni de cafetière ! Il nous est difficile de vivre sans ces …… modernes.

**Pour t'aider**
appareils - couverts - ustensiles - outils

**2**

a. Tu égares tout : tes clefs, ton livre, ton stylo ! Apprends à ranger tes …… !

b. Rat, lapin, écureuil et castor ont tous de solides incisives, car ils appartiennent à la famille des …… .

c. Les …… (crabes, langoustes, homards et écrevisses) sont recherchés comme plats de choix.

d. Il ne savait pas quel …… planait sur la colline : un aigle ou un faucon ?

**Pour t'aider**
rapace - rongeurs - affaires - crustacés

### 3

**a.** Un tabouret dans la salle de bains, quatre chaises dans la cuisine, deux fauteuils et un canapé au salon : voilà tous les … qui se trouvent chez moi !

**b.** Je ne sais quel est ce … que j'aperçois au loin… la mairie ou l'église ?

**c.** Moto, vélo ou voiture : quel est le … le mieux adapté à la circulation en ville ?

**d.** Sculptures, peintures et dessins, cet artiste va exposer ses … prochainement.

**Pour t'aider**
bâtiment - sièges - œuvres - véhicule

### 4

**a.** Le chirurgien demande ses … à son assistant : scalpel, pinces et ciseaux.

**b.** Autour de certaines villes sud-américaines, il y a des cabanes, des huttes et d'autres … pauvres.

**c.** Cinéma hier, théâtre demain puis concert samedi prochain : que de …, cette semaine !

**d.** L'arbre grouillait d'… : des coccinelles, des hannetons, des pucerons, mais aussi d'affreuses punaises !

**Pour t'aider**
habitations - instruments - insectes - spectacles

### 5

**a.** La baleine et le dauphin ne sont pas des poissons, mais des … marins.

**b.** Aussi étrange que cela paraisse, les pingouins et les manchots sont des ….

**c.** J'ai toujours détesté les … : les lézards, les serpents, mais aussi les tortues.

**d.** Je vais acheter du café, de la cannelle et de la vanille. J'adore ces … exotiques qui parfument mes pâtisseries.

**Pour t'aider**
reptiles – mammifères – produits – oiseaux

### 6

**a.** Dominos, lotos, puzzles : dans cette classe de maternelle, les … ne manquent pas.

**b.** Je réussis bien les additions et les multiplications, mais les divisions sont les … que j'aime le moins !

**c.** Une règle de 30 cm, un compas, une ardoise et une gomme : la maîtresse a fait la liste du … qui me manque.

**d.** Noms, adjectifs, verbes, déterminants… Pour faire de la grammaire, il faut connaître les différentes ….

### 7

**a.** J'ai d'abord eu la grippe, puis une angine, suivie de la rougeole et, pour terminer, la varicelle. Quatre … en quelques mois seulement !

**b.** Bus, tramway, métro, train : à Paris et dans sa région, on a le choix entre tous ces ….

**c.** Le médecin ne sait plus quel … lui conseiller : légumes, viande, laitages ?

**d.** Des centaines d'… traversaient le ciel : merles, hirondelles, moineaux…

### 8

**a.** J'aime jouer en équipe : que ce soit du hockey, du rugby, du football, du volley-ball ou du handball, j'adore les ….

**b.** Quelle … voulez-vous offrir à mamie : un cactus, un yucca ou un caoutchouc ?

**c.** Pour Noël, dis-moi quel … tu préférerais : des petites voitures ou des Playmobil ?

**d.** Ma tante va avoir un enfant. Cléa ? Lucie ? Iris ? Elle choisira un de ces trois ….

### 9

**a.** Il va déménager, il faut acheter des … neufs : un lit et une armoire.

**b.** Il ne sait pas encore quel … il viendra : en septembre ou en octobre.

**c.** Quelle … préfères-tu : du porc, du bœuf ou de la volaille ?

**d.** On avait planté des milliers d'… … : cerisiers, pruniers, pommiers et poiriers.

# Je maîtrise le sens propre et le sens figuré

## Pour commencer

**• Observe ces deux phrases.**

Il fait très froid aujourd'hui, je porte mon **manteau**.
La campagne est recouverte d'un blanc **manteau** de neige.

*Peux-tu expliquer l'image créée par le mot en violet dans la seconde phrase ?*

**• Complète ces phrases avec les mots coude, cœur ou clé.**

**a.** À cet endroit, la rivière change de direction en formant un ____.
**b.** Au ____ de la bataille, les soldats entendaient les balles siffler de toute part.
**c.** Ce dernier indice nous a fourni la ____ de l'énigme.
**d.** Je ne peux pas ouvrir la porte, ma ____ s'est cassée dans la serrure.
**e.** Grégoire, le ____ battant, offrit son bouquet de fleurs à Léontine.
**f.** En jouant au tennis, je me suis blessé au ____.

*Dans quelles phrases les mots sont-ils utilisés au sens propre ? au sens figuré ?*

## Pour s'entraîner

**Trouve le mot ou l'expression employé(e) dans les deux paragraphes et indique si ce mot est utilisé au sens propre ou au sens figuré.**

**Sur ton cahier**

n°1 p. 74
a. – plonger : sens propre.
– plongé dans les livres : ...

### 1

**a** L'été dernier, en Corse, Laure a appris à plonger.
Gaétan passait sa vie à la bibliothèque, plongé dans les livres.

**b** L'explorateur a relevé des empreintes de rhinocéros au bord de cette mare.
Louis XIV a été un grand roi qui a marqué son époque de son empreinte.

**c** Dans le midi de la France, beaucoup de forêts ont brûlé cet été.
Roméo brûle d'amour pour Juliette.

**d** Dans les fermes, on pendait les jambons au-dessus de la cheminée pour les fumer : ainsi, ils séchaient et se conservaient mieux.
« C'est un bavard, ton copain, il n'arrête pas de parler !
– C'est vrai, il a la langue bien pendue. »

### 2

**a** Tu es resté trop longtemps à la plage, tu as un gros coup de soleil sur les bras.
Un beau jour, mon associé est parti, me laissant tout son travail sur les bras.

**b** Regarde cette photo, je suis sûr que c'est la sœur de Sarah. Elle lui ressemble beaucoup, ça crève les yeux !
Le pneu de mon vélo est crevé.

**c** La lionne, d'un coup de patte, a renversé le zébu avant de le tuer.
Arrête, repose-toi un peu, ne te tue pas au travail.

**d** Kim prit la brosse et alla effacer le tableau.
Judith repensait à son enfance lointaine, à de vieux souvenirs presque effacés de sa mémoire.

**3**

**a** Éblouie par les projecteurs et les flashs des appareils photo, la star monte les marches du palais du festival.
C'est la première fois que je rencontre un génie des mathématiques et son intelligence m'a ébloui !

**b** « Il va falloir se serrer la ceinture, annonça papa, nous ne pourrons pas nous permettre de partir en vacances cette année. »
Comme mon pantalon n'arrêtait pas de glisser, j'ai serré ma ceinture d'un cran.

**c** Séraphin se plaisait beaucoup dans son nouvel emploi. Il était très à l'aise avec les clients et semblait comme un poisson dans l'eau avec ses collègues.
En me promenant au bord de la rivière, j'ai aperçu quelques poissons dans l'eau.

**4**

**a** Avant de servir le plat, le cuisinier mit un peu de beurre dans les épinards.
« J'ai reçu une prime de fin d'année », annonça Claire à son mari. « Tant mieux, ça mettra un peu de beurre dans les épinards ! » répondit-il joyeusement.

**b** Je n'aime pas beaucoup prendre ces médicaments, car ils sont difficiles à avaler.
« Madame, excusez-moi si je suis en retard : une soucoupe volante s'est posée devant le garage et papa ne pouvait plus sortir la voiture !
– Et tu crois que je vais avaler ce mensonge ? »

**c** Quand je joue avec mon chaton, il s'amuse parfois à me griffer et à me mordre les doigts.
Gabriel a refusé plusieurs propositions d'emploi, mais il n'a rien trouvé d'autre et maintenant il s'en mord les doigts.

**5**

**a** Lucie ferma les yeux et partit dans des rêveries. « Lucie, je t'ai posé une question ! répéta la maîtresse. Tu es dans les nuages, aujourd'hui ! »
La tour Eiffel est dans le brouillard ce matin, son sommet est dans les nuages.

**b** Tonton Zéro est toujours prêt à rendre service et à faire plaisir. Il a vraiment le cœur sur la main.
Le chevalier mit la main sur le cœur et jura fidélité au prince.

**c** Ça fait trois jours que je m'arrache les cheveux sur cette énigme, mais je n'ai pas encore trouvé la solution.
J'ai reçu un microscope pour mon anniversaire : tout à l'heure, je me suis arraché un cheveu et j'ai pu l'observer, grossi 200 fois !

**6**

**a** Avec sa hache, le bûcheron fend les bûches pour faire du feu.
Quelle triste nouvelle ! Cela me fend le cœur.

**b** Pierrick en est certain, c'est son cousin qui a cassé l'ordinateur. « Tu es sûr que c'est bien lui ? demanda son papa. Tu sais qu'on ne doit pas accuser sans preuve… Est-ce que tu mesures tes paroles ? »
Cette feuille de papier mesure exactement 21 centimètres de large.

**c** Comme j'avais joué dans le vent glacé tout l'après-midi, j'avais les joues en feu en rentrant à la maison.
J'ai entendu la sirène des pompiers et je suis allé voir à la fenêtre : la maison des voisins était en feu.

## Pour aller plus loin

**Utilise ces mots dans des phrases au sens propre et au sens figuré.
Aide-toi de ton dictionnaire au besoin.**

| cheveux | nu | pied | corde | coup | coq |
|---|---|---|---|---|---|
| tête | trou | sombre | fardeau | nœud | pâte |

# J'utilise des synonymes

## Pour commencer

• **Lis ce texte.**

**La tragédie du *Titanic***

Le célèbre **navire** avait quitté l'Angleterre à destination de l'Amérique en avril 1912. Quelques jours plus tard, le **bâtiment** percuta un iceberg et lança un SOS. Plusieurs autres **bateaux** se déroutèrent alors pour venir à son secours. C'était le plus beau et le plus luxueux des **paquebots** de l'époque. Le **vaisseau** sombra dans les eaux glaciales de l'océan avec plus de 1 500 personnes à son bord.

*Par quels moyens les répétitions ont-elles pu être évitées dans ce texte ?*

• **Lis ce texte et remplace les mots en violet par les synonymes proposés.**

Le temps était **lourd**. J'avais dormi d'un sommeil très **lourd**, mais il fallait maintenant que je m'attelle à charger les sacs si **lourds** que je devais livrer au moulin. La tâche était **lourde**, mais je n'avais pas d'autre choix que de me remettre au travail.

profond
orageux
pesant
pénible

## Pour s'entraîner

**Remplace les mots en orange par les synonymes proposés.**

**1**

**a** Cendrillon **peut** danser jusqu'à minuit.
Prends ta veste, il **peut** faire froid.
Comment **peux**-tu caresser un serpent ? Ça ne te dégoûte pas ?
Les marathoniens **peuvent** courir pendant plus de quarante kilomètres sans s'arrêter !
Jonathan **peut** parler couramment plusieurs langues.

être capable de
avoir la permission de
risquer de
savoir
oser

**b** Je croyais qu'on m'**avait pris** mon cahier. Mais en **prenant** mon manteau pour sortir, je l'ai retrouvé dans la poche. Heureusement ! J'y **avais pris** des notes importantes pour mon travail et cela m'**aurait pris** au moins deux jours pour tout refaire. Comme du coup j'avais du temps libre, je suis allé **prendre** un verre avec des amis !

occuper
boire
saisir
voler
écrire

**c** Noémie **apprend** sa leçon de mathématiques : aujourd'hui, le maître leur **a appris** la division à virgule.
Sa grand-mère lui dit qu'il est important d'**apprendre** à l'école, pour avoir un bon métier plus tard.

enseigner
étudier
s'instruire

**2**

**a** Il est préférable de **penser** avant d'agir.
Je suis un peu rêveur, on me demande souvent à quoi je **pense**.
Ynès **pense** que son amie Noémie est merveilleuse.
Alexandre **pense** aller en vacances à la mer.
**Pense** à fermer le robinet !
Mon arrière-grand-mère **pense** que je suis toujours en maternelle, elle perd un peu la tête !

croire
projeter
ne pas oublier
trouver
songer
réfléchir

**b** Tu me **laisses** ton chien pour le dresser pendant les vacances ?
Combien de temps me **laisses**-tu pour que j'y arrive ? J'espère qu'à la fin, tu ne le **laisseras** pas chez moi…

abandonner
confier
donner

**c** Sais-tu si ce médecin est toujours en **exercice** ?
Tu n'oublieras pas de faire tes **exercices** !
Pour rester en bonne santé, je fais un peu d'**exercice** chaque jour.

activité
sport
devoirs

**3**

**a** Je lui ai lancé le ballon et Lucas me l'**a renvoyé**.
Il paraît que le directeur veut le **renvoyer**, à cause de ses absences.
En fin d'après-midi, ce miroir **renvoie** la lumière du soleil sur mon bureau.
Le client mécontent **a renvoyé** le colis à la société de ventes en ligne.

retourner
relancer
réverbérer
licencier

**b** Le bruit **court** que Lucien a gagné au loto. Il est vrai qu'il **court** toujours sa chance à toutes sortes de jeux. Mais il **court** également le risque de perdre son argent !

se répandre
tenter
s'exposer à

**c** La **parole** est propre à l'espèce humaine.
On ne peut pas lui faire confiance, il ne respecte jamais sa **parole**.
Le directeur a eu une **parole** gentille pour tous les élèves.
J'aime beaucoup les **paroles** de cette chanson, mais je n'arrive jamais à les retenir !

texte
langage
promesses
mot

## Pour aller plus loin

**Vérifie le sens de ces mots dans un dictionnaire, puis remplace-les par un synonyme qui convient.**

**a** Son père achète une **réplique** de statue romaine.
Ta **réplique** est bien désagréable.

**b** Elle **épingle** la broche sur sa robe.
On va **épingler** le voleur.

**c** J'ai pris en photo cette **vedette** sur la Seine.
J'ai applaudi la **vedette** sur la scène.

# Je découvre **les niveaux de langue**

## Pour commencer

- **Lis ce texte.**

« Grouille-toi, Myriam, on va être hyper à la bourre ! »
Myriam avait un gros défaut : elle ne savait pas se dépêcher. Chaque matin, elle mettait toute la famille en retard, sans vraiment le faire exprès…
« Si elle glandait moins dans la salle de bains, elle serait prête à l'heure, la frangine !
– Maxime, vraiment, tu pourrais être plus sympa avec moi… » soupira Myriam.
Maxime était généralement gentil avec sa sœur, mais il ne supportait vraiment plus qu'elle traîne ainsi tous les matins.

- **Repère les mots du langage familier.**
- **Ensuite, trouve des synonymes, mais qui appartiennent au langage courant.**

*As-tu remarqué dans quelles circonstances on emploie le langage familier ? le langage courant ?*

- **Complète la fin du texte en choisissant les mots qui te sont proposés (langage courant ou familier).**

« Allez, tu finiras de lacer tes _____ dans la _____ ! J'en ai _____ de t'attendre ! »
Une _____ à la main, elle monta à cloche-pied dans la _____. Myriam savait fort bien que toute la famille en avait _____ de sa lenteur et elle se promit de faire des efforts dès le lendemain.

assez
bagnole
chaussure(s)
marre
godasse(s)
voiture

## Pour s'entraîner

**Dans ces textes courts, trouve le(s) couple(s) de mots synonymes, puis indique lequel fait partie du langage courant et lequel fait partie du langage familier.**

Sur ton cahier
n°1 p. 78
a. la tignasse : langage familier
b. …

**1**

**a** « Tu as vu ta tignasse ? Va te peigner ! » Ses cheveux emmêlés donnent à Lucas l'air d'un homme préhistorique.

**b** Toute la soirée, le chien des voisins avait gémi. C'était la même chose à chaque fois que ses maîtres le laissaient seul… Mon père déclara : « Il commence à me fatiguer, ce clébard ! Je vais dire deux mots aux voisins quand ils rentreront ! »

**c** En rentrant de l'école, Carla raconte à ses parents qu'elle a croisé un individu bizarre parlant tout seul. « N'adresse jamais la parole à ce genre de zigoto… » lui rappelle sa mère.

**2**

**a** « Maîtresse, j'en ai assez, il me pique toutes mes affaires ! » Candice est très énervée, son voisin lui emprunte constamment son stylo, sa gomme ou sa règle.

**b** Léonard rentrait à la maison, un livre ancien à la main, l'air triomphant : « Regarde, j'ai enfin trouvé le bouquin que je cherchais depuis si longtemps ! »

**c** Le malfaiteur, escorté par deux gendarmes, arriva devant l'entrée de la prison. « Je ne pensais pas te revoir de sitôt en taule ! » lui fit remarquer malicieusement le gardien qui l'emmena dans sa cellule.

**3**

**a** La montée était très raide et je commençais à avoir mal aux jambes, sans oser le dire… Heureusement, mon petit frère soupira :
« J'en ai plein les pattes !
– Nous ferons une pause une fois arrivés au sommet… » promit maman.

**b** Le labrador se précipita sur lui en cherchant à lui flairer les mains. La maman de Vaïma le rassura :
« N'aie pas peur, il est très gentil.
– J'ai eu une de ces trouilles ! » lui avoua-t-il, soulagé.

**c** Il faisait vraiment froid ce soir-là. Martin rentrait du lycée, le nez enfoui dans son écharpe, les oreilles rougies par la bise glacée. « Brrr, ça caille, l'hiver est bien là ! » pensa-t-il en accélérant le pas.

**4**

**a** « Veuillez nous suivre, Monsieur ! » Les agents de police venaient de surprendre le pickpocket en train de voler le portefeuille d'un touriste dans le métro. « Zut, je me suis fait pincer ! » soupira-t-il. Il se laissa arrêter sans opposer de résistance.

**b** « Je suis sûr que tu n'oseras pas venir avec nous, tu es un vrai trouillard ! » Tristan n'aimait pas du tout qu'on le prenne pour un peureux : « Moi, trouillard ? Je vais te prouver le contraire ! »

**c** « Pour la dernière fois : laisse-moi tranquille, tu me casses les pieds avec tes histoires ! Tu ne vois pas que je lis et que je n'ai pas envie de parler ? » Décidément, Tom ne pouvait pas s'empêcher d'ennuyer son grand frère.

**5**

**a** « Monsieur, vous êtes un véritable escroc, ne me téléphonez plus ou je préviens la police ! » Très en colère, ma mère raccrocha violemment le téléphone en expliquant : « Quelle crapule, ce commerçant ! Il voulait me faire payer deux fois la même réparation ! »

**b** Une magnifique voiture de sport attendait au feu rouge. « Oh, regarde un peu la caisse ! » s'exclama Félix, en tirant sur ma manche.

**c** Anaïs frappa à la porte de ma chambre : « Euh… J'ai paumé ma carte d'identité, tu ne l'aurais pas vue par hasard ? » Ce n'était pas la première fois qu'elle perdait ses affaires, mais là, à deux jours de son départ en Angleterre, c'était vraiment ennuyeux.

**6**

**a** Corentin et moi, on s'est fabriqué une batterie avec des vieux bidons, des couvercles de casseroles et une caisse en bois. On s'amusait bien, mais on faisait un bruit infernal !
C'est alors que papa a surgi dans le garage, plutôt énervé : « Dites, vous n'avez pas fini de faire du boucan ? »

**b** « Dis donc, tu n'aurais pas vu mes clés, je les cherche partout.
– Tu es bigleux, ma parole ! Elles sont là, juste sous ton nez ! »
Effectivement, Arthur était myope, mais il négligeait souvent de porter ses lunettes.

**c** « Si tu n'as pas fait tes devoirs, tu vas te faire engueuler ! » Malheureusement, Yanis avait raison : à peine rentrés en classe, je me suis fait gronder par M. Ladurie qui, en plus, m'a donné une punition.

## Pour aller plus loin

**Connais-tu tous ces mots du langage familier ? Cherche un synonyme dans le langage courant, puis écris une phrase avec chaque mot trouvé.**

| | | | | |
|---|---|---|---|---|
| une bécane | des fringues | du bol | une nana | la paluche |
| le pif | faucher | la poisse | un mec | roupiller |
| un boulot | rigoler | un bled | du fric | une baffe |

# J'utilise **des mots génériques (2)**

## Pour commencer

- **Observe comment un élève a modifié la phrase pour éviter une répétition :**

*Le loup avançait en rampant. Soudain, ~~le loup~~ sauvage bondit sur sa proie.*
*Le loup avançait en rampant. Soudain, la bête sauvage bondit sur sa proie.*

*Quel type de mot a-t-il choisi pour remplacer* **loup** *?*

- **Fais le même travail avec les phrases suivantes.**

a. Le maçon prit sa pelle et s'en alla travailler sur le chantier, sa pelle sur l'épaule.

b. Joshua entra dans l'épicerie et s'étonna du nombre impressionnant de produits proposés par une si petite épicerie.

c. Dans la cuisine du restaurant, les plats étaient préparés à toute allure, tandis que les serveurs entraient et sortaient sans cesse de la cuisine surchauffée, une assiette dans chaque main.

## Pour s'entraîner

**Dans ces courts paragraphes, il y a des répétitions. Évite-les en utilisant des noms génériques.**

**1**

a. Joshua mélangea un peu de rouge et de bleu du bout de son pinceau. Sous ses yeux émerveillés, le rouge et le bleu se transformèrent en violet.

b. Comme tous les ans, Fanny attendait l'arrivée de l'été. Mais il fallait patienter deux longs mois avant que l'été n'arrive.

c. Samuel se coupa un morceau de camembert. En fin connaisseur, il apprécia l'onctuosité du succulent camembert fermier.

d. J'ai oublié mes boucles d'oreilles et mon bracelet chez Cécile, hier soir. J'y tiens beaucoup, car c'est ma mère qui m'a offert ces boucles d'oreilles et ce bracelet.

e. L'aigle tournait dans le ciel. Brusquement, l'aigle majestueux plongea sur sa proie.

f. J'ai changé de T-shirt et de pantalon pour aller marcher, car ce T-shirt et ce pantalon ne sont pas assez chauds.

**2**

a. Caroline choisit un fauteuil au premier rang : elle ne voulait rien rater du spectacle ! Son amie s'installa sur le fauteuil voisin.

b. Après avoir nettoyé la laitue, Maeva versa de la vinaigrette sur les feuilles de laitue.

c. Le requin s'approcha du nageur imprudent, qui eut le temps d'apercevoir l'ombre du requin au fond de l'eau avant d'être attaqué.

d. Pascal feuilleta distraitement les pages du quotidien, puis reposa le quotidien pour boire son café.

e. Depuis quelques jours, une de mes canines bougeait. Courageusement, j'ai fini par tirer sur la canine branlante pour l'arracher.

f. Nous venions de prendre le dîner et, comme chaque soir après le dîner, ma grand-mère me prenait sur ses genoux pour me raconter une histoire ou un conte.

**3**

**a.** Il marchait à grand-peine sur le talus envahi par les chardons. Sans cesse, les chardons piquants lui griffaient les jambes.

**b.** Le lézard hésita et sortit de son refuge. Il repéra aussitôt le corbeau qui était prêt à le dévorer. Brusquement, le petit lézard s'enfuit.

**c.** La foudre vient de tomber sur l'église. Le toit de l'église est en feu.

**d.** J'aime beaucoup ce buffet. C'est ma grand-mère qui m'a donné ce buffet antique.

**e.** Je fais de la gymnastique depuis l'âge de trois ans. La pratique de la gymnastique m'aide à conserver ma souplesse.

**f.** La panthère noire semblait endormie, mais les yeux de la panthère étaient entrouverts, prêts à repérer une proie.

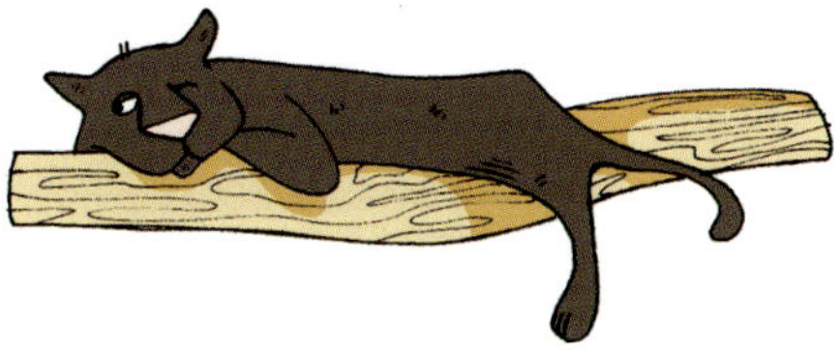

**4**

**a.** Les pétunias étaient tous fanés, il décida d'arracher ces pétunias desséchés.

**b.** Il arriva en titubant, le violon sur le bras. Le silence se fit. Il lâcha son violon.

**c.** La tempête s'acharne sur le grand chêne et le vieux chêne finit par s'abattre.

**d.** La bise arriva du Nord et souffla son air glacial sur la campagne. Les paysans se plaignaient de cette bise désagréable et froide qui les faisait grelotter.

**e.** Il prend une casserole et fait bouillir de l'eau dans la casserole en cuivre.

**f.** La sauterelle avait heurté la vitre. À présent, la sauterelle blessée ne pouvait plus repartir.

**5**

**a.** Victoria choisit un magnifique abricot et mordit dans l'abricot juteux et sucré.

**b.** D'énormes cumulus noirs s'amassaient dans le ciel. Les lourds cumulus étaient le signe d'un orage imminent.

**c.** Le bijoutier observa attentivement le magnifique diamant. C'était un diamant d'une pureté exceptionnelle, qui brillait de mille feux.

**d.** Le rouge-gorge se posa sur le rebord de la fenêtre et observa prudemment autour de lui. Puis, le rouge-gorge affamé picora quelques miettes de pain.

**e.** Je ne mange presque plus de sucettes ou de bonbons, car les sucettes et les bonbons sont mauvais pour les dents.

**6**

**a.** Les glands étaient tombés sous l'arbre et les porcs se régalaient de ces glands délicieux.

**b.** J'habite juste à côté de la boucherie et de la boulangerie. Je fais donc souvent mes courses dans cette boucherie et cette boulangerie.

**c.** Le chauffeur a vu le stop trop tard, il n'a pas réussi à s'arrêter au niveau du stop.

**d.** L'écureuil raffole des glands et des noisettes. Il fait des stocks de glands et de noisettes pour l'hiver.

**e.** Le jardinier a perdu sa cisaille et son sécateur, comment va-t-il tailler ses arbustes sans sa cisaille et son sécateur ?

**f.** Louis a rangé d'un côté ses dictionnaires, de l'autre ses bandes dessinées. Il peut donc retrouver plus facilement ses dictionnaires et ses bandes dessinées dans sa bibliothèque.

## Pour aller plus loin

- **Retrouve les mots génériques de ces listes.**
- **Puis choisis une liste et écris un court texte avec l'ensemble de ses mots.**

a. bleu, rouge vermillon, indigo, vert, noir
b. poirier, citronnier, noyer, pommier, cacaoyer
c. scooter, voiture, vélo, bus, camionnette
d. puzzle, dominos, loto, memory, cartes

# J'utilise des mots de sens contraire

## Pour commencer

• **Lis ces mots.**

léger | s'enrichir | lourd | pauvre | légèreté | richement

pauvreté | alourdir | richesse | légèrement | s'appauvrir | lourdeur

riche | lourdement | alléger | pauvrement

• **Des élèves ont commencé à classer ces mots dans deux tableaux. Continue leur travail.**

| riche, adj. | pauvre, adj. |
|---|---|
| … | pauvrement, adv. |
| s'enrichir, v. | … |
| … | … |

| lourd, adj. | … |
|---|---|
| … | … |
| … | … |
| … | … |

*Peux-tu expliquer pourquoi* **pauvre** *n'est pas le contraire de* **s'enrichir** *?*
*Quelle règle faut-il respecter quand on cherche le contraire d'un mot ?*

• **Dans chaque texte, trouve le mot de la famille de sec et repère son contraire.**

**a.** En rentrant ce soir, une grosse averse m'a surpris et a mouillé mes cheveux. Je vais les sécher avant de me coucher.

**b.** Cet employé n'était pas très serviable, il a répondu plutôt sèchement à mes questions. L'autre jour, j'avais eu plus de chance, car son collègue m'avait renseigné plus aimablement.

**c.** Les fleurs sèches permettent de conserver de beaux bouquets pendant l'hiver. Elles durent bien sûr plus longtemps que les fleurs fraîches.

*Ces contraires sont-ils tous de la même famille ?*

## Pour s'entraîner

**Sur ton cahier**

n°1 p. 82
a. hériter – <u>dés</u>hériter : verbes.

• **Trouve le mot caché : c'est le contraire d'un des mots de la phrase.**
• **Écris les deux mots de sens contraire et précise leur classe grammaticale.**
• **Quand les contraires sont de la même famille, souligne le préfixe.**

**1**

**a.** Le roi s'était disputé avec ses enfants. Il avait décidé que la princesse devait … de tous ses biens, mais il avait déshérité ses fils.

**b.** Le nouveau mécanicien est encore inexpérimenté, il demande conseil à ses collègues qui sont plus … .

**c.** Je suis capable de nager sur cinquante mètres, mais je demeure … de traverser la Manche à la nage !

**d.** Ils ont joué l'un contre l'autre, leur match a duré des heures. Résultat : le plus fort …, l'autre a perdu !

**2**

a. Je croyais que cette leçon était … à apprendre, mais en fait, elle est plus difficile que prévu !

b. Mes deux chiots n'ont pas du tout le même caractère : le premier ne tient pas en place, fait plein de bêtises et se montre très désobéissant ; l'autre est plus calme, plus affectueux et très … .

c. Le stade est proche de ma maison, j'y vais à pied. Je dois prendre le bus pour aller au gymnase qui est … de chez moi.

d. Avant les vacances, je n'avais pas trop envie d'aller chez ma tante, que je ne connaissais presque pas. … ces deux semaines passées chez elle, j'espère y retourner souvent.

e. C'est désagréable de t'entendre te plaindre sans cesse… C'est tellement plus … lorsque tu nous parles d'autre chose !

**3**

a. Le gratin a brûlé, la pièce est enfumée : ouvrons vite la fenêtre et … le four pour arrêter cette fumée !

b. Je vais souvent chez Lucile, qui est ma meilleure amie. Je vais plus … chez Léa, que je connais moins bien.

c. Le maître m'a demandé d'être plus attentif en classe : je suis tellement … que je ne sais jamais ce que je dois faire !

d. À la question que je te pose, j'attends une réponse … : ne reste pas trop vague !

e. Tu es énervante, à allumer et … la lampe sans arrêt : l'ampoule va finir par claquer !

**4**

a. « Excusez-moi, maîtresse, mais j'ai malheureusement oublié mon cartable.
– … que tu n'as pas oublié ta tête ! »

b. Je trouve Quentin très …, alors que sa petite sœur, au contraire, est très polie.

c. Ton écriture devient complètement illisible ! Fais un effort pour former des lettres … !

d. La voiture est bloquée entre deux camions : mon père essaie d'avancer et de …, mais il a beau faire, il ne peut pas sortir du parking.

e. J'ai réussi à démonter ce jouet, mais je ne sais pas si je saurai le … !

**5**

a. J'habite à la campagne, il y a beaucoup d'avantages mais aussi quelques … .

b. Je suis allé visiter un magnifique château. C'était tellement beau que ça semblait irréel, comme dans un rêve. Et pourtant, c'était bien … !

c. Quand j'ai tendu mon carnet scolaire à mes parents, ils étaient plutôt mécontents de mon travail. J'ai promis que je ferais des progrès et que la prochaine fois, ils seraient … de mes résultats.

d. …, on mettait des jours pour aller de Paris à Lyon. Aujourd'hui, deux heures suffisent en TGV.

e. Je n'arrive jamais en retard, car je pars … de la maison avec cinq minutes d'avance.

## Pour aller plus loin

**Observe et complète ces tableaux.**

| petit, *adj.* | …, *adj.* |
|---|---|
| … | grandeur, … |
| rapetisser, … | … |
| … | grandement, … |

| beau, … | … |
|---|---|
| … | laideur, … |
| embellir, … | … |
| … | enlaidissement, … |

# Je comprends **comment les mots sont fabriqués : les diminutifs**

## Pour commencer

- **Lis cette définition du dictionnaire.**

> **DIMINUTIF** *adj.* et *n. m.* Qui donne une indication de petitesse.
>
> *Exemples : Une cloch**ette** est une cloche de petite taille.*
> *Un garçonn**et** est un petit garçon.*
> *Un chevr**eau** est le petit de la chèvre.*

*Que peut-on dire du suffixe **-ette** ?*

- **Des élèves ont essayé de fabriquer des diminutifs. Observe leur travail.**

| | | | | | |
|---|---|---|---|---|---|
| poche | → | pochette | jardin | → | jardinet |
| bouc | → | bouquet | pince | → | pinceau |
| fleur | → | fleurette | porc | → | porcelet |
| cour | → | courette | boule | → | bouleau |

*Es-tu toujours d'accord avec eux ?*

- **Parmi ces mots, trouve ceux qui ont un diminutif et écris-les.**

| | | | | |
|---|---|---|---|---|
| banque | agneau | maison | sandale | boucle |
| tarte | manche | porte | bûche | anneau |

## Pour s'entraîner

**Lis ces paires de phrases et complète-les avec un nom et son diminutif.**

**1**

**a** Quand des lions attaquent un troupeau d'____, les adultes organisent aussitôt la protection des jeunes. Ils entourent les ____ et n'hésitent pas à menacer les fauves de leurs défenses.

**b** Dans mon armoire, j'ai placé un ____ de lavande qui parfume le linge.
Le marin gravit la passerelle du bateau, son lourd ____ de toile à l'épaule.

**c** Aujourd'hui, les filles peuvent choisir les mêmes métiers que les ____.
En arrivant dans la cour de la maternelle, le facteur fut bien vite entouré par des fillettes et des ____ qu'il salua joyeusement.

**2**

**a** La ____ se dirige vers la mare en se dandinant.
En se bousculant un peu et en cancanant sans cesse, ses ____ la suivent de près.

**b** Raouda vient de dévorer un ____ de plus de 800 pages !
En fin d'année, les professeurs remplissent le ____ scolaire de chaque élève.

**c** Au grenier, il y a une énorme ____ pleine de déguisements.
Pour emporter ses documents, M. Malo utilise une ____ en cuir.

**3**

**a** Il a beaucoup neigé : la police ayant interdit la circulation des _____, les chauffeurs routiers ont garé leurs poids-lourds sur le bas-côté.
Les _____ ou les voitures, elles, ont toujours l'autorisation de rouler, si elles ont un équipement spécial.

**b** Aux temps préhistoriques, les hommes dormaient sur une simple _____, faite d'herbe sèche et de peaux de bêtes.
Dans certains trains de nuit, on peut réserver une _____ pour dormir pendant le voyage.

**c** Le pirate accosta sur l'île, portant un lourd _____ rempli de pièces d'or.
Dans un joli _____ de bois de rose, au milieu de photos jaunies, j'ai retrouvé le collier de perles de ma grand-mère.

**d** Je suis allé au bowling : pour renverser les quilles, il faut réussir à bien lancer la lourde _____.
À la cantine, nous avons mangé des _____ de viande à la sauce tomate.

**4**

**a** Chaque dimanche matin, à l'aurore, les commerçants s'installent sur la _____ du marché.
Dans ce minuscule village, les deux parasols d'un café-restaurant donnent un peu d'ombre sur une charmante _____.

**b** L'_____ vient de naître : ses longs poils le font ressembler à une peluche grise.
Encore maladroit sur ses pattes, il deviendra un _____. Ni bête, ni têtu, mais simplement très prudent !

**c** Muni d'un _____, le marcheur se fraie un chemin parmi les ronces et les fougères.
Quand tu auras fini ton esquimau, n'oublie pas de mettre le _____ à la poubelle.

**5**

**a** Un voyageur étourdi a oublié ses deux _____ sur le quai de la gare.
Dans une _____ rose, Leila avait emmené ses deux poupées et quelques accessoires pour ne pas s'ennuyer pendant le trajet en voiture.

**b** J'ai trouvé une _____ de deux euros sur le trottoir.
Dans la cour du château, les mendiants tendaient la main, en espérant que les nobles leur lancent une ou deux _____.

**c** Savais-tu que c'est sous l'eau que le _____ tète sa mère ?
La _____ produit un lait très épais et très nourrissant car le petit doit grossir de plus de 60 kg par jour !

**d** Sans cesser de ruminer, les _____ se sont regroupées sous le grand chêne en attendant la fin de l'averse.
Pendant les vacances, j'ai assisté à un spectacle où de courageux volontaires affrontaient quelques _____ noires aux cornes pointues.

**6**

**a** Le rôti de _____ est délicieux accompagné d'une sauce à la crème et aux champignons.
La fermière alla jeter une bassine d'épluchures au _____ qui se précipita sur la nourriture et se mit à manger bruyamment.

**b** Les _____ ne quittent pas leur nid avant l'âge adulte.
Une fois grands, ils deviennent de beaux _____ prêts à explorer le monde.

**c** Les _____ vivent le plus souvent en cage, dans des clapiers, et passent leur temps à manger de l'herbe ou du foin.
La mère donne naissance à une dizaine de _____ qui naissent nus, aveugles et roses.

## …Pour s'entraîner

**Lis ces paires de phrases et complète-les avec un nom et son diminutif.**

**7**

**a** Le réparateur rangeait ses outils dans une ____ en bois sans couvercle.

Avec précaution, les cueilleurs disposent les framboises dans des ____ de plastique.

**b** Le capitaine, après une nuit passée à la barre, alla enfin prendre un peu de repos dans sa ____.
Le matin venu, la domestique se débarbouilla dans le ____ de toilette exigu qui se trouvait à côté de sa chambre.

**c** Tu sais que le lion est le roi des animaux, mais sais-tu qui est le roi des oiseaux ? C'est l'____, le plus beau et le plus fort des rapaces. C'est d'ailleurs pour cette raison que Napoléon Ier a choisi cet oiseau comme symbole de sa puissance. Son fils, Napoléon II, fut surnommé l'____.

**8**

**a** La pluie d'orage se mit à tomber à grosses ____ sur le toit de tôle et finit par réveiller toute la maisonnée.
Si tu approches ta main d'une fourmilière (sans la toucher bien sûr !), les fourmis chercheront à te repousser : elles t'enverront de minuscules ____ d'acide formique et ta main sentira… le vinaigre !

**b** On commence à rencontrer sur les routes quelques ____ électriques qui se rechargent sur une prise de courant.
Comme mon cousin n'a pas son permis de conduire, il s'est acheté une ____.

**c** Ma chaussette est trouée, je dois trouver du fil et une ____ pour la raccommoder !
Les ____ de canard ne doivent pas être trop cuites, sinon elles perdent leur saveur !

**9**

**a** L'____ ressemble à un canard, mais elle est plus grosse et son cou est plus long.
Elle pond des œufs tout blancs d'où sortent des ____ jaunes ou gris.

**b** Sais-tu pourquoi cet oiseau s'appelle le ____ ? Parce qu'il porte une tache jaune sur le sommet de sa tête, qui ressemble à une minuscule couronne.

Le dernier ____ de France s'appelait Louis-Philippe.

**c** Les deux ____ jouent ensemble avec une pelote de laine.
Parfois, mon ____ dépose un petit oiseau ou une musaraigne au seuil de la porte de la cuisine. Ce n'est pas de la cruauté : c'est son instinct de chasseur qui ressort.

## Pour aller plus loin

**Voici une série de diminutifs plus rares.**
**Trouve dans ton dictionnaire leur sens et écris le mot qui permet de les fabriquer.**

**Sur ton cahier**
canette : diminutif de cane.
mantelet : …

| | | | | |
|---|---|---|---|---|
| canette | mantelet | moussaillon | gantelet | brochette |
| perdreau | bosquet | osselet | cassette | vermisseau |
| faucille | cabanon | levraut | taurillon | monticule |

# Étude de la langue

*Félix, il serait temps de ranger ta chambre est vraiment en désordre*

→ Où s'arrête la première phrase, où commence la seconde ?

*Se jeter dans le **vide**, je **vide** le bocal, un pot de yaourt **vide**…*

→ Trois fois ***vide*** et pourtant ces mots ne font pas partie de la même catégorie… Comment les distinguer ?

*Mon frère a changé **ces derniers temps.***
*Mon frère a changé **la roue de son vélo.***

→ Quelle différence y a-t-il entre ces compléments ?

Dans cette partie, tu vas trouver des réponses à ces questions et apprendre en quoi les mots ont un rôle à tenir dans une phrase !

# Je maîtrise
# la ponctuation dans les phrases

## Pour commencer

**Le texte ci-dessous a été séparé en paragraphes de deux phrases.**
**Ajoute les majuscules et les points manquants : . ! ? .**
**Attention ! Tu ne dois pas modifier la ponctuation déjà présente !**

toute la journée, le tigre tourne en rond il fait des va-et-vient incessants derrière les grilles de sa cage

en suivant invariablement le même itinéraire, il frôle les murs et les grilles de cette prison étroite, il n'a aucune chance de sortir

une fois par jour, et c'est sa seule distraction, il mange quelques kilos de viande constituent son menu

je me demande parfois s'il rêve la nuit de sa jungle natale, le malheureux n'a sans doute même plus le souvenir

pourra-t-on un jour le libérer de sa prison, il ne voit rien des beautés du monde

vraiment, ce pauvre tigre, je le plains de tout mon cœur, je voudrais l'aider

## Pour s'entraîner

**Dans le texte, ajoute les majuscules et les points manquants : . ! ? .**
**Attention ! Tu ne dois pas modifier la ponctuation déjà présente !**

**1**

depuis des heures, la pluie d'automne tombe sans arrêt sur les toits, les gouttes d'eau rebondissent comme des milliers de petites perles

pour me réchauffer, j'ai allumé un bon feu de bois dans la cheminée, les bûches crépitent joyeusement

depuis mon retour de voyage, la maison sent incroyablement bon la vanille que j'ai rapportée dans ma valise répand son parfum doux et sucré

je ne peux m'empêcher de soupirer, car je garde la nostalgie de mes dernières vacances au soleil, la vie était tellement plus agréable

**2**

maman pousse très fort la porte et réussit péniblement à entrer dans ma chambre, c'est le bazar intégral

« Félix, il serait temps de ranger ta chambre est vraiment en désordre »

elle a raison, bien sûr, mais je préfère lire le roman que j'ai dévoré aujourd'hui était vraiment passionnant

bon, allez, au travail inutile de remettre ça à plus tard

et si je commençais par trier mes jouets et mes vêtements sont tout mélangés

le plus dur, c'est de commencer le rangement, finalement, ce n'est pas si pénible que ça

**3**

Talou est arrivé un matin au village, personne ne l'avait jamais vu

c'était un grand garçon très maigre à la chevelure rousse en bataille, aux yeux malicieux et aux mains toujours en train de voleter autour de son corps comme des mouches les habitants étaient aux fenêtres et se demandaient ce qu'il faisait, planté au milieu de la rue

le garçon s'est mis à crier :
« Tonton, hé, tonton »
pendant un certain temps
personne n'a répondu

Talou appelait de plus en plus fort notre voisin monsieur Bertrand, qui est boulanger et travaille la nuit, est sorti de chez lui en frottant ses yeux tout bouffis de sommeil

« allez viens mon Talou, a-t-il dit en faisant signe au garçon c'est gentil d'être venu, mais la prochaine fois tu attendras la fin de ma sieste avant de me rendre visite »

**4**

il y a quelques minutes seulement, l'avion a atterri sur la piste, les mécaniciens le préparent déjà pour le prochain vol

les membres de l'équipage, fatigués par un vol de douze heures, sont allés dormir dans leurs chambres d'hôtel, ils vont passer une nuit de repos bien méritée

un autre équipage est arrivé bien avant les passagers pour vérifier que l'avion est prêt à décoller, ils n'ont que peu de temps

au même moment, les passagers enregistrent leurs bagages sur le tapis roulant, les valises s'éloignent pour être chargées dans la soute de l'avion

voici enfin le moment où les passagers embarquent à bord, les membres d'équipage leur souhaitent la bienvenue

**5**

ces derniers mois, Frédéric a changé ses habitudes ne sont plus les mêmes

il n'y a pas si longtemps, il adorait s'entraîner avec nous au foot, c'était le meilleur pour marquer des buts

aujourd'hui, il reste toute la journée dans son appartement seule la télé semble l'intéresser un peu

comme s'il était hypnotisé, il regarde des séries ou des émissions pendant des journées entières il ne sort plus du tout de chez lui

Quentin et moi, nous lui avons conseillé de sortir plus souvent avec nous, ses bons amis, il retrouverait la forme et la joie de vivre

## Pour aller plus loin

**Sur ton cahier**

*Tes photos de vacances, tu me les montres ?* (montres : V)
*Les montres en or…* (montres : N)

**Dans chaque paragraphe, deux phrases se sont télescopées !**
**Repère ces deux phrases. Réécris-les en ajoutant la ponctuation et indique la classe grammaticale des mots répétés : N, V ou Adj.**

a. Tes photos de vacances, tu me les montres en or valent une fortune
b. J'admire ce patineur et sa partenaire : regarde avec quelle élégance il la porte est restée ouverte
c. Mon petit frère, c'est papa qui le garde forestier a repéré un chevreuil blessé
d. Les groseilliers que je t'ai donnés, il faut que tu les plantes souffrent de la sécheresse
e. Quand les bouteilles sont pleines, nous les bouchons sur l'autoroute me font perdre trop de temps
f. Je croyais que nous étions partis sans nos gants, mais en fait, nous les avions décollent dans un bruit d'enfer
g. La mauvaise humeur, une bonne histoire drôle la chasse aux canards est ouverte

# Je conjugue les verbes au présent

## Pour commencer

- **Lis ces phrases.**

Je ne veux pas le savoir.
Je téléphone à ma sœur.
Elle descend les escaliers.
Tu continues ton travail.
Entends-tu le vent ?
Elle veut tenter sa chance.

Tu n'en peux plus.
Je souris au bébé.
Tu réfléchis à la question.
Elle secoue ses cheveux.
Je ne te comprends pas.
On voit la différence.

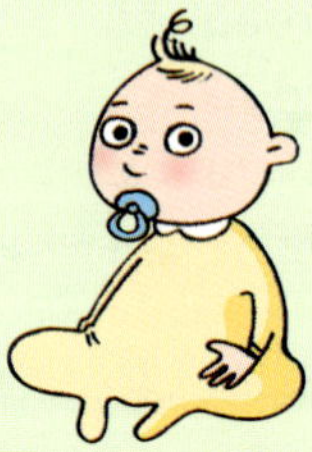

- **Classe toutes les formes verbales dans le tableau ci-dessous, puis souligne les terminaisons, comme dans l'exemple.**

| sujet | verbes en -er | verbes en -ir / -re / -oir | verbes en -dre | verbes pouvoir et vouloir |
|---|---|---|---|---|
| je, j' | | | | veux |
| tu | | | | |
| il, elle, on | | | | |

*Remarques-tu des régularités de conjugaison ?*

## Pour s'entraîner

**Complète le texte avec les verbes conjugués au présent.**

**1**

Mes cousins ..... une vie très spéciale : ils ..... chaque matin à l'heure où nous ..... . Quand nous ..... notre petit déjeuner, ils ..... déjà profondément !
Mais ce n' ..... pas tout : quand l'hiver ..... chez eux, ici, l'été ..... . Ils ..... les premiers bourgeons qui ..... au moment où, en Europe, les feuilles d'automne ..... sur le sol.
Vous ..... sans doute impatients de connaître la réponse de cette énigme… Qui ..... -ils donc, ces mystérieux cousins qui ..... la tête en bas ? Ils ..... Graeme et Andrew et ils ..... en Nouvelle-Zélande, une île qui ..... de l'autre côté de la Terre !

avoir - se lever
se coucher - prendre
dormir
être - arriver
commencer - observer
s'ouvrir
tomber
être
être
vivre - s'appeler
habiter - se trouver

**2**

Quand le soleil ……, il …… tous les animaux sauvages : le petit rat des champs …… de son trou et …… de tous les côtés. Il …… du renard qui …… toujours à le croquer ! Les abeilles …… à butiner les fleurs pendant que leur reine …… des œufs au fond de la ruche. Les mésanges …… à tue-tête et …… par réveiller le vieux blaireau tapi dans son terrier. Les lièvres …… çà et là dans les fourrés.
Nous, les humains, nous ne …… pas souvent toute cette vie animale, car nous ne …… pas assez discrets !

se lever - réveiller
sortir - regarder
se méfier - chercher
commencer
pondre
chanter - finir
bondir

voir
être

**3**

Je …… bien droite et, sans me lasser, je …… en rond. Sportive ? Pas vraiment, car je …… mon temps, je …… à mon rythme. Pas comme ma grande sœur, cette athlète qui …… beaucoup plus vite que moi ! En général, je …… sagement ce que vous …… de moi, à la maison, devant la mairie, dans les salles de classe, les gares, etc. Vous m'…… tantôt avec impatience, tantôt avec inquiétude.
Parfois, cependant, je ……. Alors, vous …… : « Zut ! » et vous …… bien embêtés. ……-vous qui je suis ?

se tenir - tourner
prendre - aller

aller - faire
attendre
interroger

s'arrêter - dire
être - savoir

**4**

Vous nous …… bien. Nous …… souvent des capes, parfois des masques et nous …… de super-pouvoirs. Quand nous ……, nous …… beaucoup d'effet. Certaines personnes nous ……, d'autres …… devant nous, d'autres enfin nous …… des défis. Nous …… toujours vainqueurs de nos combats. Vous, les téléspectateurs, vous …… à nous imiter… Sans succès, car vous …… de simples humains ! Nous ne …… jamais une ride et nos vêtements moulants n'…… jamais le moindre accroc. Qui ……-nous ?

connaître - porter
posséder
apparaître - faire
admirer - trembler
lancer - sortir
chercher
être
prendre
avoir - être

**5**

Avec mes cousins, on …… bien aller à « OK Corral ». C'…… un parc d'attractions, pas loin du Castellet, où il y …… des tas de manèges. J'…… le grand huit. J'…… aussi le train fantôme : il me …… un peu moins peur chaque année.
Toutes les heures, on …… assister à des spectacles de cow-boys et d'Indiens. Ils …… à cheval, ils …… dessus, et ils …… des cascades spectaculaires. Ça m'…… ! Je …… comment ils …… à ne pas se blesser. Mon cousin Théo …… de devenir un jour cow-boy à « OK Corral ».

aimer
être
avoir - adorer
aimer - faire

pouvoir
se poursuivre - se tirer
effectuer - impressionner
se demander - réussir
rêver

## ...Pour s'entraîner

**Complète le texte avec les verbes conjugués au présent.**

**6**

« Alors, Adrian, toi, tu ______ le rôle du héros. Tu ______ en tous sens ta grande épée pour faire fuir le dragon.
Toi, Benjamin, tu ______ le dragon. Tu ne ______ pas intimider par l'épée du héros, au contraire : tu lui ______ dessus. Le héros ______. Bénédicte, qui ______ le rôle de la princesse, ______ vers le dragon. Il ______, il ______, il ne ______ plus vers qui il ______ se diriger.
C'est là que Thibaut, le traître, ______. Il ______ un croche-pied à la princesse, qui ______ de tout son long juste devant le dragon.
Allons bon, qu'est-ce qui ______ ? Pourquoi tu ______, Thibaut ?
– Je ne ______ pas jouer le rôle du traître ! Jamais ! »

jouer - agiter
être - se laisser
foncer
tomber - prendre
se précipiter - se retourner
hésiter - savoir - devoir
intervenir - faire
s'étaler
se passer - pleurer
vouloir

**7**

Vous ne m'______ pas beaucoup, et pourtant je ______ très utile ! Je vous ______ des moustiques qui ______ votre maison.
Je ______ le plus souvent très discrète, car je ______ immobile à l'angle d'un plafond. Mais sans le vouloir, je vous ______ peur.
Quand vous me ______, vous ______ chercher un balai ou vous ______ une pantoufle pour m'écraser. Bien sûr, dans ces cas-là, je ______ me mettre à l'abri ! Mes huit pattes vous ______ et vous ______ une grimace quand vous me ______ !
Je ______ cela assez injuste, car je ne vous ______ jamais et je ne vous ______ aucun mal ! ______-vous qui je ______ ?

aimer - être
débarrasser - envahir
rester - se tenir
faire
découvrir - aller
prendre
courir - dégoûter
faire - voir
trouver - mordre
vouloir - savoir - être

**8**

Quand je ne ______ pas quoi faire, je ______ un roman.
Parfois, les personnages me ______ ; souvent je leur ______, quelquefois, ils me ______ peur !
Toujours, ils ______ mes compagnons de route, nous ______ ensemble de chapitre en chapitre, je ______ avec eux, je ______ d'eux, je ______ en voyage à leurs côtés…
Au début d'un livre, vous ne ______ pas où l'auteur vous ______, mais si vous lui ______ confiance, il vous ______ par la main, il vous ______ de ligne en ligne et, avec lui, vous ______ les portes de l'imaginaire…

savoir - prendre
surprendre - ressembler
faire
être - avancer
vivre
rêver - partir
savoir
emmener - faire - prendre
guider
franchir

**9**

J' ____ sur le dos quelque chose qui me ____ , mais ce n' ____ pas une carapace. Je ____ un rongeur nocturne, et comme je ____ de fruits et de légumes, on me ____ parmi les herbivores. Tu ____ me repérer dans le noir, car je ____ un peu. Quand je ____ intimider les autres, je ____ . Pourtant, je ne ____ pas un hérisson, mes piquants ____ d'ailleurs plus longs. Et si j' ____ , c'est… à reculons ! Je ____ en Afrique. ____ -tu qui je ____ ?

avoir - protéger
être - être
se nourrir - classer
pouvoir - briller
vouloir - se hérisser
être - être
attaquer - vivre
savoir - être

**10**

« Bonjour, je ____ , je ____ Balthazar Globulus, génie de la biologie ! Depuis ce matin, je ____ une expérience fantastique et j' ____ des transformations très bizarres sur mon corps : mes jambes ____ à chaque instant, des ailes ____ dans mon dos, mes yeux ____ rouges, mon corps ____ de poils noirs, mes bras ____ en pattes, je ____ à vue d'œil !
Quelle horreur ! Cette expérience ____ à la catastrophe, je ne ____ plus marcher normalement, je… je… bzzz ! bzzz ! »

se présenter - s'appeler
tenter
observer
mincir
pousser - devenir
se recouvrir - se changer
rapetisser
tourner
pouvoir

**11**

Plus tard, je ne ____ SURTOUT pas être banquier. Quand on ____ banquier, on ne ____ plus s'amuser comme on ____ . Je le ____ : mon papa ____ banquier. Et puis je n' ____ pas compter. Quand j' ____ ou quand je ____ , je n' ____ pas de me tromper. Plus tard, je ____ devenir sorcier. Quand vous ____ sorcier, vous ____ tout ce que vous ____ . Si quelqu'un vous ____ , vous le ____ en crapaud. Ou encore en calculette, que vous ____ , bien sûr, à votre banquier !

vouloir
devenir - pouvoir
vouloir - savoir - être
aimer - additionner
soustraire - arrêter - préférer
être - faire
vouloir - embêter
transformer
offrir

## Pour aller plus loin

**Dans ce zoo, les animaux se livrent à certaines activités que tu découvriras grâce à la dernière syllabe orale de leur nom. Réécris ces phrases en faisant attention à l'orthographe.**

*Exemple : Le léopard part en vacances.*

### Drôle de zoo !

Les sar**dines d** ____ au restaurant.
Les hippo**campes c** ____ sous une tente.
Les sapajous ____ ensemble.
Les canaris ____ de bon cœur.
L'alligator ____ une barre en fer.
Le pécari ____ comme une hyène.

Le porc-épic ____ .
Les poissons ____ curieux.
Les seiches ____ au soleil.
Le hareng ____ son tablier.
La vipère ____ ses moyens.
Le cerf ____ les dents.

# Je reconnais les noms, les verbes et les adjectifs

## Pour commencer

@ • **Lis ces trois phrases.**

**1.** Le parachutiste se jette dans le **vide**.
**2.** Je **vide** le bocal dans l'évier.
**3.** J'ai fait pousser des lentilles dans un pot de yaourt **vide**.

• **Deux élèves ont repéré les homonymes, puis ils ont cherché leur classe grammaticale.**

| Abdel | Mattéo |
|---|---|
| Phrase 1<br>Le vide : c'est un nom, car il y a l'article « le » devant. | Phrase 1<br>vide : j'ai regardé dans le dictionnaire :<br>vide : n. m. espace qui ne contient rien. |
| Phrase 2<br>Ici, « vide » est un verbe parce que je peux le conjuguer : je vide, tu vides, il vide. | Phrase 2<br>Au futur on dirait : je viderai.<br>Au passé on dirait : j'ai vidé.<br>Donc c'est le verbe « vider ». |
| Phrase 3<br>Un pot de yaourt vide : « vide » donne un renseignement sur le nom « pot », c'est un adjectif. | Phrase 3<br>Je sais que c'est le pot qui est vide : il aurait pu être plein, petit, gros, grand, cassé, blanc, joli, etc. |

*Es-tu d'accord avec eux ? Comprends-tu leur raisonnement ?*

• **Dans les phrases suivantes, relève les homonymes et indique si ce sont des adjectifs, des verbes ou des noms.**

**a**

**1.** J'ai passé mes vacances dans une ferme.
**2.** Choisis une bonne pomme, juteuse, ferme et croquante.
**3.** Je ferme les volets chaque soir.

**b**

**1.** Qui veut encore une louche de soupe ?
**2.** Mon chat louche, c'est un siamois.
**3.** La police a arrêté un individu plutôt louche.

*Comment as-tu fait pour trouver la classe grammaticale de ces homonymes ?*

## Pour s'entraîner

**Trouve les homonymes, puis indique leur classe grammaticale : nom, verbe ou adjectif.**

Sur ton cahier
n°1 p. 95
a. elle lâche
s v

**1**

a Si elle lâche le guidon, elle va tomber !
Celui qui s'attaque à un plus petit que lui est un lâche !

b La moto double le camion.
J'ai fait un double nœud.

c Je me douche chaque matin.
Après chaque match, je prends une bonne douche.

d Sarah était une jeune fille inquiète pour l'avenir.
La tempête qui arrive inquiète les habitants de la côte.

**2**

a Les valises sont prêtes, nous pouvons partir !
Tu me prêtes ton vélo, s'il te plaît ?

b Le 14 juillet, on célèbre la prise de la Bastille.
Dans la rue, j'ai croisé un célèbre acteur de cinéma.

c Je n'ai plus de poux, mais j'ai encore quelques lentes accrochées à mes cheveux.
Les musiques lentes sont celles que je préfère.

d Le film que nous allons voir ce soir dure deux heures.
L'éléphant est un pachyderme : il a la peau dure.

e Prends ce siège, il est plus confortable !
Ce roi siège sur son trône depuis des années.

**3**

a Tu peux essayer ma guitare, si ça te tente !
J'ai monté la tente dans le jardin.

b Il faut que je taille mon crayon.
Cette robe n'est plus à ma taille.

c L'escalier est raide, aide-toi de la rampe.
Une vipère rampe entre les pierres du muret.

d Il lui a offert un bouquet de roses.
Les crevettes roses sont les meilleures.

**4**

a J'ai besoin d'une pince à linge.
Le musicien pince les cordes de la guitare.

b Les mouches tournent sans cesse autour du pot de confiture.
Tu fais un bruit de trompette quand tu te mouches !

c Veux-tu encore une tasse de café ?
Johan tasse toutes ses affaires au fond de son sac.

d Le joueur de foot fait une passe au gardien.
Nils passe son temps à réaliser des maquettes.

**5**

a Le vent d'hiver me glace jusqu'aux os.
Une glace vanille fraise, s'il vous plaît !

b La langue arabe se lit de droite à gauche.
La rivière a débordé de son lit, le village a été inondé.

c La lave s'écoule sur les flancs du volcan.
Je me lave les mains avant de manger.

d Tu as mis du rouge à lèvres.
Ne cueille que cette tomate bien rouge !

## ...Pour s'entraîner

**Trouve les homonymes, puis indique leur classe grammaticale : nom, verbe ou adjectif.**

### 6

**a** Il se figure qu'il va gagner la course cette année, mais il se trompe !
Tu as l'air bizarre, tu fais vraiment une drôle de figure !

**b** Kévin porte un maillot orange.
Le jus d'orange apporte de la vitamine C.

**c** La pêche et l'abricot sont des fruits d'été.
Je pêche tous les samedis avec ma grand-mère.

### 7

**a** La grille du jardin est restée ouverte.
Maman grille des saucisses sur le barbecue.

**b** Le jeune soldat a la tête rase.
Papa se rase devant le miroir de la salle de bains.

**c** Le jeune sculpteur grave son nom au pied de la statue.
Je confonds l'accent grave et l'accent aigu.

### 8

**a** Il y a longtemps, les hommes préhistoriques s'habillaient avec des peaux de bêtes.
Je ne réponds pas aux questions bêtes !

**b** Il a pris la plus grosse part du gâteau.
On part à l'aventure camper en montagne.

**c** Je porte des vêtements légers quand il fait chaud.
La porte est restée entrouverte pour laisser passer l'air.

**d** Je m'attache toujours les cheveux avec des élastiques.
Stéphane a des horaires de travail élastiques.

### 9

**a** Cet acteur est un excellent comique.
Mon frère m'a fait une grimace si comique que j'ai éclaté de rire.

**b** La neige fond au soleil.
Il reste un peu de confiture au fond du pot.

**c** Déborah est une élève très bavarde.
Papa bavarde avec les nouveaux voisins.

**d** Quand un cheval est en colère, il rue.
J'aime bien me promener dans cette rue piétonne.

### 10

**a** J'ai la collection complète des albums de Tintin.
Il faut que je complète ce questionnaire.

**b** Le fermier aiguise sa faux avant de couper l'herbe.
Tu as deux résultats faux sur les dix opérations, va corriger ton travail.

**c** Ma cousine est contente d'avoir réussi son examen.
Un cactus se contente de très peu d'eau.

### 11

**a** On entend de la musique militaire pendant les défilés.
Ma cousine va épouser un militaire de l'armée de l'air.

**b** J'habite dans la maison voisine de la tienne.
Je dis bonjour à la voisine quand je la croise.

**c** Aujourd'hui, il n'y a pas un souffle de vent.
Jarod souffle les bougies de son gâteau d'anniversaire.

**12**

**a** Les malades remplissent la salle d'attente.
J'ai soigné mes hamsters malades.

**b** Comme le *Titanic* il y a plus d'un siècle, ce bateau sombre dans les eaux de l'océan Atlantique.
Cette photo est un peu sombre, c'est bien dommage.

**c** Nous sommes en retard sur le programme prévu.
Cette banquière manipule des sommes d'argent impressionnantes.

**13**

**a** Ce petit de la maternelle ne reconnaît pas sa gauche et sa droite.
Je me suis fait mal à la main gauche.

**b** La météo a annoncé que le froid et la neige arrivent à partir de demain.
La Norvège est un pays froid, mais les Norvégiens sont chaleureux !

**c** Il y a trois élèves absentes aujourd'hui.
Tu t'absentes quelques minutes pour aller passer un coup de téléphone.

**14**

**a** Le mécanicien enfile son bleu de travail.
Je voudrais me tricoter un grand pull bleu à rayures jaunes.

**b** Après la tempête, le calme est revenu.
Aziza est une enfant très calme.
Le bébé pleure, son papa le calme en le berçant.

**c** Les deux joueurs de tennis entrent sur le court central pour disputer la finale.
Le guépard court à la vitesse incroyable de 90 km/h.
J'ai acheté un pantalon court pour la plage.

**15**

**a** La nouvelle gare est plus pratique pour les voyageurs.
Je gare souvent ma voiture dans le parking souterrain.

**b** Le Tour de France est la plus célèbre des courses cyclistes.
Les cyclistes sont sur la ligne de départ.

**c** Nous avons fait une balade au clair de lune.
Elle a les cheveux blonds et le teint très clair.

## Pour aller plus loin

**Sur ton cahier**

*Mon voisin est un* ***brave*** *homme (adjectif).*
*Le bateau de pêche* ***brave*** *la tempête (verbe).*

**1. Dans les phrases ci-dessous, certains mots sont beaucoup moins connus que leurs homonymes. Trouve leur signification et leur classe grammaticale dans le dictionnaire, comme dans l'exemple ci-dessus.**

**a** Ma grand-mère se repose aujourd'hui, elle est bien lasse.
Ce long film me lasse, je préfère aller jouer dehors.

**b** L'explorateur foule le sol de cette île pour la première fois.
Dans les magasins, la foule se presse pour dénicher les bonnes affaires.

**2. En t'aidant du dictionnaire, écris deux phrases avec chacun de ces mots. Ensuite, indique s'il s'agit d'un adjectif, d'un nom ou d'un verbe.**

| | | | | |
|---|---|---|---|---|
| complète | tourmente | livre | manie | pratique |
| règle | franc | local | meuble | précise |
| fixe | croissant | loge | niche | rate |
| vente | infecte | loupe | pile | suspecte |

# Je manipule
# le groupe sujet (1)

## Pour commencer

@ **Dans le texte ci-dessous, certains groupes sujets ont été cachés. Remets-les à leur place.**

Voulez-[ ] entendre l'histoire de Jeannot Lapin ?
Comme tous ses semblables, **Jeannot Lapin** avait de très longues oreilles.
Mais [ ] ne lui servaient à rien…
En effet, depuis sa naissance, **l'adorable petit lapin** était sourd.
Un jour d'automne, [ ] retentit soudain.
Les oreilles dressées, le cœur en alerte, [ ] se figèrent sur place.
**Renards, cerfs, biches, sangliers, oiseaux et lapins** coururent se cacher.
[ ] était ce pauvre Jeannot Lapin !
Heureusement, **la sœur aînée de Jeannot, qui veillait sur lui**, l'emmena dans son terrier.
Grâce à elle, [ ] ne termina pas à la casserole ce jour-là !

- **l'adorable petit lapin aux longues oreilles prisonnières du silence**
- **Le seul animal qui n'avait rien remarqué**
- **ses longues oreilles**
- **tous les animaux de la forêt**
- **un terrible coup de fusil**
- **vous**

*Compte le nombre de mots dans chaque groupe sujet. Que remarques-tu ?*

## Pour s'entraîner

- **Lis le texte et réécris-le en ajoutant les groupes sujets (GS) manquants. Aide-toi de la banque de mots proposée.**
- **Ensuite, souligne les GS et indique leur classe grammaticale entre parenthèses : GN, N propre ou pronom.**

**Sur ton cahier**
n°1 p. 98
Dès que Gaétan Larchet apparut
GS (N propre) V

**1**

Les mots proposés peuvent être utilisés plusieurs fois !

Dès que apparut sur scène, l'applaudit à tout rompre.
mit son violon contre son menton et, à ce moment-là, cassa avec un grand « boïng ! »
Une fois la corde changée, s'apprêtait à commencer le concert quand, au troisième rang, fut pris d'une crise d'éternuements : attendit qu' finisse de se moucher bruyamment. allait enfin jouer sa première note quand plongea le théâtre dans le noir complet ! annonça que était annulé.

- il
- le célèbre violoniste
- une corde
- le directeur du théâtre
- Gaëtan Larchet
- le musicien
- une panne
- le public
- le concert
- un spectateur

2

entra dans la salle.
« Demain, annonça, vous emmène faire une sortie en kayak. Si n'en ont jamais fait, doivent me le signaler. n'oublierez ni vos maillots ni votre pique-nique. vous conseille aussi de prendre de vieilles chaussures. Le soir, nous ramènera. penserez à attacher vos ceintures.
– Attacher nos ceintures ? Dans un kayak ?
– Mais non, dans le bus ! répondit. »

vous
un bus
certains enfants
je
ils
l'entraîneur
Jean-Claude
le maître

3

prit la perceuse à deux mains. « ne suis pas très bricoleur, mais peux installer une étagère ! » pensa-t-. À peine avait- commencé à percer le premier trou que se mit à jaillir avec force : en une seconde, fut trempé de la tête aux pieds. Bientôt, entendit une sirène s'approcher : avaient été alertés par un voisin ! jura ce jour-là que jamais plus ne s'approcherait du moindre outil !

de l'eau
il
Jérémy
je
les pompiers
le jeune homme

4

Le mois dernier, a eu la grippe en même temps : n'allaient plus travailler, ne sortait plus de son lit et ne suis pas allée à l'école pendant une semaine ! nous a prescrit toutes sortes de sirops, de comprimés et de cachets que est allé chercher à la pharmacie. Pour ne pas se tromper, étaient rangés sur des étagères différentes ! Ma sœur et moi, n'avions même pas la force de regarder la télé !

je
le docteur
les médicaments
ma petite sœur
mes parents
nous
papa
toute la famille

## Pour aller plus loin

1. **Dans ces phrases, repère le GS, puis modifie-le pour l'allonger d'un seul mot à chaque ligne. Continue autant que possible.**

a Hier soir, la maison a brûlé.
Hier soir, la maison voisine a brûlé.
Hier soir, la maison des voisins…

b La guitare a un son magnifique.

c Le chien est très gentil.

2. **Maintenant, fais l'activité inverse : raccourcis d'un mot à chaque ligne ces longs GS, jusqu'à arriver à deux mots.**

a La baguette magique appartenant au jeune magicien italien du cirque Zapito a été volée !

b L'excellent fromage fermier produit par les paysans de la montagne jurassienne a obtenu le premier prix au concours agricole.

# Je découvre **l'emploi des temps simples et des temps composés**

## Pour commencer

- **Lis ces trois textes et complète-les avec les formes des verbes ranger et pouvoir qui te sont proposées.**

**a.** Enfin ! Les vêtements sont pliés dans l'armoire, les livres sagement posés sur l'étagère et les jeux cachés dans le grand coffre. Valentine est toute contente : **puisqu'elle ☐ sa chambre, elle ☐ regarder la télé.**

**b.** Quel cirque ! Les vêtements traînent sous le lit, les piles de livres menacent de s'écrouler et les jeux bloquent l'ouverture de la porte ! Valentine se met au travail, car elle sait que **dès qu'elle ☐ sa chambre, elle ☐ regarder la télé.**

**c.** Valentine avait un peu de poussière sur le front, la poubelle débordait de vieux papiers et de jeux cassés, mais c'était une bonne chose de faite ! **Puisqu'elle ☐ sa chambre, elle ☐ regarder la télé.**

| Formes du verbe **ranger** |
|---|
| elle range |
| elle a rangé |
| elle rangera |
| elle aura rangé |
| elle rangeait |
| elle avait rangé |

| Formes du verbe **pouvoir** |
|---|
| elle peut |
| elle a pu |
| elle pourra |
| elle aura pu |
| elle pouvait |
| elle avait pu |

@ - **Trace et complète l'axe du temps :**

| Texte **a.** | Puisqu'elle … sa chambre, | elle … regarder la télé. |
|---|---|---|

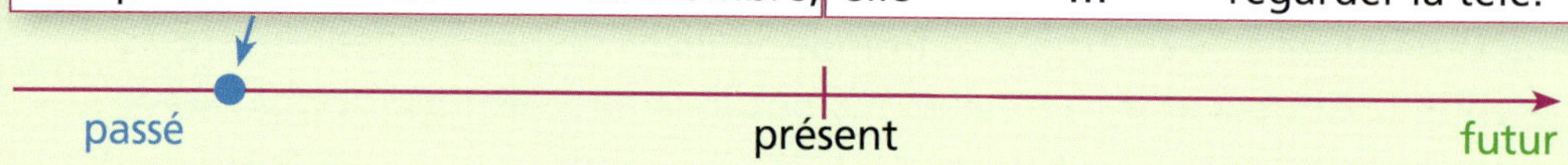


- **Effectue le même travail pour les textes b et c.**

*Quels verbes sont conjugués à un temps simple ? à un temps composé ?*

## Pour s'entraîner

- **Lis les petits textes.**
- **Recopie les passages en bleu et souligne les verbes.**
- **Puis place ces passages sur un axe du temps.**

**1**

**a** Sur le petit sentier, Audrey rattrape son père et lui dit, tout essoufflée : « J'ai couru tellement vite que mon cœur bat à toute vitesse. »

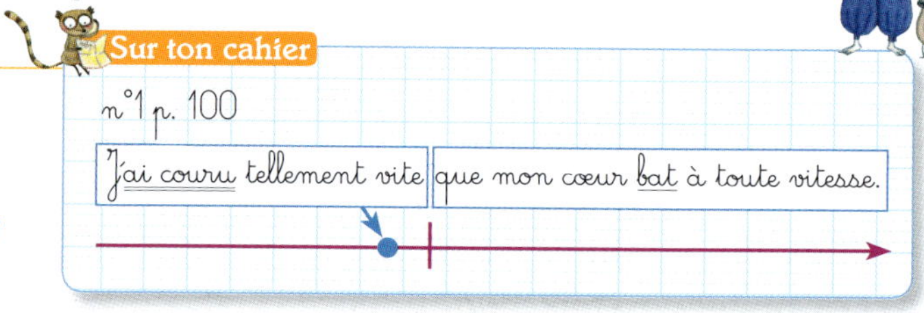


**b** Hier matin, en allant à l'école, j'espérais que M. Guidry m'interrogerait. Je savais ma leçon sur le bout des doigts : je l'avais apprise par cœur !

**c** Maman entre dans ma chambre et me dit : « Quand tu auras fini ton dessin, tu iras un peu dehors. »

**2**

a « … Et depuis ce temps-là, les poules n'ont plus de dents !
– Quelle drôle d'histoire tu nous as racontée ! Je n'arrive pas à y croire ! »

b C'était il y a bien longtemps, au cours d'un terrible hiver. La neige avait recouvert la campagne, on ne voyait même plus la route.

c Dylan cherche une petite clé dans sa trousse à outils et commence à démonter le frein. Dès que Dylan aura réparé mon vélo, je partirai pour une grande balade.

**3**

a La plupart du temps, les loups chassent du gibier, petit ou gros. Mais Loup-Gris n'a rien mangé depuis longtemps, il se contente donc d'insectes et de fruits sauvages.

b L'herbe avait séché sur pied, les ruisseaux étaient à sec. Les animaux sauvages souffraient de la soif, car il n'avait pas plu depuis de longues semaines.

c La patience n'était pas la qualité principale de Killian… Comme il avait hâte d'être arrivé ! Le train avait à peine quitté la gare que, déjà, il trouvait le temps long !

**4**

a Au printemps, tu verras, le couple d'hirondelles reviendra d'Afrique et s'installera à nouveau dans la grange. Aussitôt qu'elle aura fini son nid, la femelle pondra trois à six œufs.

b Pierrick entra dans la cuisine en se bouchant le nez. Quelques jours plus tôt, un œuf était tombé derrière le lave-vaisselle et répandait une odeur épouvantable dans toute la maison.

c Comme Tim a rendez-vous avec sa fiancée, il met ses plus beaux vêtements. « Zut ! Je ne peux plus enfiler mon pull… Il a rétréci au lavage ! »

**5**

a Depuis hier, c'est la ruée dans les boutiques du centre-ville. Les clients se pressent sur les trottoirs, car les soldes ont commencé !

b Mon chat n'aime pas se mouiller les pattes : pendant une heure, il a regardé la pluie tomber depuis le salon. Il n'a mis le museau dehors que lorsque la pluie a cessé.

c Dans la cabine de son voilier, le navigateur tente d'étudier la carte, mais la fatigue brouille sa vue. Dès qu'il aura franchi le cap de Bonne-Espérance, il se reposera.

## Pour aller plus loin

- **Lis les phrases ci-dessous.**
- **Sur l'axe du temps, représente les actions qui durent longtemps par un trait épais, les actions courtes par un point. Aide-toi de l'exemple.**

*Exemple :*
*Quand la pomme aura grossi, on pourra la cueillir !*

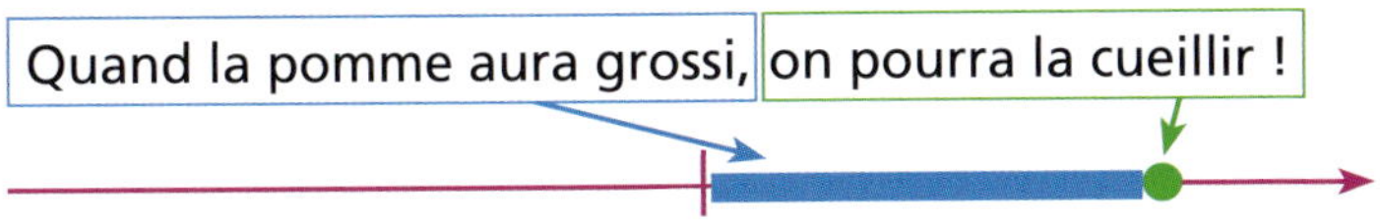

a. L'orage avait grondé pendant toute la soirée quand un violent éclair s'abattit sur le chêne, devant la maison.
b. Les enfants ont tellement taquiné le pauvre Médor qu'il se sauve au salon.
c. Il écrivit le mot « fin » sous le roman d'aventures qu'il avait passé six mois à écrire.
d. Dès que papa sera rentré du supermarché, nous regarderons ce DVD tous ensemble.
e. Quand j'aurai lu ce livre, je le rendrai à la bibliothèque.

# Je conjugue les verbes à l'imparfait et au passé composé

## Pour commencer

- **Lis ce texte et choisis les formes verbales qui conviennent.**

Quand l'orage [a éclaté / éclatait], j' [ai été / étais] en train de travailler. [J'ai toujours eu / J'avais toujours] peur des orages, mais celui-ci [ressemblait / a ressemblé] presque à une tempête : le vent [hurlait / a hurlé] et [je tremblais / j'ai tremblé] de la tête aux pieds ! [J'attendais / J'ai attendu] impatiemment la fin du déluge lorsque la foudre [tombait / est tombée] tout près de la maison. Pendant un instant, mon cœur [s'arrêtait / s'est arrêté] de battre dans ma poitrine ! Enfin, alors que l'orage [commençait / a commencé] à s'éloigner, un dernier éclair [a déchiré / déchirait] le ciel. Puis, soudain, le calme [revenait / est revenu]. [J'ai poussé / Je poussais] un long soupir et [j'ai repris / je reprenais] ma lecture.

- **Trie les formes verbales dans ce tableau, en t'aidant des exemples.**

| Verbe conjugué à un temps simple | Verbe conjugué à un temps composé… | |
|---|---|---|
| | … avec une forme du verbe avoir | … avec une forme du verbe être |
| j'étais | il a éclaté | |
| Ce temps s'appelle… | Ce temps s'appelle… | |

*Comprends-tu l'emploi de l'imparfait et du passé composé dans ce texte ?*

## Pour s'entraîner

**Complète le texte avec les verbes conjugués à l'imparfait ou au passé composé.**

**1** Quand je …… à l'étage, un cri horrible …… . J' …… un grand coup et j' …… bravement vers la pièce d'où le hurlement …… . Le son me …… les oreilles, il …… à mesure que j' …… . J' …… la porte et, vif comme l'éclair, j' …… . Le cri …… . J' …… ma petite sœur dans mes bras et je l' …… à maman… qui lui …… son biberon.

arriver - retentir - respirer
marcher
provenir - percer - augmenter
avancer - ouvrir - allumer
s'interrompre - prendre
amener - donner

**2**

L'autre jour, il nous est arrivé quelque chose d'incroyable, à mon frère Bastien et à moi. Nous …… à la plage en famille. Pendant que mon frère …… entre les rochers, je …… tranquillement.
Tout à coup, j'…… un cri : « Lucie ! J'…… une sirène ! »
Bien sûr, j'…… à une blague. J'…… : « Ah oui, vraiment ? »
Bastien …… : « Mais oui ! Elle …… les cheveux roux et elle …… dès qu'elle m'…… ! »
Je ne …… plus que penser… *(à suivre)*

être
plonger
nager
entendre - voir
croire - ricaner
insister - avoir
s'enfuir - apercevoir
savoir

**3**

Ensuite, nous …… sans dire un mot, ce qui …… papa et maman !
Puis nous …… la sieste sous le parasol pendant que la marée ……. Plus exactement, nous …… semblant de dormir, car nous ……. Qui …… cette créature ?
Le lendemain, nous …… à la même plage. L'endroit était toujours aussi beau et pourtant, il n'y …… personne sur le sable. Le mystère …… ! Nous …… en train de nous installer quand, soudain, un individu furieux …… en hurlant. *(à suivre)*

pique-niquer - étonner
faire
descendre - faire
réfléchir - être
retourner
avoir
s'épaissir - être
arriver

**4**

Il …… une casquette de base-ball et de grosses lunettes noires …… ses yeux.
Avec un fort accent américain, il nous …… comprendre que la plage …… interdite aujourd'hui, qu'il …… un film et que nous …… de gâcher la scène finale ! C'est alors que nous …… la sirène de la veille : elle …… de l'eau en nageant, …… sa queue en plastique et …… vers nous.
Bastien en …… pour demander un autographe à l'actrice !
Voilà comment nous …… le mystère de la sirène de la plage.

porter
cacher
faire
être - tourner
venir
voir - sortir
enlever - se diriger
profiter
percer

**5**

Arsène le brigand …… bien monter tout en haut de la statue, au centre de la place du village. Il …… une canne à pêche pour voler toutes sortes de choses aux gens qui …… dessous.
Une fois ses poches remplies, il …… au pied de la statue et …….
Alors on …… une idée : on …… une grande partie de soldats de plomb. Arsène …… ravi. C'était la première fois qu'il …… autant de soldats de plomb. Mais au fur et à mesure que ses poches ……, Arsène ……. Sous le poids des soldats de plomb, il …… par dégringoler tout en bas de son perchoir.
Il …… : « Pitié, pas la prison ! » Pour se faire pardonner, il nous …… tous nos soldats.

aimer
utiliser
passer
sauter
s'enfuir
avoir - organiser
être
attraper
se remplir - glisser
finir
supplier
rendre

## ...Pour s'entraîner

**Complète le texte avec les verbes conjugués à l'imparfait ou au passé composé.**

### 6

J' ____ en train de donner à manger dans la cuisine à ma souris
blanche quand on ____ .
Qui est-ce que ça ____ bien être ?
« C'est moi, Tata Ursule ! » ____ la voix de... Tata Ursule.
Aïe. Elle ____ mal.
J' ____ la souris dans un tiroir et je ____ ouvrir.
« Qu'est-ce que tu ____ de beau ? elle m' ____ .
– Euh... une soupe ! j' ____ .
– Oh ! Quelle bonne idée ! » elle ____ .
Elle ____ dans la cuisine.
La souris ____ sur la table (le tiroir ____ mal fermé).
« Au secours ! » ____ Tata avant de tomber dans les pommes,
poum, sur le carrelage.

être
sonner
pouvoir
crier
tomber
fourrer - aller
faire - demander
improviser
répondre
entrer
se promener - être
hurler

### 7

« Alors, résumons votre déclaration :
Vous ____ tranquillement vers minuit quand vous ____
un homme qui ____ le long de la gouttière du 4, rue des Fleurs.
Cet individu ____ deux grands sacs qui ____ dans son dos.
Vous ____ : « Au voleur ! » et la propriétaire ____ . Elle ____
le voleur qui ____ de sortir de chez elle ; elle ____ chercher
du poivre moulu et l' ____ sur le voleur. Celui-ci ____
violemment, puis ____ l'équilibre et ____ la cheville
en tombant sur le trottoir. La police n' ____ plus qu'à le cueillir.
– Oui, ça ____ bien ____ comme ça, monsieur l'inspecteur. »

se promener - apercevoir
descendre
porter - se balancer
crier - se réveiller - voir
venir - aller
lancer - éternuer
perdre - se fouler
avoir
se passer

### 8

J'étais dans une gare... bizarre.
Des palmiers ____ au bout des quais.
Des touristes ____ et ____ ,
d'autres ____ des photos.
Un enfant ____ au ballon,
un autre ____ une glace...
Brusquement, quelqu'un ____ :
« Hééé ! Où ____ les rails ? »
J' ____ la tête.
L'eau ____ à toute vitesse,
des vagues ____ ,
j' ____ la mâchoire d'un énorme requin...
j' ____ : « Au secours ! »...
et je ____ !

pousser
aller - venir
prendre
jouer
manger
crier
passer
tourner
monter
se former
apercevoir
hurler
se réveiller

**9**

Ce matin-là, le professeur Globulus .......... une nouvelle expérience. Pendant qu'il .......... les différents ingrédients, il .......... deux éprouvettes : les produits .......... et une épaisse fumée .......... la pièce. Ses assistants, affolés, .......... dans le laboratoire, puis ils .......... les fenêtres. Allongé sur le sol, le professeur .......... avec difficulté et .......... violemment : « Merci, jeunes gens, j'.......... imprudent cette fois encore. Mais je n'.......... pas .......... mon dernier mot ! »

préparer
mélanger
renverser - se mélanger
envahir - entrer
ouvrir
respirer - tousser
être
dire

**10**

« Qu'est-ce qui t'.........., cette nuit, Kevin ? D'abord, tu .......... dans ton sommeil. Ensuite, tu .......... et je t'.......... ce que tu .......... debout. Tu n'.......... pas ...........
– Chloé, tu .........., je n'.......... pas .......... ça !
– Demande à papa et maman ! Quand j'.......... que tu ne .......... pas rond, je .......... frapper à leur porte et je leur .......... la situation. Au début, ils ne .......... pas me croire, mais ils .......... par me suivre. Quand ils t'.......... dans l'escalier, ils .......... de te recoucher. Tu .........., tu .......... que nous .......... te laisser tranquille. Finalement, nous .......... à te remettre au lit.
– Tiens, je ne .......... pas que j'.......... somnambule… »

prendre - parler
se lever - demander
faire - répondre
rêver - faire
voir - tourner
aller - expliquer
vouloir - finir
trouver - essayer
refuser - dire - devoir
réussir
savoir - être

## Pour aller plus loin

**Avec les éléments proposés, construis une phrase en conjuguant les verbes au passé composé ou à l'imparfait.**

**a**
alors que
la dernière guirlande
le sapin de Noël
nous
poser
tomber

**b**
repeindre
j'
la cuisine
nettoyer
tu
pendant que

**c**
je
moi
se reposer
tandis que
travailler
tu

**d**
dès que
j'
la mésange
prendre
se poser
une photo

**e**
arriver
au moment où
commencer
le film
vous

**f**
cueillir
être
les fraises
mûres
nous
qui
seulement

# Je manipule le groupe sujet (2)

## Pour commencer

**Avec les éléments proposés, des élèves devaient construire le plus de phrases possible. Observe leur travail.**

a. Sarah | tous les matins | Maxime et léo | croiser

Sarah croise Maxime et Léo tous les matins.
Tous les matins croisent Sarah, Maxime et Léo.
Tous les matins, Maxime et Léo croisent Sarah.

b. Fatima | jouer | Emma et Sophie | la balle de tennis | avec

Fatima joue avec Emma et Sophie.
Emma et Sophie jouent avec Fatima.
Fatima joue avec la balle de tennis.
La balle de tennis joue avec Fatima.

c. à | le Premier ministre | journalistes | aux | les | parler | le | la télévision

Le Premier ministre parle à la télévision.
La télévision parle au Premier ministre.
Le Premier ministre parle aux journalistes.

*Es-tu d'accord avec eux ? Est-ce que toutes leurs phrases sont correctes et ont du sens ?*

## Pour s'entraîner

**Avec les étiquettes proposées, forme toutes les phrases possibles en conjuguant les verbes au présent.**

**1**

a. Mourad | travailler | beaucoup de sérieux | avec

b. Mourad | travailler | Léo et Bastien | avec

c. les élèves du CM1 | le maire de la commune | recevoir

d. recevoir | le maire de la commune | une carte postale

**2**

**a**
les alpinistes | le journaliste
rencontrer

**b**
une difficulté imprévue
les alpinistes | rencontrer

**c**
tous les élèves
connaître | l'infirmière scolaire

**d**
connaître | tous les élèves
le règlement de l'école

**3**

**a**
répondre | le médecin
aux questions | avec précision

**b**
avec patience | au médecin
répondre | les patients

**c**
la sortie
les clients | se diriger vers

**d**
les clients | se diriger vers
le vendeur

**4**

**a**
Charles et Jérémy | se jeter sur
le magazine

**b**
se jeter sur
Samy | Bob et Yoko

**c**
le métro
attendre | Dénia

**d**
Paul | attendre
Kim et Samuel

**5**

**a**
surveiller | Ali Baba
les quarante voleurs

**b**
les quarante voleurs
le trésor | surveiller

**c**
ses doigts
compter sur | Adrien

**d**
tous ses amis | compter sur
Adrien

## ...Pour s'entraîner

- **Dans ces phrases qui ont le même sens, trouve et souligne les groupes sujets.**
- **Puis trace une flèche entre le nom-noyau du GS et le verbe.**

**Sur ton cahier**

n°6 p. 108
Cette bonne nouvelle a réjoui
GS V

**6**

**a** Cette bonne nouvelle a réjoui toute la famille.

Toute la famille a appris cette bonne nouvelle avec une grande joie.

**b** En quelques mois, les rideaux du salon ont décoloré à cause du soleil.

En quelques mois, le soleil a décoloré les rideaux du salon.

Quelques mois ont suffi au soleil pour décolorer les rideaux du salon.

**7**

**a** Le sucre adoucit l'amertume du pamplemousse.

Grâce au sucre, le pamplemousse semble moins amer.

**b** Un bébé demande beaucoup de patience à ses parents !

La patience est une qualité très importante pour les parents d'un bébé.

Les parents d'un bébé doivent avoir beaucoup de patience.

**8**

**a** Dans cette région, les pêcheurs attrapent surtout des crevettes.

La crevette est la principale ressource des pêcheurs de cette région.

**b** En 1969, des astronautes ont atterri pour la première fois sur la Lune.

En 1969, pour la première fois, la Lune a accueilli sur son sol des astronautes.

1969 est l'année du premier atterrissage d'astronautes sur la Lune.

**9**

**a** La coupe du monde de football s'est déroulée en France en 1998.

La France a organisé la coupe du monde de football en 1998.

**b** Les blagues de papa n'amusent pas toujours maman.

Maman ne rit pas toujours aux blagues de papa.

Avec ses blagues, papa ne réussit pas toujours à amuser maman !

**10**

**a** Ce soir, aux urgences, les deux médecins de garde ont trop de malades à soigner.

Ce soir, les malades sont trop nombreux pour les deux médecins de garde aux urgences.

**b** Dans ce magasin, on vend des disques d'occasion.

Ce magasin vend des disques d'occasion.

Les disques d'occasion sont la spécialité de ce magasin.

**11**

**a** Pour Noël, cette maman a offert un beau cadeau à ses trois enfants.

À Noël, Marion, Paul et Victor ont reçu un beau cadeau de leur maman.

**b** À la pleine lune, on voit presque comme en plein jour.

La pleine lune éclaire la nuit presque comme en plein jour.

La nuit est presque aussi claire que le jour lors de la pleine lune.

## Pour aller plus loin

**1. Observe les éléments proposés et construis uniquement des phrases logiques.**

a. à l'Élysée | accueillir | Président | journalistes

b. parents d'élèves | maîtresse | recevoir | à l'école

c. la petite Thelma endormie | Sébastien et Bénédicte | surveiller

d. nouveau produit | clients | commerçant | recommander

e. malade | aider | infirmiers | à se lever

f. bijouterie | désarmer | cambrioleurs | police

**2. Réécris les phrases avec le verbe modifié, comme dans l'exemple.
Ensuite, souligne le GS et trace une flèche entre le nom « chef de groupe » et le verbe.**

*Exemple :*
*Le clown donne un coup de pied aux deux trapézistes.*
*Les deux trapézistes reçoivent un coup de pied du clown.*

a. Le garagiste vend une voiture d'occasion aux jeunes mariés.
→ … achèt    une voiture d'occasion … .

b. La bibliothèque prête des livres à de nombreux élèves.
→ … emprunt    des livres … .

c. La police interroge les dangereux malfaiteurs.
→ … répond    à … .

d. Papounet et Mamounette envoient une carte de vœux à Jézabel.
→ … reçoi    une carte de vœux … .

e. Les enfants apprennent la règle de 3 avec le maître.
→ … enseign    … .

**3. Réécris ces phrases de la même façon en remplaçant cette fois les mots en orange par les mots proposés dans les étiquettes.**

a. Le directeur **offre** un cadeau de fin d'année aux élèves de la maternelle. [recevoir]

b. Les Bleus **ont gagné** le match face à l'équipe d'Irlande. [perdre]

c. Le magasin d'usine se trouve juste **devant** les entrepôts. [derrière]

d. Les toilettes sont **à droite** de la salle de bains. [à gauche]

e. La housse de couette est rangée dans l'armoire, **sous** les draps. [sur]

# Je distingue les compléments du nom et les compléments du verbe

## Pour commencer

**Lis ce texte et complète-le avec les éléments proposés ci-dessous.**

La forêt était la seule passion ________ : il en connaissait tous les secrets.
En été, il cueillait ________ ; en automne, il ramassait ________.
Parfois, des promeneurs se moquaient ________. Pourtant, s'ils avaient goûté sa confiture ________ ou son omelette ________, ils auraient compris que l'apparence ________ n'était pas si importante que ça !

des | Bastien | champignons | de | framboises | ses vêtements usés | aux

*Observe les compléments que tu as construits : s'agit-il de compléments du nom ou de compléments du verbe ?*

## Pour s'entraîner

**Lis le texte et indique si les éléments encadrés sont des compléments du nom ou des compléments du verbe.**

Sur ton cahier
n°1 p. 110
– Le quai (N) de la gare (CdN)

**1**

Le quai de la gare était noir de monde. Les voyageurs se sont installés dans le train de Nancy. Quelques minutes plus tard, nous nous éloignions de la gare. En pleine campagne, pour une raison inconnue, le train s'est arrêté pendant de longues minutes. Le contrôleur a expliqué la raison de cet arrêt inattendu : une montgolfière s'était posée sur la voie ! Personne n'aurait pu deviner la cause de ce retard. Une demi-heure plus tard, le train est enfin reparti et s'est approché de Nancy. Le contrôleur, à nouveau, s'est excusé de ce retard. Longtemps, je me souviendrai de cet arrêt inattendu.

**2**

Célia change de vêtements plusieurs fois par jour ; elle aime porter des petites robes à la mode. Chez elle, une énorme malle d'habits démodés occupe la moitié de son salon, car elle ne jette rien.

On la rencontre souvent dans les boutiques de vêtements, car elle s'intéresse à la mode plus qu'à tout autre sujet : c'est sa passion. Quand elle manque d'argent pour s'acheter de nouveaux habits, elle les fabrique elle-même : elle se sert d'habits démodés pour en faire de nouveaux. À un concours, elle a ainsi gagné la médaille d'argent de la créativité.

**3**

Mon grand-père est journaliste : c'est un spécialiste du cinéma.
Il travaille pour une émission qui parle du cinéma.
Il a une mémoire d'éléphant : il peut raconter dans le détail le scénario de nombreux films, même s'il manque de temps pour voir tous les films. Chaque année, au festival de Cannes, il rencontre des acteurs célèbres. Grâce à lui, j'ai vu de nombreux films. Moi aussi, je rêve de Cannes et de son festival : un jour, il a promis qu'il m'y emmènerait. C'est seulement une question de temps !

**4**

Voulez-vous que je vous parle de ma passion ?
Depuis toujours, je m'intéresse à la mer. Quand j'étais petit, j'observais déjà les crabes et les coquillages. Je parlais de mes découvertes avec mes parents. Jamais je ne me séparais de mon carnet d'observations pendant mes vacances à la mer.
À l'école, un jour, j'ai présenté une exposition de mes découvertes à mes camarades.
Aujourd'hui, la couverture de mon carnet d'observations est bien usée, mais je le garde comme un précieux souvenir de la naissance de ma passion.

**5**

La tante de Guilhem habite au bout de la rue.
Quand l'heure du goûter arrive, je pense à elle parce qu'elle fait souvent des tartes excellentes. Bizarres mais excellentes. Tartes à la rhubarbe, tartes aux tulipes, tartes aux clous de girofle…
Des parfums succulents sortent de sa maison. Le mercredi après-midi, elle dit à tous les copains de son neveu qu'ils peuvent venir chez elle.
On profite de l'occasion parce qu'à part elle, personne ne nous prépare des tartes aussi bizarres.
Le jeudi matin, à l'école, tout le monde parle de Guilhem et de sa tante.

## Pour aller plus loin

**Forme deux phrases avec les éléments proposés et indique s'il s'agit d'un complément du nom (CdN) ou d'un complément du verbe (CdV).**

Sur ton cahier

a. – Les amateurs de soleil se méfient de la pluie.
N CdN V CdV
– Les amateurs de pluie…

a. amateurs - pluie - soleil - se méfier
b. enfants - école - revenir - village
c. maîtresse - s'occuper - Sarah - CM1
d. sœur - se moquer - copain - Jérémy
e. marché - fraises - bois - venir
f. passionnés - musique classique - opéra - parle aussi
g. éléphant - zoo - se souvenir - Afrique
h. s'éloigner - amis - couple

# Je maîtrise la forme affirmative et la forme négative

## Pour commencer

- **Lis ces deux textes et compare-les.**

Ce jour-là, je n'avais vraiment pas le moral et je serais bien resté chez moi. Mais la nuit n'allait plus tarder à tomber, et un peu d'exercice me ferait du bien.
Je n'ai pas tout de suite reconnu ce morceau de papier jeté sur le trottoir. N'était-ce pas un billet de loterie ?
Sans hésiter, je l'ai ramassé.
Le lendemain, en lisant les résultats de la loterie dans le journal, je n'en croyais pas mes yeux ! Moi qui avais toujours manqué de chance dans ma vie, cette fois, la chance m'avait souri !

Ce jour-là, mon moral était au plus bas et je n'avais pas du tout envie de sortir de chez moi. Mais il allait bientôt faire nuit, et un peu d'exercice ne pouvait pas me faire de mal.
Je me suis d'abord demandé quel était ce morceau de papier jeté sur le trottoir. S'agissait-il d'un billet de loterie ?
Je n'ai pas hésité à le ramasser.
Le lendemain, en lisant les résultats de la loterie dans le journal, j'avais le plus grand mal à y croire ! Moi qui n'avais jamais eu de chance dans ma vie, cette fois, la chance ne m'avait pas oublié !

*Que remarques-tu en lisant ces deux textes ?*

- **Repère les phrases qui sont à la forme négative dans les deux textes et relève tous les mots qui expriment la négation.**

## Pour s'entraîner

**Transforme les phrases à la forme affirmative ou négative. Aide-toi des mots proposés en orange.**

**1**

| | |
|---|---|
| « Je ne voudrais pas vous déranger, | Excusez-moi |
| mais j'ai horreur des gens bavards au théâtre. | supporte |
| Or, depuis le début de la représentation, | |
| vous avez parlé sans arrêt avec votre voisine… | arrêté |
| Vous n'avez vraiment aucun respect, | vous pourriez - un peu de |
| ni pour les autres spectateurs, ni pour les acteurs ! | |
| La pièce vous ennuie ? | intéresse |
| Dans ce cas, ne gaspillez pas votre argent, | économisez |
| restez chez vous, | sortez |
| ainsi vous ne gênerez plus les autres ! » | laisserez tranquilles |

**Sur ton cahier**
n°1 p. 112
Excusez-moi de vous…

**2**

Il ne faisait pas très chaud ce matin.
Je me sentais patraque
et je n'avais pas envie de quitter mon lit.
Il n'y avait plus de café dans la boîte,
et en plus la voiture n'a pas voulu démarrer !
Oui, vraiment, la journée commençait mal !

frais
en forme
rester au lit
vide
refusé
Non - bien

**3**

Mon petit frère ne me laisse jamais tranquille.
Il entre dans ma chambre sans frapper,
il ne prend aucun soin de mes affaires.
Parfois, je ne le supporte plus !
Avec ma grande sœur, c'est un autre problème :
elle manque de patience avec moi.
Ah ! La vie de famille, c'est compliqué !

dérange
frappe - avant
abîmer
insupportable
même
aucune
simple

**4**

Le soleil n'était pas encore levé,
pourtant je ne dormais plus depuis longtemps.
Aujourd'hui n'était pas un jour ordinaire :
c'était celui de la grande éclipse de soleil.
J'avais préparé mon attirail dans mon sac :
lunettes spéciales pour protéger mes yeux,
appareil photo. Je n'avais rien oublié.
En gravissant le Cuchon, j'ai marché le plus vite
possible. Là-haut, je me suis allongé dans l'herbe,
le regard dirigé vers le ciel, et j'ai attendu.
Mais je n'avais pas pensé à une chose :
j'étais très fatigué ! Il a fallu moins de cinq minutes
pour que je m'endorme… J'ai été privé d'éclipse !

nuit
réveillé
extraordinaire

abîmer
tout - prévu
traîné en chemin

oublié
même pas
vu

## Pour aller plus loin

**Lis ces phrases où une double négation est employée.**
**Ensuite, recopie la proposition qui convient.**

**a** Je ne supporterais pas de ne plus vivre à Paris.
→ Il faut que je déménage au plus vite !
→ Habiter à la campagne ? Pas pour moi !

**b** Ne préférerais-tu pas ne pas partir ce soir ?
→ Nous devrions peut-être attendre demain pour partir.
→ Nous devrions partir ce soir.

**c** Daniel n'a pas l'intention de ne rien dire.
→ Daniel va donc parler.
→ Daniel va donc se taire.

**d** Il ne savait pas encore que Michel ne viendrait pas ce soir-là…
→ Il l'a donc appris plus tard.
→ Il savait que Michel viendrait un autre jour.

# Je reconnais les COD et les COI

## Pour commencer

- **Ajoute un complément aux phrases qui te semblent incomplètes. N'oublie pas les points à la fin de chacune !**

La séance de cinéma n'a pas encore commencé
Je n'ai pas encore commencé

Comme le soleil tapait fort, mon mouchoir a servi
Cet appareil est neuf, il n'a jamais servi

J'ai sonné, mais personne n'a répondu
J'aimerais bien que tu répondes

Ce médicament a guéri
Mon rhume a guéri

| de chapeau |
| --- |
| mes devoirs |
| à ma question |
| mon angine |

- **Souligne les compléments d'objet directs et les compléments d'objet indirects, puis écris l'abréviation COD ou COI dessous.**
- **Entoure les prépositions au début des COI.**

## Pour s'entraîner

**Sur ton cahier**

n°1 p. 114
j'ai rencontré Sarah (V + COD)
elle a changé (V sans C)

- **Dans le texte, ajoute un complément si la phrase est incomplète. Aide-toi de la banque de mots.**
- **Ensuite, indique si le verbe est suivi d'un COD, d'un COI ou s'il n'a pas de complément.**

Si tu observes bien les majuscules, ça t'aidera à ajouter la ponctuation nécessaire : . , ; : .

**1**

### Des nouvelles de Sarah

L'autre jour, par hasard dans la rue, j'ai rencontré
Elle a changé
elle a coupé
Elle s'est mariée
et elle a trouvé
elle s'occupe
Il y a un ou deux mois, elle a déménagé
Maintenant, elle habite
Elle a vendu
et, à la place, elle a acheté
Elle m'a dit qu'elle se souvenait très bien

| d'enfants handicapés |
| --- |
| de toute la famille |
| sa vieille voiture |
| Sarah |
| ses cheveux |
| un bel appartement |
| un nouveau travail |
| un vélo tout neuf |

## 2 Sauver la planète

Depuis quelque temps, je m'intéresse
Notre planète souffre énormément
J'ai décidé de modifier
je trierai
et je renoncerai
J'utiliserai
Je ne gaspillerai pas
Pour la planète, chaque geste compte

à l'environnement
à tous les emballages inutiles
de notre comportement
l'eau
les transports en commun
mes déchets
mes habitudes

## 3 Les pommes de Ferdinand

Depuis plusieurs semaines, Ferdinand observait
Aujourd'hui, par centaines, les fruits ont mûri
Le temps est venu de passer
Ferdinand a pris
Il a cueilli
Très vite, il a rempli
Sous le poids, l'échelle a plié
Le panier s'est renversé
et Ferdinand est tombé
Le pauvre souffre

à la cueillette
de l'épaule
son échelle
son pommier
toutes les pommes
un énorme panier

## 4 Un génie au travail

L'artiste-peintre Giacomo a
Mais ce matin, quelque chose ne va pas :
il fronce
car l'inspiration ne vient pas
Voilà qu'il allume
car il manque
Enfin, il trace
mais il n'arrive pas
aussitôt il déchire
et retourne se coucher

à la perfection attendue
les sourcils
un immense talent
sa lampe
quelques traits
sa feuille
de lumière

## Pour aller plus loin

**Dans ce texte, trouve les compléments où les prépositions sont « cachées » dans des articles et écris-les.**

**Sur ton cahier**

*Il se protège du soleil (= de + le soleil)*
COI

Monsieur Angst s'inquiète de tout. Quand il fait beau, il se protège du soleil ; quand il pleut, il se protège de la pluie. Il a peur du moindre bruit, il s'alarme des plus petits détails. Il se méfie des gens et ne goûte jamais aux aliments inconnus. Il ne parle à personne, il ne s'intéresse pas au monde extérieur.
Il ne profite pas des belles choses de la vie…
Pourtant, il rêve du grand amour, mais s'effraie des rencontres !

**Pour t'aider**

Je joue au basket (= à + le basket)
Je joue aux cartes (= à + les cartes)
Je me méfie du soleil (= de + le soleil)
Je me méfie des chiens (= de + les chiens)

# Je conjugue les verbes au futur

## Pour commencer

**• Lis ce texte**

**Le casse du siècle**

« Toi, Dédé-les-Doigts-d'Or, tu ouvriras la serrure, pendant que Jojo surveillera les environs. Quand la voie te semblera libre, vous appellerez les autres. Toi, Bébert-l'Élastique, tu te glisseras jusqu'à la salle du coffre par les conduits d'aération. Robert et Charlie, vous n'oublierez pas d'emporter les sacs, pour mettre les billets. Quand les alarmes se déclencheront, nous aurons exactement cinq minutes pour quitter la banque. Moi, je vous attendrai dans la voiture et je démarrerai dès qu'on entendra les sirènes de la police. Ensuite, on prendra l'avion, direction l'Italie ! Ils pourront toujours nous chercher !

– Désolé, Gaston, mais ton plan ne marchera pas : demain, aucun avion ne décollera, à cause de la tempête de neige !

– Grrrrr, encore raté ! »

**• Repère les formes verbales au futur et classe-les dans ce tableau, comme dans les exemples :**

| On voit les lettres -er- avant la terminaison. | On voit la lettre -r- avant la terminaison. |
|---|---|
| il surveillera (infinitif : surveiller) | tu ouvriras (infinitif : ouvrir) |
| … | … |

*Que remarques-tu ?*

## Pour s'entraîner

**Complète le texte avec les verbes en orange conjugués au futur.**

**1**

En 2050, les enfants n' … plus besoin de ranger : une machine s'en … . Ils … un bouton et un bras mécanique … pour ramasser le linge qui traîne. Quand ils … sur un deuxième bouton, un mini-robot … remettre en ordre livres et papiers et … les jeux. Les enfants … le regarder sans bouger. Un troisième bouton … un aspirateur qui … tout seul. Les plus désordonnés … sans doute ravis de ces progrès, mais ils ne … pas toujours où retrouver les objets rangés par la machine !

avoir
(se) charger - presser
se déplier
appuyer
venir - trier
pouvoir
déclencher - avancer
être
savoir

**2**

Clara et moi, nous essayons d'imaginer à quoi _____ nos vies
quand nous _____ grandes. Ma cousine pense qu'elle _____
le karaté à des enfants, et moi que je _____ dans le monde
entier et que je _____ les animaux malades. Clara espère
qu'elle _____ un beau karatéka. « À la rigueur, dit-elle,
un amateur de judo _____ l'affaire ! »
Mon voisin Jules pratique ce sport. Demain, je lui _____
à l'oreille qu'il a une chance de plaire à ma cousine quand il _____
grand : « Plus tu _____, mieux ça _____ ! Mais, c'est promis,
je ne _____ rien à Clara ! »

ressembler
être - enseigner
voyager
guérir
rencontrer
faire
glisser
être
s'entraîner - aller
dire

**3**

« Quand tu _____ dix ans, Camille, je te _____ découvrir
la beauté de la montagne.
– C'est-à-dire, Tonton ?
– Nous _____ un matin, avec dans nos sacs à dos des provisions
et quelques affaires.
– Mais nous _____ !
– Bien sûr que non ! Nous _____ carte et boussole.
– Pff… Je te _____…
– Tant pis, ma petite ! Nous _____ à ton rythme. Tu _____
t'étendre sur l'herbe et tu _____ dans l'eau des torrents.
– Super ! Et pour les repas ?
– Nous _____ nos gourdes à des sources
et, à l'étape, nous _____ en plein air.
– Où _____-nous ?
– Dans un refuge.
– Je crois que ça me _____, Tonton !

avoir - faire
partir
se perdre
emporter
ralentir
aller - pouvoir
se rafraîchir
remplir
cuisiner
dormir
plaire

**4**

Quand je _____ au loto,
j'_____ des chaussettes pour mon grand-père
parce que les siennes sont trouées.
À ma grand-mère, je _____ un dentier
qui ne _____ pas clac ! clac ! quand elle _____.
Maman _____ un vase en remplacement
de tous ceux que j'ai cassés.
Papa _____ content :
je lui _____ un abonnement
au club de yoga pour se relaxer…
À toi, ma sœur, j'_____ mon baladeur.
Comme ça, tu n'_____ plus besoin de me le piquer
(moi je m'en _____ un plus beau, hé ! hé !).
Et si je ne gagne pas au loto ?
Pas de souci : je _____ à jouer !

gagner
acheter
donner
faire - manger
avoir
être
offrir
accorder
avoir
acheter
continuer

## ...Pour s'entraîner

**• Complète le texte avec les verbes en orange conjugués au futur.**

**5**

| | |
|---|---|
| Quand tu ____, je ____ déjà là depuis quatre ans. | naître - être |
| Je te ____ mes Playmobil mais je ne te ____ pas d'y toucher. | présenter - permettre |
| Quand tu ____ trois ans, tu ____ y jouer avec moi. | avoir - pouvoir |
| Seulement, c'est moi qui ____ le nom des personnages et | choisir |
| les histoires, parce que toi, tu ____ encore trop petit. | être |
| Quand nous ____ encore plus grands et que les Playmobil | être |
| ne m' ____ plus, je t' ____ à y jouer tout seul. | intéresser - autoriser |
| Mais ça te ____ trois bonbons la partie ! | coûter |

**6**

| | |
|---|---|
| « Plus tard, a déclaré Gaspard, je ____ Gaspard VI et | s'appeler |
| je ____ le roi du village. Vous m' ____ au doigt et à l'œil | être - obéir |
| parce que vous ____ mes terribles colères. J' ____ pour | craindre - inventer |
| vous d'horribles châtiments. Par exemple, quand vous ____, | désobéir |
| je ____ vos *J'aime lire*, je ____ vos jouets, je ____ tous vos œufs en chocolat. | déchirer - casser - manger |
| – D'accord, mon chou, a dit maman. Mais en attendant, Votre Majesté, vous ____ à finir votre royale purée ! » | penser |

**• Complète les phrases avec les verbes en orange conjugués au futur.**

**Quand les poules auront des dents...**
Tu connais cette expression qui signifie qu'un événement n'a pratiquement aucune chance de se produire...
Dans les activités suivantes, tu vas découvrir comment, dans d'autres pays, on exprime la même idée (dans la 2e partie de la phrase).

**7**

| | |
|---|---|
| **a.** Le jour où tu ____ à l'élastique... nous ____ le 31 février ! (*Brésil*) | sauter - être |
| **b.** Je ____ faire la cuisine... quand le tilleul ____ des poires ! (*Roumanie*) | savoir - donner |
| **c.** Je ____ de ranger le grenier... quand il y ____ deux jeudis dans la même semaine ! (*Suède*) | finir - avoir |
| **d.** L'essence ____ gratuite... quand il y ____ 36 jours en août ! (*Albanie*) | être - avoir |
| **e.** Les hommes ____ dans la paix... quand les plumes | vivre |
| du corbeau ____ blanches ! (*Philippines*) | être |
| **f.** Nous ____ de ramper dans la boue... quand le raisin ____ sur les branches des saules ! (*Bosnie*) | accepter - mûrir |

**8**

a. Je n'_____ plus mes affaires… quand les vaches _____ à l'envers ! (*Inde*)
b. Je _____ à la belle étoile… quand il _____ en enfer ! (*Norvège*)
c. Vous _____ votre matériel… quand un cactus _____ dans ma main ! (*Pologne*)
d. Jules _____ nous rendre visite… quand le soleil _____ à l'ouest ! (*Chine*)
e. J'_____ de ronger mes ongles… le jour où je _____ regarder l'arrière de ma tête ! (*Roumanie*)
f. On _____ le ménage… lorsque les manches à balai _____ de feuilles ! (*Lettonie*)
g. Ils _____ bien déménager… quand Pâques et la Pentecôte _____ le même jour ! (*Pays-Bas*)

**oublier - voler**
**dormir - neiger**
**prêter - pousser**
**venir - se lever**
**arrêter - pouvoir**
**faire - se couvrir**
**vouloir**
**tomber**

**9**

a. Je _____ de la plongée sous-marine… quand les poissons _____ aux arbres ! (*Turquie*)
b. Les vacances _____ deux fois plus longtemps… quand il _____ en été ! (*Allemagne*)
c. J'_____ l'Everest… quand les flocons de neige _____ rouges ! (*Hongrie*)
d. Je _____ de la contrebasse… quand les cochons _____ des ailes ! (*Allemagne*)
e. Tu _____ la pelouse… lorsque la queue du hibou _____ ! (*Lettonie*)
f. Les autoroutes _____ gratuites… quand les vaches _____ ! (*Roumanie*)
g. La voisine du dessus nous _____ un sourire… quand l'enfer _____ de glace ! (*Danemark*)

**faire**
**grimper**
**durer**
**neiger**
**escalader - être**
**jouer - avoir**
**tondre - fleurir**
**être - se marier**
**faire**
**se couvrir**

## Pour aller plus loin

Quand tu auras fini, tu découvriras dans la colonne beige le mot-mystère, qui signifie : « Ils saliront la nature : ils… »

**Lis les définitions et remplis la grille sur ton cahier.**

1. Vous ferez une prière : vous… →
2. Elle s'amusera : elle… →
3. Je dirai bonjour avec la main : je… →
4. Il prendra une location : il… →
5. Nous ferons un trou : nous… →
6. Tu couperas avec une scie : tu… →
7. Je ferai le tri : je… →
8. Vous planterez un clou : vous… →
9. On fera un nœud : on… →
10. Elle fera une multiplication : elle… →

# Je maîtrise **les déterminants**

## Pour commencer

@ **• Lis ce texte, puis ajoute tous les déterminants manquants.**

« Peux-tu me passer ___ petit tournevis, s'il te plaît ? »
Papa, debout sur ___ escabeau, installait ___ nouvelle étagère dans ___ chambre de Gabriel.
« De ___ tournevis parles-tu ? » lui demanda innocemment ___ petit garçon.
« Mais de ___ petit tournevis, là, près de ___ perceuse !
– Ah bon, c'est ___ tournevis, ___ outil ? Je croyais que c'était ___ marteau !
– Ça, ___ marteau ? Mais voyons, Gabriel, ___ marteaux servent à planter ___ clous, alors que ___ tournevis servent à… »
___ père s'interrompit quand il remarqua que Gabriel essayait de cacher ___ fou rire en mettant ___ main devant ___ bouche.
« Oh, tu me faisais ___ blague ! » s'exclama-t-il en descendant de ___ escabeau.

**• Classe tous les déterminants dans ce tableau et indique les noms entre parenthèses, comme dans les exemples :**

| articles définis | articles indéfinis | déterminants possessifs | déterminants démonstratifs | déterminants interrogatifs |
|---|---|---|---|---|
| le (tournevis)<br>l'(escabeau)<br>… | une (étagère)<br>… | … | … | … |

*Comprends-tu à quoi sert chaque catégorie de déterminants ?*

## Pour s'entraîner

- **Lis le texte.**
- **Ajoute les déterminants qui manquent, puis indique leur catégorie entre parenthèses.**

**Pour t'aider**

| articles définis (art. déf.) | articles indéfinis (art. ind.) | déterminants possessifs (D. poss.) | déterminants démonstratifs (D. dém.) | déterminants interrogatifs (D. int.) |
|---|---|---|---|---|
| le, l'<br>la, l'<br>les<br>au<br>aux<br>du<br>des | un<br>une<br>des | mon, ma, mes<br>ton, ta, tes<br>son, sa, ses<br>notre, nos<br>votre, vos<br>leur, leurs | ce, cet<br>cette<br>ces | quel ?<br>quelle ?<br>quels ?<br>quelles ? |

**1**

**Sur ton cahier**

n°1 p. 120
Notre nouvelle maison (D. poss.)
le salon (...)

___ nouvelle maison est vraiment immense. ___ salon est aussi grand qu' ___ stade de foot… et ___ chambre est plus longue qu' ___ piscine olympique.
___ premiers jours, je n'ai pas arrêté de courir partout, pour découvrir ___ domaine gigantesque et fabuleux. Aujourd'hui, je commence à regretter un peu ___ ancien appartement : ___ soir, j'ai de ___ peine à gravir ___ innombrables marches qui mènent à ___ chambre. ___ nuit, quand j'ai envie de faire pipi, j'ai tout juste ___ temps d'atteindre ___ WC, qui se trouvent tout ___ bout du couloir, très loin de ___ chambre. ___ plus difficile, c'est de me lever à ___ aube pour aller attendre ___ bus qui passe devant ___ portail, tout ___ bout de ___ interminable allée…

**2**

Écoutez … fable que je vais vous raconter. Je ne sais plus dans … pays, ni à … époque elle s'est passée, mais … fable est … préférée !

« Un jour, … avare acheta … pommes et les rangea dans … armoire… Mais il n'en mangeait jamais. Tous … jours, il allait compter … fruits, et s'il trouvait … pomme pourrie, il la mangeait en soupirant, car il avait … impression de dépenser inutilement … argent !

… fils avait observé … manège et voulut lui donner … bonne leçon.

… jour, il ouvrit … armoire et croqua … plus belles pommes.

… père s'en aperçut :

" Oh, … fils, qu'as-tu fait ? … mouche t'a piqué ? Veux-tu … mort ?

– Mais … père, je croyais vous faire plaisir : comme vous ne mangez que … pommes pourries, je vous les ai laissées ! " »

*(D'après Florian.)*

**3**

… jour-là, … parents avaient décidé de repeindre … chambre.

« … couleur préfères-tu ? » m'ont-ils demandé.

« J'aime … vert ou … bleu… ou encore … jaune. En fait, j'aime toutes … couleurs !

– Nous préférons te laisser prendre … décision !

– Alors, disons : noir !

– Comment ? Mais c'est … couleur triste, … chambre va être aussi sombre qu'… four !

– Que pensez-vous … blanc, alors ?

– Mais chéri, … blanc, c'est salissant ! … murs vont être couverts de taches en … semaine !

– Dans … cas, je veux repeindre … chambre de toutes … couleurs de … arc-en-ciel ! Voilà ! »

… père et … mère se sont gratté … tête en murmurant : « … fils a décidément de … imagination ! Allez, mettons-nous au travail, … résultat va être magnifique ! »

**4**

… année dernière, nous avons loué … petit chalet pour quinze jours. … matin, nous sommes partis faire … longue balade jusqu'… glacier. … soir, nous sommes rentrés à … nuit tombée. En nous approchant de … chalet, nous avons vu qu'il y avait de … lumière.

… père s'écria : « Mais qui sont … gens qui sont installés dans … cuisine ? »

… grande sœur ajouta : « Qui est … jeune homme qui regarde … télé ? »

… mère s'exclama : « Et que fait … jeune femme dans … salle de bains ? »

… présence de … autre famille était vraiment étrange ! … explication allaient-ils nous donner ?

Nous avons fini par comprendre… En fait, il y avait deux chalets identiques ! … chalet n'était pas … chalet, mais … chalet ! Nous avons présenté … excuses et sommes finalement arrivés à … chalet !

## Pour aller plus loin

**Complète ce texte en utilisant cinq déterminants, un de chaque catégorie que tu connais.**

« Zut, j'ai perdu … montre !

– Ta montre ? mais … montre ? Je ne t'ai jamais vu avec … montre au poignet !

– C'est parce que … montre était invisible ! C'était … montre la plus précise au monde ! Elle me disait toujours exactement quand il était midi ! Mais je l'ai perdue… en même temps que mon appétit ! Eh oui, ma montre, c'était mon estomac ! »

# Je repère les compléments de phrase et les compléments de verbe

## Pour commencer

- **Lis ces phrases et observe les compléments soulignés.**

Le maître pense à la rentrée.

À la rentrée, j'irai dans une autre école.

*Comprends-tu le sens des flèches et du complément souligné ?*
*Lequel est un complément du verbe ? un complément de phrase ?*

@ - **Effectue le même travail avec les phrases suivantes.**

**a.** De la fenêtre, je peux voir la mer.
Quand j'aurai réparé les volets, je m'occuperai de la fenêtre.

**b.** Je ne prends jamais ma douche le matin.
Pour faire du sport, je préfère le matin.

**c.** Je me méfie de cette échelle : elle a l'air vermoulue.
De cette échelle, vous pourrez atteindre le haut du cerisier.

*Quels sont les compléments que tu peux déplacer dans la phrase ?*

## Pour s'entraîner

**Quand c'est possible, déplace en tête de phrase les compléments soulignés, puis indique si ce sont des compléments de verbe ou de phrase.**

### 1

**a** C'était vraiment inattendu ! La neige tenait à la mi-octobre !
Mon oncle n'aimait pas être dérangé : il tenait à sa tranquillité.

**b** Mon grand frère a beaucoup changé ces derniers mois.
Mon grand frère a changé la roue de son scooter.

**c** Le froid rougit mes joues.
Les feuilles des platanes rougissent chaque automne.

**d** Axel appelle tous les jours.
Il faut que j'appelle le plombier.

### 2

**a** Certains renards survivent aux environs des villes.
Cet animal blessé ne survivra pas aux blessures reçues.

**b** Le chauffeur conduit matin et soir.
Le chauffeur conduit les voitures et les camions.

**c** Le bébé de ma voisine du dessus confond le jour et la nuit.
Dans cette usine, les ouvriers travaillent le jour et la nuit.

**d** On apprend à compter dès l'école maternelle.
Tu comptes les points avec moi ?

**3**

**a** Pour gagner du temps, Louis téléphone à Marie de son bureau.
Émile se plaint de son bureau : il le trouve trop petit.

**b** Mon mal de gorge a guéri le jour même.
Le médicament a guéri ma toux.

**c** La concierge balaie les escaliers.
La concierge balaie tous les soirs.

**4**

**a** Sans prendre aucun repos, le chevalier a combattu toute la nuit.
Au pied du donjon, le chevalier a combattu tous ses ennemis.

**b** Le boulanger travaille la pâte.
Le boulanger travaille le matin.

**c** Pour endormir son bébé, la maman chante une berceuse.
Pour attirer les femelles, le rossignol chante la nuit.

**5**

**a** Ce musicien joue toute la journée.
Ce musicien joue de la guitare.

**b** Mon chat mange une fois par jour.
Mon chat mange une souris des champs.

**c** Une partie de cartes, voilà un jeu qui distrait pendant les longues soirées d'hiver.
Une partie de petits chevaux, voilà un jeu qui distrait toute la famille.

**6**

**a** Un bus passe toutes les vingt minutes.
Le bricoleur passe une couche de peinture sur les volets.

**b** Les deux sœurs jouent à la marelle.
Les deux sœurs jouent à la tombée du jour.

**c** La fermière rentre chez elle au crépuscule.
La fermière rentre ses vaches à l'étable.

**7**

**a** Le public a applaudi les acteurs avec beaucoup d'enthousiasme.
Le public a applaudi pendant dix minutes.

**b** Pendant l'été, j'arrose à la nuit tombée.
Pendant l'été, Yasmina arrose ses plantes davantage.

**c** Je lui ai proposé de lui donner un coup de main, mais il a refusé mon aide.
Je lui ai souvent proposé de l'aider, mais il a refusé à chaque fois.

**8**

**a** Tes cheveux ont blanchi en quelques mois.
La neige a blanchi la montagne.

**b** Abdel se peigne chaque matin.
Lou se peigne les cheveux.

**c** Je voudrais changer de voisin de classe, car le mien copie toute la journée sur moi !
Comme Joshua est absent, Tristan lui copie ses devoirs.

## Pour aller plus loin

**Lis ces phrases et indique si les compléments encadrés sont des compléments de verbes ou des compléments de phrases.**

**a** Les chauves-souris chassent [la nuit].
Les premiers rayons du soleil chassent [la nuit].

**b** Vous êtes invités à la fête de l'école : un spectacle de marionnettes ouvrira [l'après-midi].
Désormais, notre magasin sera fermé le matin et ouvrira [l'après-midi].

**c** Comme un pot de peinture renversé, le soleil couchant rougit [le soir].
Le soleil est rose le matin. Il tourne au jaune éclatant pendant la journée. Puis, il rougit [le soir].

# Je maîtrise
# la forme interrogative (1)

## Pour commencer

- **Avec ton voisin, lis oralement ce texte.
Puis ajoute la ponctuation manquante : . ? ! … .**

« Mais, Lola, tu as vu l'heure tu n'es pas encore partie
– Non, pourquoi me demandes-tu ça
– Ne devais-tu pas aller chez le dentiste aujourd'hui
– Oh, il a téléphoné pour reporter le rendez-vous
– Ah bon À quelle heure a-t-il appelé
– Euh ce matin, vers 10 heures
– Ce matin Mais je n'ai pas entendu le téléphone sonner
– Tu devais être dans le jardin
– Est-ce qu'il t'a donné un autre rendez-vous
– Euh  Non
– C'est bizarre ton histoire Es-tu sûre qu'il a vraiment appelé
– Ben En fait, j'ai trop peur d'y aller
– Mais voyons, Lola, crois-tu que cette carie va se soigner toute seule
– Non, bien sûr
– Est-ce que le dentiste t'a déjà fait mal
– Non, jamais
– Alors, qu'est-ce que tu attends File, il n'est pas trop tard pour ton rendez-vous »

- **Repère dans le texte tout ce qui permet de poser des questions.**

## Pour s'entraîner

**Ajoute la ponctuation qui manque, puis repère les déterminants interrogatifs avec les noms qui les suivent.**

**Sur ton cahier**
n°1 p. 124
De quelle couleur est-il ?
D. int. N

**1**

« Je pense à un animal Veux-tu le deviner
– D'accord Est-ce que ton animal a des pattes
– Oui
– A-t-il deux pattes ou quatre pattes
– Quatre pattes
– Son corps est-il couvert de poils
– Non, il n'a pas de poils
– Où vit-il
– Il peut vivre sur terre ou dans l'eau
– Est-ce une grenouille
– Non, pas du tout
– De quelle couleur est-il
– Il peut être brun ou vert
– Comment se déplace cet animal
– Plutôt lentement
– Est-ce que cet animal porte une carapace
– Oui
– J'ai trouvé C'est une tortue
– Bravo »

**2**

« Quel jour sommes-nous aujourd'hui
– Le premier, non
– Vous en êtes sûr
– On ne serait pas plutôt le 31
– Attendez... Y a-t-il 30 ou 31 jours ce mois-ci
– Est-ce que l'un d'entre vous aurait par hasard un calendrier sous la main
– Ou bien un téléphone qui fait agenda
– Comment Vous ne connaissez pas le truc
– Quel truc
– Pour se souvenir de la longueur des mois, c'est archiconnu Vous ne seriez pas en train de me faire marcher, par hasard
– Pas le moins du monde Dites-moi vite C'est quoi votre astuce
– Fermez le poing, pouce rentré Vous voyez l'os qui prolonge votre index
– Comment ne pas le voir
– Il forme une bosse, comme une montagne, n'est-ce pas
– En effet...
– Or l'index est bien le premier doigt de votre poing
– Sans aucun doute...
– Eh bien cette bosse représente le premier mois, long de 31 jours : janvier...
– Et le mois suivant tombe dans le creux : février et ses 28 jours, c'est ça Et la bosse de mars : 31, et le creux d'avril : 30
– Voilà, vous avez tout compris »

**3**

« Bonjour mon garçon, je suppose que tu es César
– Non, moi c'est Jules C'est pour quoi
– Jules Ah bon Tiens, c'est étrange Ton frère est là
– Lequel voulez-vous voir
– Ah, parce que vous êtes trois frères
– Oui
– Depuis combien de temps
– Depuis toujours, ils sont plus âgés que moi
– Mais alors pourquoi César ne me l'a-t-il jamais dit
– Aucune idée Et d'ailleurs, je ne connais aucun César
– Euh Ne suis-je pas chez la famille Romanis
– Pas du tout Au revoir, monsieur »

## Pour aller plus loin

**Le savais-tu ?**

Parfois, pour éviter que deux voyelles se suivent dans une question, on ajoute un **t** entre deux traits d'union : *Où va-il ?* → *Où va-**t**-il ?*

**Recopie ce poème en ajoutant -t- quand c'est nécessaire.**

Où vi __ il maintenant ?
Dans un pays lointain.
Que fai __ il de son temps ?
Il va sur les chemins.
Es __ il toujours pieds nus ?
Il n'a pas de chaussures.
Aime __ il l'aventure ?
Il court vers l'inconnu...

Comment se porte __ il ?
Il se porte à ravir !
Mais quand reviendra __ il ?
Je ne saurais le dire...
Qu'aime __ il plus que tout ?
Vivre libre et léger...
Que veu __ il plus que tout ?
Garder sa liberté.

A __ il beaucoup changé ?
Il est resté le même...
Mais... m'a __ il oublié ?
Non... Je crois bien qu'il t'aime...

# Je conjugue les verbes à l'imparfait et au passé simple

## Pour commencer

**• Lis ce texte et choisis les formes verbales qui conviennent.**

En vacances chez ses grands-parents, Pierrot **s'ennuyait**. Soudain, il **eut** une idée : sans en parler à personne, il **emporta** une vieille échelle jusqu'au verger.

Le gourmand [grimpa / grimpait] sur le cerisier et [se mit / se mettait] à cueillir des cerises.

Deux vaches qui [broutèrent / broutaient] non loin de là [s'approchèrent / s'approchaient]…

Elles [finirent / finissaient] par renverser l'échelle puis [s'en allèrent / s'en allaient] sans même un coup d'œil pour ce pauvre Pierrot.

L'imprudent [se rattrapa / se rattrapait] aux branches. Coincé dans l'arbre, il ne [put / pouvait] plus redescendre. La situation [fut / était] bien inconfortable !

Ses grands-parents le [cherchèrent / cherchaient] pendant des heures et ne le [retrouvèrent / retrouvaient] qu'à la nuit tombée. Ils ne [furent / étaient] pas trop sévères avec lui : ils ne le [punirent / punissaient] pas. Pierrot [n'eut / n'avait] plus faim, il ne [mangea / mangeait] rien ce soir-là.

**• Trie les formes verbales dans ce tableau, comme dans les exemples.**

| | **terminaisons -ait / -aient** | **terminaisons -a / -èrent** | **terminaisons -it / -irent** | **terminaisons -ut / -urent** |
|---|---|---|---|---|
| 3e personne du singulier | s'ennuyait | | | eut |
| 3e personne du pluriel | | s'approchèrent | | |
| | Ce temps s'appelle… | Ce temps s'appelle… | | |

## Pour s'entraîner

**Complète le texte avec les verbes en orange conjugués à l'imparfait ou au passé simple.**

**1**

| | |
|---|---|
| Depuis des mois et des années, le roi et la reine de Rigolande | |
| se languissaient : ils …… d'un descendant mais celui-ci | rêver |
| n'…… point. | arriver |
| Quand le prince Maurice …… enfin au monde, la joie | venir |
| des souverains …… si immense qu'ils …… d'en faire | être - décider |
| profiter tous les habitants du royaume, sans délai. | |
| À 3 h 33 du matin exactement, les canons ……, | tonner |
| les trompettes ……, les cloches …… … | sonner - carillonner |
| Les braves Rigolandois qui …… à poings fermés | dormir |
| …… leur dernière heure arrivée. | croire |
| Ils …… dans les rues, en chemise de nuit et en pyjama. | sortir |
| ……-on de déclarer la guerre au pays voisin ? | venir |
| Le ciel ……-il leur tomber sur la tête ? | aller |
| ……-ce la fin du monde ? | être |
| Bientôt, ils …… l'explication de tout ce tohu-bohu, | avoir |
| ils …… alors une fête mémorable et …… | faire - danser |
| toute la nuit en l'honneur du prince Maurice. | |

**2**

| | |
|---|---|
| Marcel Pagnol naquit dans la ville d'Aubagne, puis son père | |
| obtint un poste d'instituteur à Marseille. Avec l'oncle Jules, | |
| le père de Marcel …… une maison à La Treille, dans | acheter |
| les collines. La famille …… l'habitude d'y passer toutes | prendre |
| les vacances. | |
| Comme le trajet …… très long à pied, ils …… un raccourci | être - emprunter |
| à travers le parc d'un château. La mère de Marcel …… chaque | contempler |
| fois ce château, qui l'…… et, en même temps, la …… rêver. | effrayer - faire |
| Bien plus tard, devenu un cinéaste célèbre, Marcel Pagnol | |
| …… le château et il l'…… pour y tourner des films. | acheter - utiliser |

**3**

| | |
|---|---|
| En rentrant chez lui, il …… tout de suite ce qui ……. | voir - clocher |
| Les chaises ……, renversées aux quatre coins du salon, | traîner |
| les rideaux ……, tout déchirés, la vaisselle …… le sol | pendre - joncher |
| dans la cuisine et le contenu des tiroirs de sa chambre …… | s'étaler |
| sur le tapis. | |
| Immédiatement, il …… son erreur. Il …… le front | comprendre - se frapper |
| et …… : | s'exclamer |
| « Quel idiot ! Je le ……, pourtant, que Médor n'aime | savoir |
| pas rester enfermé. » | |
| Puis il …… la porte du jardin et …… sortir le chien. | ouvrir - faire |

## …Pour s'entraîner

**Complète le texte avec les verbes proposés conjugués à l'imparfait ou au passé simple.**

### 4 Alexandre le Grand

En l'an 356 avant notre ère naquit un certain Alexandre.
C' ______ le fils de Philippe, qui ______ sur la Macédoine, un petit royaume au nord de la Grèce. Vers l'âge de douze ans, le prince ______ un cheval qui ______ peur de son ombre ! Pour cela, il le ______ marcher face au soleil. Ce cheval ______ Bucéphale. Il ne ______ plus son maître. En 334 avant J.-C., ils ______ pour un très long voyage qui les ______ à plus de dix mille kilomètres de chez eux. Près de cent mille personnes les ______, dont une moitié de soldats. *(à suivre)*

- être - régner
- dompter - avoir
- faire - s'appeler
- quitter
- partir - conduire
- accompagner

### 5 Alexandre le Grand (suite)

Ambitieux, Alexandre voulait agrandir le royaume de son père.
Pour cela, il ______ conquérir l'empire perse, qui ______ alors l'Asie.
Le jeune homme ______ de nombreuses batailles. À mesure qu'il ______ des victoires, il ______. Il ______ atteindre les limites de la Terre, car à son époque, on ______ qu'elle ______ sur un océan plat. Il ______ plusieurs villes. L'une d'elles ______ le nom d'« Alexandrie-du-bout-du-monde ». Pourtant, le jeune roi ______ bientôt que la Terre ne ______ pas là. *(à suivre)*

- devoir - dominer
- gagner
- remporter - avancer - espérer
- croire - reposer
- fonder - recevoir
- découvrir - s'arrêter

### 6 Alexandre le Grand (suite)

Avec son armée, Alexandre le Grand ______ jusqu'aux confins de l'Inde et ______ des singes et des perroquets qu'il ______ pour la première fois. Il ______ continuer sa route, mais il ______ faire demi-tour, car ses soldats ______ depuis dix ans le moment de rentrer en Macédoine. Hélas, beaucoup ______ en chemin. À Babylone, une maladie ______ leur chef. Il n' ______ que trente-deux ans. On l' ______, dit-on, en Égypte, dans la cité qui porte son nom.

- aller
- s'amuser - voir
- souhaiter - devoir
- attendre
- mourir
- terrasser - avoir
- enterrer

**7**

Connaissez-vous la « vraie » histoire des hommes préhistoriques ?
Ces hommes d'un temps reculé ______ du feu avec des silex, ______ à pied et ______ en peignant de grands dessins sur les murs. Pendant très longtemps, ils ______ très heureux comme ça et n' ______ besoin de rien d'autre.
Or, un jour, l'un d'entre eux ______ tout ce qu'on pourrait faire avec des véhicules, des cuisinières et des ordinateurs.
Alors ils ______ le pétrole, le gaz et l'électricité, ______ à fabriquer toutes sortes de voitures et ______ beaucoup de temps devant leurs écrans.
À ce moment-là, ils ______ qu'ils n' ______ plus des hommes préhistoriques !

faire
se déplacer - s'exprimer
être
avoir
imaginer
découvrir
commencer
passer
décider - être

**8**

Ce jour-là, le professeur Globulus ______ surexcité. Depuis le petit jour, il ______ dans son laboratoire et personne n' ______ le droit de le déranger. Soudain, un bruit étrange ______ entendre : une sorte de ronronnement continu ______ de la pièce fermée à clé. Aussitôt, ses assistants qui ______ à côté ______, car depuis la dernière catastrophe, ils ______ le pire ! Ils ______ le savant, mais sans résultat. Fous d'inquiétude, ils ______ d'enfoncer la porte.
Ils ______ le professeur Globulus profondément endormi : le savant ______ comme un bébé… et ce sont ses ronflements qui ______ trembler les vitres ! Ils ______ le laboratoire sur la pointe des pieds et le savant ______ finir sa sieste en paix.

paraître
travailler - avoir
se faire
parvenir
se trouver - s'inquiéter
redouter - appeler
décider
trouver
dormir
faire - quitter
pouvoir

## Pour aller plus loin

**Conjugue les verbes au passé simple.**
**Aide-toi des rimes et de ton aide-mémoire pour trouver les terminaisons peu courantes.**

### Comment nous réveillonnâmes…

Que la fête f… belle
pour Noël !
Nous nous rend…
dans la ville de Nîmes.
Les cadeaux que nous offr…
étaient sublimes !
Un peu surpris, vous reç…
de coquets sacs en toile de jute.
Très étonnés, nous reç…
de jolis chapeaux à plumes.

Au dîner nous nous régal…
de pain aux noix et au sésame.
Quant à vous, vous préfér…
de simples pâtes.
Au dessert, vous b…
dans de délicates flûtes
un peu de champagne brut.
Par trois fois, nous repr…
de cette bûche grandissime
et tant pis pour le régime.

Puis nous quitt…
ces messieurs et ces gentes dames
et nous repart…
vers notre logis intime.
Au retour, nous grelot…
dans notre voiture infâme,
et par conséquent nous f…
victimes d'un bon rhume !
Sans amertume !

# Je découvre **l'attribut du sujet (1)**

## Pour commencer

- **Indique pour chaque phrase la lettre du dessin qui lui correspond.**

1. Sabrina est mignonne.
2. Sabrina coiffe ses longs cheveux.
3. Malika félicite son adversaire.
4. Malika reste championne de France.
5. Pauline deviendra jongleuse.
6. Pauline applaudit la jongleuse.
7. La nouvelle élève salue la maîtresse.
8. La nouvelle élève semble timide.

a. 
e. 
b. 
f. 
c. 
g. 
d. 
h. 

- **Relève les sujets et les verbes.**

*Dans quelles phrases peux-tu remplacer le verbe par le signe = ?*
*Quelles sont les phrases qui ne parlent que d'une personne ?*
*Quelles sont celles qui parlent de plusieurs personnes ?*

## Pour s'entraîner

- **Lis les textes, puis complète les phrases avec les éléments proposés dans les étiquettes.**
- **Ensuite, repère :**
- **les verbes d'état (Vé) suivis d'un attribut du sujet (AdS) ;**
- **les autres verbes suivis d'un COD.**

**Sur ton cahier**

n° 1 p. 130
a. Monsieur Dupré est (Vé) le remplaçant (AdS).

### 1

**a** M. Dupré se gare sur le parking de l'école, puis entre dans la cour, un gros cartable à la main. Il demande où est la classe des CM1.

→ Monsieur…

Notre maître, M. Dubois, nous a prévenus : il doit aller en stage cette semaine, mais avant de partir…

→ Monsieur…

Étiquettes : le remplaçant | accueille | Dupré | Dubois | est

**b** Ce soir, ma mère organise une réunion de parents. Elle va recevoir les familles des futurs élèves de CP pour leur faire visiter l'école et répondre à leurs questions.

→ …

Nous venons de déménager. Aujourd'hui, maman a rendez-vous dans ma nouvelle école pour m'inscrire dans la classe de CM1.

→ …

Étiquettes : ma mère | maman | rencontre | est | la directrice de l'école

**2**

**a** Cinq minutes avant le match, Thomas se concentre : il veut absolument le gagner et, dans sa tête, le doute n'est pas permis…

→ …

Cinq minutes avant le match, Maxime s'installe dans les gradins. Dans moins de deux heures…

→ …

deviendra | applaudira | il | le nouveau champion de France

**b** C'est la cérémonie des Césars. Patrick Grondin, le célèbre comédien, entre sur scène pour recevoir le César du meilleur acteur.

→ …

C'est la cérémonie des césars. La comédienne Fanny Klein entre sur scène pour remettre son prix à Patrick Grondin.

→ …

reste | elle | félicite | il | l'acteur préféré des Français

**3**

**a** Félix est très intéressé par cette voiture. Le vendeur lui propose une énorme réduction de 5 000 euros ! Félix pense :

→ …

Après avoir longuement réfléchi, Félix a pris la décision d'acheter cette voiture.

→ …

semble | Félix | cette voiture | a fait | une excellente affaire

**b** Mamie n'aime pas trop le bruit et l'agitation…

→ …

Voici deux élèves qui sont calmes, polis, soigneux, bons camarades :

→ …

les | enfants sages comme des images | Mouloud et Li-Peng | des | sont | préfère | elle

## Pour aller plus loin

**Lis ces titres de journaux et repère les verbes d'état et les attributs du sujet.**

**Sciences**
L'ampleur du réchauffement climatique semble sous-estimée.

**Afrique**
La situation humanitaire au Zimbabwe demeure fragile.

**Santé**
La situation dans les hôpitaux paraît satisfaisante.

**Automobile**
La voiture électrique sera-t-elle le véhicule du futur ?

**Mexique**
Le ministre des Finances devient gouverneur de la Banque centrale.

**Sports**
L'équipe de Glenn Howard reste invaincue.

# Je reconnais **les pronoms sujets et les pronoms compléments**

## Pour commencer

- **Lis ce texte.**

Ils s'approchèrent d'elle avec curiosité : incroyable ! elle avait tenu parole, elle l'avait vraiment amené à l'école ! Elle le sortit de sa poche et lui parla doucement. Ils firent encore un pas, mais il se cacha aussitôt dans sa manche. Elle leur fit signe de reculer et il montra à nouveau le bout de son museau.

- **Observe ces trois dessins et indique lequel correspond exactement au texte ci-dessus.**

① 

② 

③ 

- **Réécris le texte en remplaçant, quand c'est nécessaire, les pronoms par des noms propres ou des groupes nominaux.**
**Aide-toi de l'illustration.**

*Ils s'approchèrent d'elle avec curiosité.*
*Paul et ...*

*Repère les sujets, les COD et les COI : ce sont des pronoms, des N propres ou des GN ?*

## Pour s'entraîner

- **Lis le texte, puis réécris-le en remplaçant les pronoms par un groupe nominal ou un nom propre de ton choix, quand c'est nécessaire.**
- **Souligne les pronoms, les GN et des N propres et indique leur fonction (S, COD ou COI).**

**Sur ton cahier**

n°1 p. 132
*Nathan se mit en route et appela sa chienne.*
S — COD

**1**

Il se mit en route et l'appela en sifflant entre ses dents. Elle accourut tout de suite pour l'accompagner. Elle remuait la queue de plaisir, car elle adorait aller les chercher ! Elle courut jusqu'en haut du pré et commença à les rassembler. Elles meuglaient et se pressaient les unes contre les autres, puis elles prirent le chemin de la ferme. Parfois, quand l'une s'éloignait, elle la ramenait aussitôt dans le troupeau. Elles lui obéissaient sans protester ! Quand elles furent toutes entrées dans l'étable, il la caressa et la félicita. Elle lui répondit par un jappement joyeux. Ils formaient une bonne équipe, tous les deux !

**2**

Il n'était vraiment pas en avance ! Il les a enlevés, puis les a enfournés dans le casier et il l'a enfilé à toute vitesse. Ensuite, il les a rejoints en courant, bien que ce soit interdit… Là, elle l'a appelé : « Et le règlement, alors ? » Il lui a tout de suite obéi, mais a bien failli déraper comme une voiture sur le verglas. Ils ont tous éclaté de rire, puis, voyant qu'elle les regardait d'un air menaçant, ils ont préféré s'arrêter aussitôt.
Après, il est monté au plongeoir en prenant une grande inspiration. Puis, il s'est élancé. En sortant de l'eau, il les a tout de suite vus, se tapant les cuisses au bord du bassin, en le montrant du doigt. Il flottait, à quelques mètres de lui, à l'endroit où il était entré dans l'eau. Il avait complètement oublié de l'attacher !

**3**

Elle l'avait remarqué dans le bus de ramassage scolaire. Chaque matin, elle lui souriait timidement et se mettait pas trop loin de lui, s'il y avait de la place. Apparemment, il ne s'intéressait pas à elle : elle était sans doute trop petite pour lui, un vrai bébé ! Arrivés à l'école, quand ils quittaient le bus, ils ne l'aidaient pas à descendre. Elle devait attendre qu'ils soient tous sortis pour qu'il quitte son volant et manœuvre la plate-forme.
Ce matin-là, pourtant, il resta dans le bus et attendit que ses copains soient sortis. « Tu veux un coup de main ? » lui demanda-t-il gentiment. Il ajouta pour le chauffeur : « Laissez, M'sieur, je m'occupe d'elle ! » Depuis ce jour-là, ils sont amis pour la vie.

**4**

Maintenant qu'elle vivait loin de son pays natal, la France, elle ne les voyait plus très souvent. Ça faisait d'ailleurs longtemps qu'elle ne leur avait pas écrit. Ils devaient se demander ce qu'elle devenait. Elle prit une feuille de papier et commença sa lettre. Elle aurait préféré leur téléphoner, mais depuis le petit village africain où elle travaillait, ça n'était pas facile de les joindre.
Son travail d'infirmière lui plaisait beaucoup, même s'il n'était pas toujours facile : elle les soignait, les aidait à s'occuper de leurs bébés. En finissant sa lettre, elle les rassura : tout allait bien, ils ne devaient pas s'inquiéter.

## Pour aller plus loin

**Observe l'exemple et fais le même travail.**

*Exemple :*
*Mon oncle a bien profité de ses vacances.*
→ *Il en a bien profité.*
S COI

**a** Sofia n'a pas pensé à ses petits soucis de santé aujourd'hui.
Sofia pense très souvent à sa meilleure amie Mathilde.

**b** Gabrielle ne se souvient pas de l'heure de son train.
Gabrielle se souvient bien de ses camarades de classe.

**c** Sébastien s'est occupé de ses petits neveux pendant les vacances.
Sébastien s'est occupé de la facture à régler dès son retour du bureau.

# Je manipule les propositions relatives

## Pour commencer

- **Lis cette phrase.**

Arthur a parlé d'un film exceptionnel à Noémie [qu'il voudrait bien revoir].

*Comment comprends-tu cette phrase ?*

- **Recopie-la et fais une flèche pour montrer quel nom est complété par la proposition encadrée.**
- **Effectue le même travail avec ces deux phrases.**

On a visité un vieux château avec mes parents [qui tombe en ruine].

J'ai revu des vieux copains chez Lucien [que j'avais presque oubliés].

*Comment pourrais-tu modifier ces deux phrases pour qu'elles soient plus claires ?*

## Pour s'entraîner

- **Souligne la proposition relative, puis relie-la au nom qu'elle complète.**
- **Ensuite, quand c'est nécessaire, modifie la phrase pour qu'elle soit plus claire.**

**Pour t'aider**

Les propositions relatives commencent par un pronom relatif, **qui** ou **que**.

**Sur ton cahier**

n°1 p. 134

a. J'ai lavé la voiture de maman qui était dégoûtante.

La voiture de maman était dégoûtante : je...

**1**

**a** J'ai lavé la voiture de maman qui était dégoûtante.

J'ai lavé la voiture de maman qui était débordée.

**b** Pierre trouva de magnifiques champignons dans la forêt qui sentaient bon les feuilles d'automne.

Pierre trouva de magnifiques champignons dans la forêt qu'il rapporta à la maison.

**c** J'ai prêté un livre à Jérémy qui fait vraiment peur !

J'ai prêté un livre à Jérémy qui adore les histoires de fantômes.

**2**

**a** Il y avait un billet de 50 euros dans le vieux porte-monnaie que j'ai jeté à la poubelle.

Il y avait un billet de 50 euros dans le porte-monnaie que j'ai mis dans ton portefeuille.

**b** Il a écrit une longue lettre à sa tante qui l'a lue avec grand plaisir.

Il a écrit une longue lettre à sa tante qui n'est jamais arrivée.

**c** La chanteuse prépare un nouveau spectacle avec ses musiciens qui risque de faire du bruit !

La chanteuse prépare un nouveau spectacle avec ses musiciens qui sont tous excellents.

**3**

**a** J'ai visité une cathédrale avec mes grands-parents qui avait plus de huit cents ans !

J'ai visité une cathédrale avec mes grands-parents qui se passionnent pour l'histoire de France.

**b** L'autre jour, j'ai goûté deux bons fromages achetés chez un fermier qui les fabrique lui-même.

L'autre jour, j'ai goûté deux fromages achetés chez un fermier qui sentaient très fort.

**c** On a écouté une musique dans la chambre de ma sœur qui donne envie de danser !

On a écouté une musique dans la chambre de ma sœur qui déménage bientôt.

**4**

**a** Pour ce bricolage, j'ai pris une très vieille casserole dans le garage qui est rempli d'objets bizarres.

Pour ce bricolage, j'ai pris une vieille casserole dans le garage qui traînait par terre.

**b** Voilà les lunettes de mamie que Damien a retrouvées dans la boîte à gants.

Voilà les lunettes de mamie que Damien ira voir demain.

**c** J'ai regardé l'album de photos de Titouan qui est aussi beau qu'un livre.

J'ai regardé l'album de photos de Titouan qui revient de voyage.

**5**

**a** J'ai retrouvé de vieux amis chez Barnabé que je n'avais pas vus depuis longtemps.

J'ai retrouvé de vieux amis chez Barnabé qui m'avait invité à déjeuner.

**b** J'ai construit une petite cabane derrière mon immeuble qu'on est en train de rénover.

J'ai construit une petite cabane derrière mon immeuble qui s'est écroulée.

**c** J'attends avec impatience les vacances chez ma cousine qui tardent à venir.

J'attends avec impatience les vacances chez ma cousine qui m'a invité chez elle.

**6**

**a** À la cantine, on est assis à la table de Nicolas qui est bancale.

À la cantine, on est assis à la table de Nicolas qui n'arrête pas de m'embêter.

**b** J'aime caresser la fourrure des lapins de la fermière qui est si douce.

J'aime caresser la fourrure des lapins de la fermière qui est si gentille.

**c** Dominique m'a demandé : « Va me chercher le petit tournevis dans la boîte à outils qui est un peu tordu. »

Dominique m'a demandé : « Va me chercher le petit tournevis dans la boîte à outils qui est rangée à la cave. »

## Pour aller plus loin

**1. Lis les phrases a et b puis indique à quelles illustrations elles correspondent.**

**a** **Seuls** les livres qui sont abîmés seront rangés au grenier.

**b** Les livres, qui sont **tous** abîmés, seront rangés au grenier.

① 

② 

**2. Explique la différence de sens entre chaque paire de phrases.**

**a** Les élèves, qui n'ont pas fait leur travail, risquent de gros ennuis.

Les élèves qui n'ont pas fait leur travail risquent de gros ennuis.

**b** Les Anglais que je connais parlent avec un drôle d'accent.

Les Anglais, que je connais, parlent avec un drôle d'accent.

# Je reconnais **les compléments circonstanciels de lieu et de temps**

## Pour commencer

- **Complète chacune de ces phrases en précisant où et quand se passent les événements illustrés. Aide-toi des compléments proposés.**

**a.** Le coq pousse son cocorico.

**b.** À la surprise générale, le lapin est apparu : il semblait voler.

**c.** Un bouchon se forme.

**d.** En se promenant, elle a trouvé un petit chat perdu.

**Pour t'aider**

à l'aube
à l'entrée de la ville
au lever du soleil
au-dessus du chapeau
ce matin
dans les airs
depuis le tas de fumier
hier
soudain
sur l'autoroute
sur le trottoir
tous les matins
tout à coup
chaque soir

- **Repère les compléments circonstanciels de temps (CCT) et de lieu (CCL) dans les phrases complétées.**

*S'agit-il de groupes nominaux ou d'adverbes?*

## Pour s'entraîner

- **Lis le texte et ajoute les compléments circonstanciels de temps et de lieu qui manquent. Choisis parmi ceux qui te sont proposés.**
- **Indique entre parenthèses s'il s'agit d'un complément de temps (CCT) ou de lieu (CCL).**

**Sur ton cahier**

n°1 p. 136
Nadia était contente de partir au Sénégal. (CCL)

**1**

Nadia était contente de partir, mais elle avait peur de prendre l'avion. Elle se sentait mal à l'aise. Elle ferma les yeux ; elle entendait son cœur battre très fort. L'hôtesse s'occupa bien d'elle. Un peu rassurée, elle regarda le ciel : l'avion volait, c'était magnifique. Nadia était à peu près détendue quand le commandant de bord annonça que l'avion allait arriver. Elle serra les dents : quand les roues se posèrent, Nadia poussa un soupir de soulagement.

à Dakar
à travers le hublot
au décollage
au-dessus des nuages
au Sénégal
bientôt
dans sa poitrine
dès l'arrivée à l'aéroport
enfin
pendant la descente vers l'aéroport
pendant tout le vol
sur la piste

2

Mustapha nous a invités au mariage de sa fille. La fête s'est déroulée. Des musiciens ont commencé à jouer. Les mariés ont lancé le bal.
Le repas a été servi. J'ai dévoré du mouton aux pruneaux, puis des pâtisseries au sésame, des beignets au miel, et, comme je me trémoussais comme un fou sur la musique, j'ai bu des litres de thé à la menthe !
La fête a duré. J'ai commencé à avoir mal aux pieds à force de danser. Et puis…
Je me suis réveillé tout habillé. Le jour était levé.
– Qu'est-ce que je fais, Mustapha ?
– Tu t'es endormi en dansant, alors on t'a porté pour que tu sois au calme.

à ce moment-là
à Marrakech
dans la cour de leur maison
depuis de longues heures
ensuite
entre deux danses
là
ici
le mois dernier
sur le canapé du salon
toute la nuit
vers une heure du matin

3

Je vais te parler d'un endroit que j'aime beaucoup…
Se dresse une montagne appelée le Murdjadjo. Une petite route en lacets la gravit. On trouve un parc avec des balançoires, des portiques, et des tables de pique-nique. On aperçoit d'un côté la ville d'Oran, et de l'autre côté la rade de Merz-el-Kébir. De nombreux promeneurs viennent pique-niquer et contempler ce spectacle magnifique. On trouve aussi des grottes. Les enfants adorent se cacher.

au-dessus de la ville d'Oran
au sommet
au pied de la montagne
par beau temps
le week-end
à cet endroit
à flanc de rocher
à l'intérieur

## Pour aller plus loin

**Observe bien l'illustration, puis raconte la visite de la souris en t'aidant des éléments proposés.**

**Aujourd'hui, une souris a visité ma chambre…**

Pour t'aider

| des verbes | des adverbes | des prépositions |
|---|---|---|
| passer<br>sauter<br>courir<br>trottiner<br>se sauver<br>se faufiler<br>… | aujourd'hui<br>d'abord<br>ensuite<br>puis<br>tout à coup<br>soudain<br>enfin<br>… | dans<br>sous<br>sur<br>au-dessus de<br>en dessous de<br>entre<br>à côté<br>devant<br>derrière<br>à gauche de<br>à droite de<br>… |

# Je découvre **l'attribut du sujet (2)**

## Pour commencer

**Des élèves ont lu ce texte et repéré tous les attributs du sujet et les COD. Ensuite, ils ont justifié leur réponse.**

Un jour, j'ai trouvé **un petit oiseau** dans la neige.
La pauvre petite bête semblait **presque morte**.
Son corps était **tout froid**,
ses plumes étaient **trempées**.
J'ai pris **l'oiseau** dans mes mains
et je l'ai ramené chez moi.
J'ai préparé **un petit lit de coton**
devant la cheminée.
Le petit oiseau a ouvert **les yeux**,
puis il a remué **les ailes**,
mais il demeurait **très faible**
et n'arrivait pas à s'envoler.
Je l'ai installé dans le garage
et il a repris **des forces**.
Quand il s'est envolé, il a fait **un signe d'adieu** avec ses ailes…
Dans mon cœur, il restera toujours **mon ami**.

- « un petit oiseau » : c'est un COD, car le sujet « j' » et « le petit oiseau » ne sont pas la même personne.
- « presque morte » : c'est un AdS, car « sembler » est un verbe d'état.
- « tout froid » : c'est un AdS, car « être » est un verbe d'état.

**Continue leur travail.**

**Pour t'aider**
Voici les principaux **verbes d'état** :
être - sembler - devenir - rester - paraître - demeurer

## Pour s'entraîner

- **Lis le texte et complète-le avec les propositions qui te sont faites.**
- **Ensuite, repère les GS, les verbes d'état (Vé) et les attributs du sujet (AdS).**

**Sur ton cahier**
n°1 p. 138
la personne (GS) paraît (Vé) peu aimable (AdS)

**1**

Quand on voit quelqu'un pour la première fois,
on ne sait pas toujours si l'on va s'entendre.
Parfois, la personne paraît ______.
Parfois, au contraire, elle semble ______.
La première impression n'est pas forcément ______.
Pour cette raison, j'évite ______,
je prends ______ avant d'avoir un avis.
Souvent, j'ai eu ______.
D'ailleurs, beaucoup de gens deviennent ______
alors qu'au début, ils ne s'appréciaient pas du tout !

d'excellents amis
de bonnes surprises
peu aimable
la bonne
les jugements hâtifs
mon temps
très sympathique

**2**

J'ai vu ______, près d'un musée que je visitais. Elle était placée sur un socle, dans un parc. Cette statue représentait un chevalier du Moyen Âge. Son armure était ______ mais, je ne sais pas pourquoi, son visage métallique paraissait ______. Les touristes s'arrêtaient devant la statue pour l'admirer. Tout à coup, elle a fait ______. En fait, la statue était ______ ! J'ai compris que, pendant des heures, un comédien maquillé et costumé restait ______ sur son socle ! Contre un peu d'argent, les touristes le prenaient en photo. Vraiment, cet homme fait ______ !

complètement immobile
étincelante
un clin d'œil
un drôle de métier
un peu étrange
une curieuse statue
vivante

**3**

Toute la bande s'était donné rendez-vous devant le n°7. Décidément, cette vieille maison était pleine de mystères : les fleurs du jardin étaient ______, mais, depuis longtemps, personne n'avait tondu ______. Un vent glacial traversait nos vêtements : pourtant, les branches des arbres demeuraient ______. La demeure semblait ______, car, depuis toujours, la porte restait ______. Joris était ______ : il entra le premier. L'obscurité était ______, et Joris poussa ______ quand une chauve-souris effleura ______. En sortant de la maison, il était ______. « On dirait que cette maison n'aime pas beaucoup ______ », remarqua Rebecca.

fermée
immobiles
abandonnée
la pelouse
le plus courageux
les visites
magnifiques
ses cheveux
totale
tout pâle
un cri perçant

## Pour aller plus loin

**Dans ce jeu de logique, il y a cinq personnages :** Albert, Jacques, Michel, Laurent, Bastien.
**Chacun a un métier différent :** directeur, médecin, pompier, gendarme, ingénieur.

- **Complète le tableau de vérité pour trouver le nom et le métier de chacun. Aide-toi des exemples de conclusions tirées à partir des indices.**

- Albert remercie le médecin. → Donc Albert n'est pas le médecin : F (faux) dans le tableau.
- Bastien est pompier. → Observe le V (vrai) et les F (faux) dans le tableau.

- Michel rencontre le directeur de l'école.
- Laurent demeure ingénieur, mais il n'est pas devenu gendarme.
- Le directeur de l'école a téléphoné à Albert.
- Le gendarme et l'ingénieur n'aiment pas Michel.
- Jacques salue le gendarme.

| | Albert | Jacques | Michel | Laurent | Bastien |
|---|---|---|---|---|---|
| directeur | | | | | F |
| médecin | F | | | | F |
| pompier | F | F | F | F | V |
| gendarme | | | | | F |
| ingénieur | | | | | F |

- **Indique la profession de chacun.**

*Bastien est pompier.*
...

# Je découvre **l'impératif présent**

## Pour commencer

- **Lis ce poème.**

### Caprice de princesse

Beau musicien, beau troubadour,
viens vite, accours à mon chevet…
Oh, ne perds pas une seconde !
Prends ta guitare, dépêche-toi…
Chante une chanson,
berce-moi,
emmène-moi vers le sommeil,
fais-moi rêver jusqu'à demain.
Emporte-moi dans ta musique,
choisis le plus exquis des airs,
gratte légèrement les cordes,
fredonne-moi ta mélodie,
ne heurte jamais mes oreilles,
attends que je sois endormie.
Quitte alors ma chambre à pas de loup
et laisse-moi dormir jusqu'au matin.

- **Relève dans ce tableau tous les verbes à l'impératif présent, comme dans l'exemple. Indique les terminaisons dans les titres.**

| Terminaison -e | Terminaison … | Terminaison … |
|---|---|---|
| … | viens (venir)<br>… | perds (perdre)<br>… |

*Remarques-tu des régularités de conjugaison ?*

- **Réécris ce texte en imaginant qu'il s'agit de deux sœurs s'adressant à deux troubadours.**

Beaux musiciens, beaux troubadours,
venez vite, accourez à notre chevet…

## Pour s'entraîner

**Complète le texte avec les verbes conjugués à l'impératif présent.**

**1**

Ô toi qui te présentes à la porte de ma chambre,
chausse tes bésicles s'il le faut
et …… attentivement ces mots…
……-moi plaisir : …… avant d'entrer.
Si je réponds « non » : n'…… pas.
Si je dors, …… de me réveiller.
Si je travaille, ……-moi.
Si je m'ennuie, ……-moi.
Tu n'y arrives pas ? …… encore !
Toujours pas ? …… plus drôle, allons !
Le désordre te dérange ? eh bien… …… donc !
Tu es porteur d'une bonne nouvelle ? ……-la sans tarder.
Les mauvaises nouvelles, en revanche : ……-les pour toi.
Ça y est, tu as bien tout lu ?
N'…… plus, ……-toi : toc toc toc…

lire
faire - frapper
entrer
éviter
encourager
amuser
essayer
être
ranger
annoncer
garder

hésiter - lancer

**2**

Mon petit mari chéri, je vais au cinéma.
Pendant ce temps, s'il te plaît :
- ______ mes escarpins
- ______ mes chemisiers
- ______-les vite
- ______-les
- ______ bien attention : j'ai horreur des faux plis
- ______ les étagères, surtout ne ______ pas un seul grain de poussière sinon ça me fait éternuer
- ______ les poubelles
- ______ la vaisselle (je me suis levée tard, je n'ai pas eu le temps)
- ______ les courgettes
- ______ les tomates
- ______ les oignons
- ______ les poivrons en dés
- ______ les aubergines en tronçons
- ______ cuire une belle ratatouille
- ______ une jolie table

sans oublier de belles bougies pour faire romantique !
Je compte sur toi pour être plus gentil
que mes trente-trois précédents maris...

cirer
laver
sécher
repasser
faire
nettoyer - laisser
descendre
laver
éplucher
épépiner
émincer
tailler
couper
faire
préparer

**3**

Comment personnaliser ton papier à lettres ?
______ un motif simple sur du carton solide : une fleur, un arbre, un dauphin, un avion... ______ une vieille revue pour t'appuyer dessus et ______ le contour de ton dessin avec un cutter. Ne te ______ pas ! ______ une feuille blanche sous ton carton percé et ______-la avec un trombone. ______ un tablier. ______ ensuite une brosse à dents usagée et ______-la dans la peinture. ______ glisser ton pouce sur la brosse afin de projeter des gouttes colorées sur le pochoir jusqu'à ce que le motif apparaisse. ______ doucement le carton et ______ sécher.
______ avec une autre feuille et ______ ton propre stock de papier à lettres !

dessiner
prendre
suivre
(se) blesser - placer
fixer - enfiler - choisir
tremper
faire
retirer
laisser
recommencer - créer

**4**

Amis sorciers, pour devenir encore plus laids, ______ la méthode suivante. ______ un grand chaudron et ______-le d'eau. ______ dedans deux crapauds, dix vers de terre, vingt cloportes, et ______ toutes les toiles d'araignée que vous trouverez. ______ bouillir pendant quarante-huit heures. ______ le tout, refroidir et ______. Allez, ______-vous au travail et ______-moi vite ce que vous pensez de mon élixir !

essayer
prendre - remplir - plonger
ajouter - faire
mixer - laisser
boire - (se) mettre - dire

## ...Pour s'entraîner

**Complète le texte avec les verbes conjugués à l'impératif présent.**

**5**

Pour écrire une lettre de vacances...
____ passer environ deux à trois jours pour avoir quelque chose à raconter.
Ensuite, ____ ton stylo et ____ ton nom sur une feuille. (Si le stylo ne marche pas, ____-en un autre.)
Puis, ____ la date. (Si tu ne la connais pas, ____ jeter un œil sur le calendrier, dans la cuisine.)
Après, ____ par raconter ta journée, les idées viendront en écrivant. ____ ce que tu as mangé au petit déjeuner, puis ____ les habits que tu portes, ____ le temps qu'il fait, ____ les activités que tu pratiques dans la journée.
Si tu n'as toujours pas d'idées, ____ de tonton et de tata, ____ des indications sur les meubles qui t'entourent. ____, par exemple, qu'il y a des mouches sur les pots de confiture et un chien qui aboie dans l'appartement voisin.
Si, après ça, tu n'as toujours aucune idée, ____ une boule de ta lettre, ____-la à la poubelle et ____ le téléphone...

**laisser**
**prendre - écrire**
**choisir**
**annoncer - aller**
**commencer**
**préciser**
**décrire - indiquer - expliquer**
**parler**
**donner - dire**
**faire**
**jeter - prendre**

**6**

____ ma confiance
pendant mon absence.

____ des graines
aux trois canaris
de ta tante Irène.
____ leur cage aussi.

Puis, ____ au potager
de ton oncle André.
____ l'arrosoir
et ____ à boire aux radis noirs.

Ensuite, ____-le et ____
le joli laurier rose
de tante Laëtitia.
____-le deux ou trois fois.

Enfin, ____ la clé de la boîte aux lettres,
et ____ le courrier,
____-le près de la fenêtre
puis ____-toi, ce sera terminé !

**mériter**
**distribuer**
**nettoyer**
**aller**
**remplir**
**verser**
**reprendre - arroser**
**faire**
**prendre**
**relever**
**poser**
**(se) reposer**

**7**

« Bonjour, je vais vous présenter notre association qui milite contre le trafic des animaux sauvages. Sa devise ? ____ responsables et ____ la planète ! ____-moi, vous tous. Ensemble, ____ concrètement. Voici comment :
N'____ pas n'importe quel animal de compagnie.
____ le dos aux gens qui cherchent à vendre aux touristes des singes, des boas, des coatis.
Ne les ____ pas quand ils affirment que ces bêtes sont faciles à élever.
Ne nous ____ pas que nous saurons nous en occuper.
____ à la tentation.
Ne ____ pas n'importe quoi.
____ aux zoos le soin de s'occuper de ces animaux-là et ____-les simplement en photo ! »

être
protéger - écouter
agir
acheter
tourner
croire
dire
résister
faire
laisser
prendre

## Pour aller plus loin

**Deux recettes de cuisine ont été mélangées. L'une est rédigée à l'impératif, l'autre à l'infinitif. Reconstitue chaque recette dans l'ordre sans oublier la liste des ingrédients (le début t'est donné ci-dessous) !**

Ajouter les crevettes et les asperges.
Couper le poisson en petits morceaux.
Coupez des rondelles de concombre et de tomate.
Coupez les œufs en deux et placez-les sur une assiette.
Décorez avec du ketchup ou de la mayonnaise :
dessinez des taches, des rayures et n'oubliez pas les antennes en ciboulette !
Épluchez les œufs.
Faites-les bouillir 10 minutes et passez-les sous le robinet d'eau froide.
Laisser cuire 10 minutes, puis égoutter délicatement.
Mélanger la mayonnaise et le yaourt dans un bol.
Mettre une feuille de salade sur chaque tranche de pain et la recouvrir avec le mélange.
Mélanger le tout délicatement.
Posez-les de chaque côté des œufs pour faire des ailes.
Rincer les asperges et les couper en morceaux.

1 boîte d'asperges
1 concombre
1 tomate
150 g de poisson
2 œufs
3 cuillères à soupe de yaourt
4 tranches de pain grillé
50 g de crevettes décortiquées
ciboulette
ketchup
mayonnaise
quelques feuilles de salade

*source : d'après le site www.takatrouver.net/recettes/*

**Pour t'aider**

*Salade de poisson sur toast*
*Faire bouillir de l'eau dans une casserole.*
*Plonger le poisson dans l'eau frémissante.*
...

*Œufs déguisés en insectes*
*Placez les œufs dans une casserole.*
*Recouvrez-les d'eau froide.*
...

# Je maîtrise la forme interrogative (2)

## Pour commencer

- **Lis ce texte avec un(e) camarade, puis réécris les questions en complétant les parties manquantes.**

*Anaïs a fait venir le commissaire Laloupe pour résoudre un mystère…*
« Bonjour, Mademoiselle. Qu est-il passé exactement ?
– J'ai posé un gâteau, là, sur la table de la cuisine, et il a disparu !
– Av -vous des soupçons ?
– Oui, je soupçonne ma petite sœur.
– À que heure s'est produit le crime ?
– Vers trois heures de l'après-midi.
– C était votre petite sœur à ce moment-là ?
– Elle était à l'école de musique !
– Donc, ça ne peut pas être votre petite sœur…
Ave vous des animaux de compagnie ?
– Oui, j'ai un canari, un poisson rouge et un chien.
– Votre chien a -il bon appétit ? E il gourmand ?
– Oui, très gourmand, même !
– E ce qu'il sait ouvrir les portes ?
– Oui, il arrive à appuyer sur la poignée avec sa patte avant !
– Alors, nous avons trouvé notre coupable ! »

- **Imagine que le commissaire Laloupe tutoie Anaïs.
Réécris seulement les phrases qui seraient modifiées.**

« Bonjour, Anaïs. Que s'est-il passé exactement ?
– J'ai posé un gâteau, là, sur la table de la cuisine, et il a disparu !
– As-tu des soupçons ?

## Pour s'entraîner

**Lis le texte et réécris les questions en complétant les parties manquantes.**

**1**

« C était Garganton ?
– Un géant minuscule.
– E ce que j'ai bien entendu ?
A tu dit " un géant minuscule " ? Comme un géant pe il être minuscule ?
– Je l'ignore, mais c'est ainsi. Garganton était aussi petit qu'un nain. C'est la raison pour laquelle les siens l'ont banni de leur tribu. Ils disaient qu'un géant nain, ce n'était pas un géant.
– Et qu'e il devenu ?
– Il est allé demander refuge chez la tribu des nains.
– Lui c ils fait bon accueil ?
– Non. Ils ont dit qu'un nain géant, ce n'était pas un nain.
– E resté dans cette tribu ?
– Non, il a repris la route.
– Dans qu contrée a-t-il fini par s'établir ?
– Dans un pays où les mots *nain* et *géant* n'ont pas encore été inventés. »

**2**

*L'inspecteur Laloupe rend visite à son neveu Hector…*

« Bonjour, Hector ! Je viens de voir tes parents, ils ont l'air soucieux à ton propos… Que leur as… dit ?

– Que je voulais travailler dans un cirque.

– Comm… t o… ils réagi ?

– Papa m'a demandé quel métier précis m'attirait.

– Qu'… tu répondu ?

– Je souhaite devenir dompteur de fauves.

– Qu… tête a fait ta mère ?

– Elle a eu l'air paniqué.

– Qu'e… ce qui l'inquiète ?

– Les bêtes !

– Qu… risques court un dompteur ?

– Se faire mordre, ou griffer…

– Qu'… pense ton père ? Que… réaction a… il eue ?

– Il ne me voit pas dompteur.

– Es… e qu'il te l'a dit ?

– Non, mais je l'ai compris.

– N'a… il fait aucun commentaire ?

– Si. Il m'a d'abord rappelé que ce métier exigeait patience et application.

– Et qu'a… il ajouté ?

– Qu'on pouvait aimer les fauves… sans vouloir les dompter ! »

**3**

« Commissaire Laloupe, j'ai perdu mes clés ! Pouv… vo… m'aider ?

– Bien sûr ! Où les range… vous, habituellement ?

– Là, sur la petite table de l'entrée.

– À qu… moment vous en ête… vous servi la dernière fois ?

– Hier soir, avant d'aller me coucher.

– Pouve… vous me décrire vos clés ? Que… forme o… elles ?

– Eh bien, elles ont une forme… de clé, tout à fait normale !

– So… elles attachées à un porte-clés ?

– Mais oui ! Oh, Commissaire, c'est extraordinaire ! Comm… t ave… vous deviné ?

– Simple déduction, je fais ce métier depuis si longtemps ! Ce porte-clés, e… e qu'il se termine par trois petites plumes multicolores ?

– Absolument ! Oh, Commissaire, quel talent !

– Je sais où sont vos clés !

– Ah oui ? Où son… lles ? Vite, dites-le-moi !

– Elles sont tout simplement… dans votre poche ! Je vois les trois petites plumes qui dépassent !

– Commissaire, vous êtes prodigieux ! »

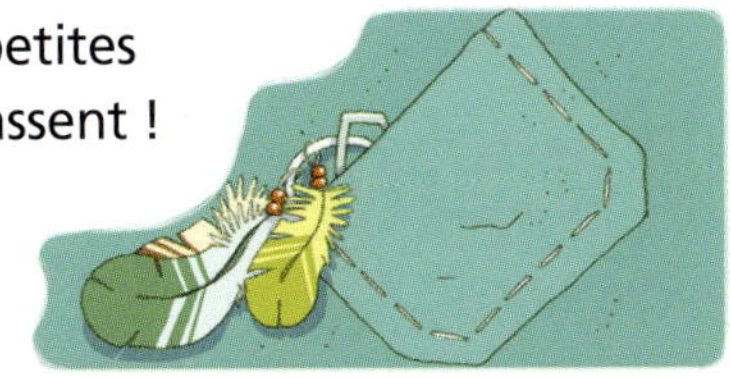

## Pour aller plus loin

**Voici la dernière enquête du commissaire Laloupe.**
**Les questions ont complètement disparu. À toi de les réécrire !**

> **Pour t'aider**
> que / où / pourquoi / quand / quel(s) / quelle(s) / y a-t-il

« Bonjour Madame. ______ ?

– Il m'arrive une chose affreuse… On m'a dérobé mes bijoux !

– ______ ?

– C'est arrivé vers minuit, la nuit dernière.

– ______ ?

– Le vol s'est passé dans ma chambre.

– ______ ?

– Une bague en diamant, des boucles d'oreille et un collier d'émeraudes !

– ______ ?

– Oui, je soupçonne mon jardinier !

– ______ ?

– Parce que je l'ai vu monter à l'étage, hier après-midi !

– ______ ?

– Il m'a expliqué qu'il était allé arroser les fleurs dans ma chambre !

– ______ ?

– Non, il n'y a aucune fleur dans ma chambre, j'y suis allergique !

– Alors, je crois que mon enquête est terminée ! »

# Je révise **toutes les fonctions**

## Pour commencer

**Des élèves ont commencé à remplir ce tableau. Vérifie leur travail, puis termine-le avec les phrases ci-dessous et en complétant les abréviations.**

| **Si un complément complète un nom, c'est un complément du nom.** | **Si un complément complète un verbe, c'est un complément d'objet.** | | **Si un complément complète une phrase, c'est un complément circonstanciel.** | |
|---|---|---|---|---|
| En abrégé : CdN | S'il commence par une préposition, c'est un CO… | S'il ne commence pas par une préposition, c'est un CO… | Il existe des CC… | Il existe des CC… |
| … | … | J'ai appris une bonne nouvelle. … | Depuis ce matin, il pleut sans arrêt. … | … |

J'ai appris une bonne nouvelle.
Depuis ce matin, il pleut sans arrêt.
Je me réjouis de cette rencontre.
L'an prochain, je serai au CM2.
J'ai perdu ma balle.
Je joue à la balle.
La souris s'est cachée au fond de son trou.
Le manche de mon parapluie est cassé.
Les balles de tennis sont jaunes.
Les gens s'abritent sous un parapluie.

## Pour s'entraîner

- **Trouve le nom qui est utilisé dans toutes les phrases et souligne le groupe de mots dont il fait partie.**
- **Indique la fonction de ce groupe : S, COD, COI, CCL, CCT ou AdS.**

**Sur ton cahier**
n°1 p. 146
Je me brosse les dents.
COD

**1**

**a** Je me brosse les dents.
Ma brosse à dents est toute neuve.
Tu as un petit morceau de salade sur les dents.
Ma dent de lait est tombée.
Je souffre de ma dent cariée.

**b** Février est le mois le plus court de l'année.
Il n'a pas plu depuis trois mois.
J'attends le mois prochain avec impatience.
Le mois de juillet passe toujours trop vite.
J'ai acheté un vélo, c'est la promotion du mois.

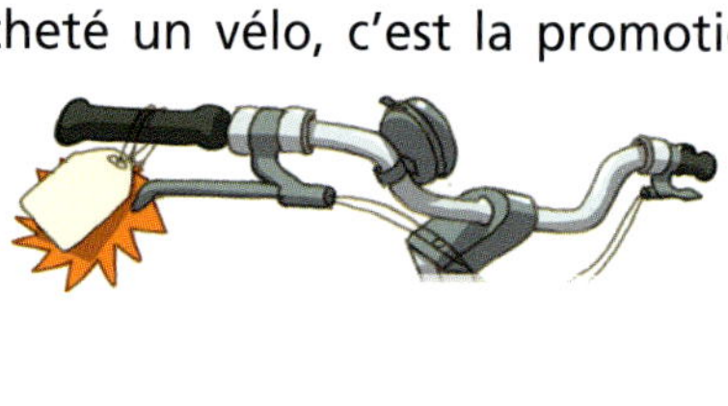

**2**

**a** Le TGV s'éloigne de la gare.
Mon hôtel est situé sur la place de la gare.
Tu trouveras probablement un marchand de journaux à la gare.
Le ministre inaugure la nouvelle gare.
Ce bâtiment au bout de la rue est la gare.

**b** Cette jeune pousse deviendra un beau chêne immense.
Les écureuils récoltent des glands du chêne.
Le jardinier s'occupe de ce chêne malade.
Le vieux bûcheron coupe un chêne avec sa tronçonneuse.
Je me repose à l'ombre de ce chêne.

**3**

**a** La Terre est en danger.
La seule planète habitable reste la Terre.
Le tour de la Terre mesure 40 000 km.
Depuis la Terre, on voit le croissant de la Lune.
Les scientifiques se préoccupent de la Terre et de son avenir.

**b** Un siècle dure exactement cent ans.
Depuis plus d'un siècle, la science a fait des progrès énormes.
La période entre 1700 et 1800 s'appelle le siècle des Lumières.
Mon arrière-grand-père se souvient de ce siècle où il vécut.
C'est le meilleur film du siècle !

**4**

**a** La femme du boulanger s'appelle Adèle.
Plus tard, je serai boulanger.
J'ai acheté du pain chez le boulanger.
Les boulangers travaillent la nuit.
J'ai rencontré mon boulanger à la mairie.

**b** Fatima reste une très bonne élève.
Ces élèves ont fait des progrès.
La trousse de cet élève est tombée par terre.
Marina s'intéresse à la nouvelle élève.
La directrice a félicité tous les élèves.

**5**

**a** Après sa chute, Julia souffre de la tête.
Le champion a pris la tête de la course.
Cette voiture lui a coûté les yeux de la tête !
La partie du corps la plus fragile est la tête.
La tête de mort était le symbole des pirates.

**b** Le violon est un instrument à vent.
Les feuilles tourbillonnent dans le vent.
Depuis hier, le vent souffle en tempête.
Le mistral est un vent souvent violent.
Je me méfie de ce vent froid.

**6**

**a** On ira en Afrique l'année prochaine.
Les années passent vite.
C'est la meilleure performance de l'année.
2016 est l'année des jeux Olympiques de Rio.
Je me souviens de l'année de mon mariage.

**b** Éteins la lumière de ta chambre !
Il faudrait que je range ma chambre.
J'aime lire au calme dans ma chambre.
S'il te reste encore de la peinture, pense à ma chambre !
Ma chambre est au deuxième étage.

## Pour aller plus loin

- **Invente six phrases en utilisant toujours le nom hiver dans ces cinq fonctions différentes. Aide-toi des mots proposés dans les étiquettes.**
  - Comme complément circonstanciel de temps avec : ours / hiberner
  - Comme complément d'objet indirect avec : skieur / rêver
  - Comme attribut du sujet avec : saison / préférée
  - Comme complément du nom avec : mandarine / fruit

- **Fais le même travail avec Soleil.**
  - Comme complément circonstanciel de lieu avec : fusée / sur / jamais / se poser
  - Comme sujet avec : la Terre / éclairer
  - Comme attribut du sujet avec : étoile / éclairer / s'appeler
  - Comme complément du nom avec : rayons / Terre / réchauffer

# Je maîtrise **tous les éléments du groupe nominal**

## Pour commencer

- **Lis les définitions de ces quatre noms : elles ont été mélangées !**

**loupe :** lentille fine au corps couvert de piquants qui permet d'entendre

**hérisson :** gros mammifère de verre qui produit des sons très graves

**tympan :** membrane grossissante de la famille du violon qui permet de mieux voir les détails

**contrebasse :** petit instrument de peau qui se nourrit d'insectes, de vers et de limaces

- **Des élèves ont commencé à reconstituer les définitions : continue leur travail.**

**loupe :** | lentille | de verre | grossissante | …

- **Dans chaque définition, repère le nom « chef de groupe » (N), l'adjectif qualificatif (Adj.), le complément du nom (CdN) et la proposition relative (Rel.).**

## Pour s'entraîner

- **En utilisant les étiquettes proposées, reconstitue les définitions des différents sens des mots illustrés.**

**Sur ton cahier**

n°1 p. 148
a. aiguille :
- Sommet escarpé d'une…
N Adj. CdN
- Tige…

### 1

**a aiguille**

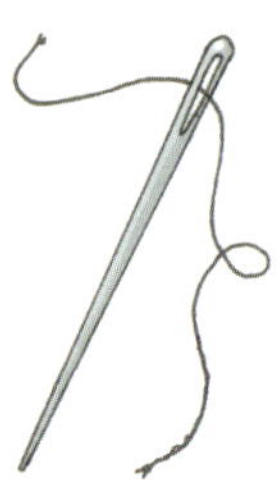

sommet | qui permet de coudre ou de tricoter | escarpé | qui indique les heures ou les minutes | d'une montre | mobile | tige | partie | de métal | pointue | d'une montagne | qui forme une pointe

**b baguette**

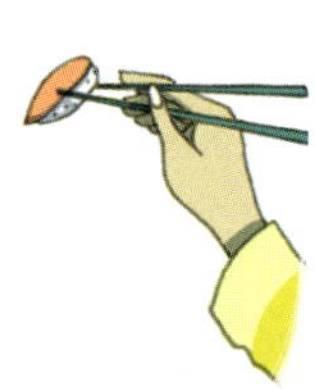

de bois | qui permet de diriger les musiciens | de forme allongée | léger | frais | mince | pain | que l'on utilise pour faire des sandwichs | bâton | morceau | du chef d'orchestre | que les Asiatiques utilisent pour se nourrir

## 2

### a glace

réfléchissante | parfumée | préparation | qui sert de miroir | de verre | à base de crème | eau | congelée | sous forme solide | plaque | qui permet de patiner | que l'on mange très froide

### b spatule

oiseau | partie | grand | de cuisine | d'un ski | qui se termine en pointe | long | qui vit sur les côtes | ustensile | recourbée | à bec large | qui a la forme d'une petite pelle

• **Plusieurs définitions ont été mélangées. Reconstitue-les et indique de quoi il s'agit : N, Adj., CdN, Rel.**

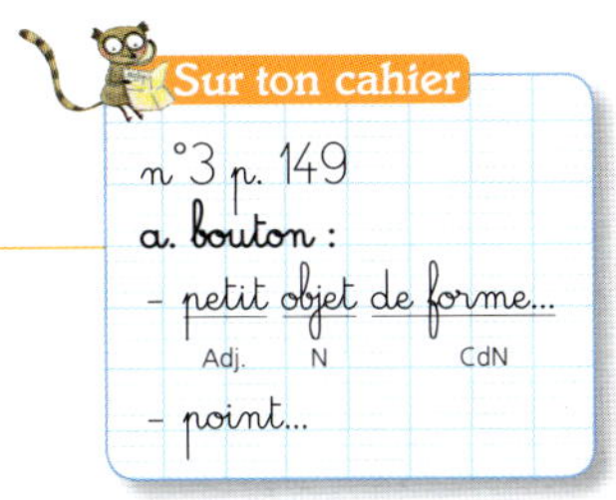


## 3

### a bouton

petit point de fleur qui démange
jeune objet sur la peau qui va bientôt éclore
bourgeon rouge de forme ronde qui sert à fermer les vêtements

### b bûche

gros gâteau de bois que l'on sert à Noël
morceau traditionnel en France que l'on met dans le feu

## 4

### a sirène

personnage sonore au corps mi femme-mi poisson qui est utilisé par les pompiers ou la police
signal légendaire de forte puissance qui vit au fond des mers

### b épi

mèche de graines rebelle qui pousse dans une direction bizarre
groupe compact de cheveux qui poussent en haut d'une tige

## 5

### a tableau

œuvre peinte d'écriture à la craie ou au feutre que l'on trouve dans les écoles
panneau d'art mural que l'on place généralement dans un cadre

### b batterie

élément de musique rechargeable qui donne le rythme à l'orchestre
instrument moderne d'un appareil qui fournit de l'électricité

# Je découvre
# les compléments d'objet second

## Pour commencer

**Associe chaque phrase à l'illustration correspondante, puis réécris-la en remplaçant les pronoms par des groupes nominaux.**

a. Mourad la leur envoie.
b. Mourad le leur montre.
c. Mourad les lui redonne
d. Mourad le lui montre.
e. Mourad la lui lance.
f. Mourad les leur offre.

*Comprends-tu pourquoi on appelle ce nouveau type de complément : « complément d'objet second » (COS) ?*

## Pour s'entraîner

**Dans les phrases, repère le COD et le COS, puis remplace le COS par un pronom complément (lui ou leur).**

> **Sur ton cahier**
> n°1 p. 150
> J'envoie une carte postale (COD) à mes parents (COS).
> Je leur (COS) envoie une carte postale (COD).

**1**

Depuis la colonie de vacances, j'envoie une carte postale à mes parents.
Ma cousine Noémie écrit une longue lettre à sa meilleure amie.
Tout rougissant, le jeune homme offre un bouquet de roses à sa fiancée.
Kamel donne de bons conseils à son petit frère chaque fois qu'il peut.
Une fois tout le monde installé autour de la table, la cuisinière sert un bol de soupe à chaque enfant.

**2**

Pendant la sortie en forêt, Chloé montre un oiseau à son copain.
Dès l'arrivée en classe, la maîtresse distribue les cahiers à ses élèves.
À la demande de sa maman, la fillette rend au bébé sa peluche.
Pour montrer qu'il est beau joueur, Paul tend la main à Arthur.
Maxime prête son vélo à Simon de temps en temps.
Ce matin, un transporteur a livré une machine à laver au voisin.

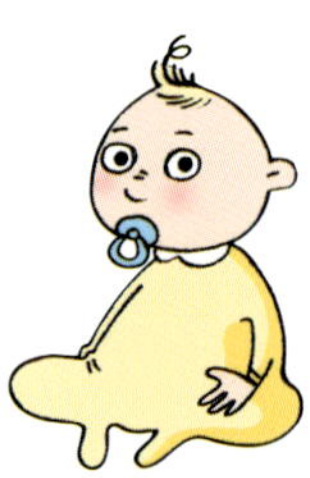

**3**

Sur le tatami, le judoka fait une prise impressionnante à son adversaire.
Chaque soir, grand-père raconte une histoire à ses petits-enfants avant d'aller se coucher.
L'entraîneur remonte le moral à toute l'équipe après ce match perdu.
Comme chaque mercredi, la journaliste conseille un film à ses lecteurs.
Le match n'est pas encore perdu : Samuel lance la balle à son coéquipier.
Sans se presser, le boucher rend la monnaie au client.

# Orthographe

*Les billes de mon sac* **pèsent** *lourd.*
*Mon sac de billes* **pèse** *lourd.*

→ Pourquoi cette différence dans l'accord du verbe ?

*Un* ***réveil****, je me* ***réveille****, des* ***réveils****, ils se* ***réveillent****…*

→ Comment s'y retrouver dans toutes ces terminaisons ?

*Nous avons* **traversé** *cette rivière.*
*Nous allons* **traverser** *cette rivière.*

→ Comment choisir entre **-é** et **-er** ?

Dans cette partie, tu vas trouver des réponses à ces questions et apprendre comment procéder pour bien écrire les mots !

# J'accorde **l'adjectif qualificatif avec le nom**

## Pour commencer

@ • **Observe bien ces quatre vendeurs de tulipes. Ils ont des souliers, un chapeau, une chemise et des tulipes de quatre couleurs différentes : violet, rouge, jaune, bleu. Complète ces phrases avec les adjectifs de couleur qui conviennent.**

Louis a une chemise ...,
des souliers ...,
un chapeau ...
et des tulipes ... .

Charles a ...

Bastien a ...

Nicolas a ...

• **Relève un groupe nominal au masculin singulier, au féminin singulier, au masculin pluriel et au féminin pluriel.**

## Pour s'entraîner

**Observe les dessins et complète les phrases avec les éléments qui conviennent. Attention aux accords !**

**1**

**a.** 

**b.** 

**c.** 

**d.** 

**a.** Aldo a ... trop grande, ... déchiré, ... rayées et ... trouées.
**b.** Freddie a une veste ... , un pantalon trop ... , des chaussettes ... et des souliers ... .
**c.** Jacko a ...
**d.** Charlie a ...

**2**

a.  b.  c.  d. 

**a.** Alexia a ... beiges, ... rose, ... bleue et ... violets.
**b.** Sonia a des jumelles ..., un casque ..., une sacoche ... et des gants ... .
**c.** Fanny a ...
**d.** Raïssa a ...

**3**

a.  b.  c.  d. 

**a.** Rikiki a ... étincelants, multicolore, ... dorées et ... immense.
**b.** Pipo a les cheveux ..., une bouche ..., des lunettes ... et un nez ... .
**c.** Achille a ...
**d.** Zaboum a ...

**4**

a.  b.  c.  d. 

**a.** Gaston a une brouette grise, un tablier ..., des bottes ... et des outils ... .
**b.** Albert ...
**c.** Gustave ...
**d.** Jeannot ...

## Pour aller plus loin

- **Observe ce plongeur et décris-le (masque, gants, combinaison, palmes).**

*Max porte ...*

- **Dessine trois autres plongeurs (Chang, Léo et John), qui doivent tous avoir des équipements de couleurs différentes, et colorie-les en utilisant seulement du noir, du bleu, du jaune et du gris. Puis décris-les.**

# J'utilise *à, là, où, voilà*

## Pour commencer

- **Des élèves ont trié des phrases ou des expressions selon l'utilisation de la préposition à. Observe leur travail.**

| On utilise la préposition à pour préciser… | | |
|---|---|---|
| … à quel endroit ? | … à quoi ça sert ? | … ce qu'il y a à faire. |
| J'ai mal à la gorge.<br>Je vais à la montagne.<br>C'est à moi. | un four à pain<br>une tasse à café<br>une lime à ongles | un trou à creuser<br>un travail à finir<br>Je rentrerai à 21 h. |
| … à quel moment ? | … à qui ça appartient ? | … à qui, à quoi ? |
| Je pars à 6 heures.<br>Je joue à la belote.<br>Je sors à midi. | Ce sac est à maman.<br>un arbre à planter<br>La Terre appartient à tous. | Je pense à toi.<br>Je m'intéresse à la musique.<br>Je rentre à la maison. |

*Ont-ils commis des erreurs ?*

- **Classe les phrases suivantes dans le tableau.**

Mon train arrivera à 16 h 12.
J'ai un livre à finir.
J'écrirai à ma marraine.
Rendez-vous à la mairie !
Ce stylo est à Zoé.
Voici les pinces à linge.

- **Complète ces phrases avec les mots là, où, voilà.**

« … es-tu ?
– Je suis …, derrière toi !
– … ça ?
– Coucou, me … ! »

*Comprends-tu pourquoi on a ajouté un doigt pointé au-dessus des accents dans* **là, où, voilà** *?*

## Pour s'entraîner

- **Dans le a, trie les expressions en deux colonnes, selon leur sens.**
- **Dans le b, complète le petit texte avec les mots à, où, là ou voilà.**

**1**

**a** L'école commence à 8 h 30.
Je cherche le couteau à pain.
J'ai besoin d'une pince à linge.
Tu es arrivé à la dernière minute.
J'ai un rendez-vous à midi.
J'ai acheté un moule à gaufres.
Le train arrive à 19 h 45.
Passe-moi la scie à métaux.

**b** Mais … est mon petit chat ? … se cache-t-il ? Il dormait …, sur le canapé… Ah, le … !
Il grimpe, … droite, … gauche, il court jusqu'… la cuisine et retourne … la salle … manger… Ce chat-… n'arrête pas de jouer !

**2**

**a** de la confiture à la fraise
un rendez-vous à la gare
un voyage à Paris
une soupe à l'oseille
un après-midi à la plage
un sandwich à la moutarde
une salade à la vinaigrette
des vacances à la montagne

**b** J'aimerais vivre ___ la campagne, dans un endroit tranquille. ___-bas, les oiseaux te réveillent ___ l'aurore, tu peux vivre ___ ton rythme.
Seulement ___, je vis ___ la ville, ___ où l'air est irrespirable, ___ deux pas d'une horrible usine ! Mes poumons s'encrassent, ça doit être tout noir ___-dedans !

**3**

**a** la ville où je suis né
le jour où je suis né
la maison où habitent mes parents
l'année où j'étais au CP
le parc où je me promène
la semaine où j'ai eu une angine
la station où je fais du ski
le moment où le soleil se lève

**b** ___ ai-je laissé mes clés ? Je croyais qu'elles étaient ___, sur la petite table… Peut-être dans mon sac ___ main ? Non… Je ne sais vraiment plus ___ je les ai mises. ___ que je perds la mémoire ! Peux-tu m'aider ___ les chercher ? S'il te plaît, cours jusqu' ___ ma voiture, je crois qu'elles sont ___-bas, dans la boîte ___ gants.

**4**

**a** une énigme à résoudre
la pêche à la ligne
un avion à réaction
un bateau à voiles
une promenade à faire
un jeu à découvrir
la peinture à l'eau
un yaourt à boire
un musée à visiter

**b** « D' ___ viens-tu, Hélène ?
– J'étais en ville, je suis allée ___ la librairie.
– Et ___ vas-tu, maintenant ?
– Je vais ___ la piscine avec Noa, je rentrerai ___ six heures.
– Tu pourras t'arrêter ___ la boulangerie et prendre une baguette ___ l'ancienne, un éclair ___ la vanille et une tarte ___ l'abricot ? Tiens, ___ 10 euros, merci ! »

## Pour aller plus loin

**Dans chaque série, trouve l'intrus et explique ton choix.**

**à - a ?**

**a** une machine ___ laver
une machine ___ coudre
une machine ___ explosé
une machine ___ vapeur

**b** un yaourt ___ la pêche
un yaourt ___ la vanille
un yaourt ___ moisi
un yaourt ___ la cerise

**où - ou ?**

**c** un endroit ___ il fait bon vivre
une cheminée ___ brûle un bon feu
un ours brun ___ un ours blanc
l'immeuble ___ j'habite

**d** Je sais ___ tu vas.
Je me demande ___ il se cache.
Je me gare ___ je peux.
Tu pleures ___ tu ris ?

# Je maîtrise **le pluriel des noms et des adjectifs**

## Pour commencer

**1. Observe ces noms au singulier.**

cravate | noix | merguez | jeu | journal | voix | feu | animal
bureau | marteau | bus | camion | tuyau | nez | noyau | ours

- **Écris-les au pluriel.**
- **Classe ces noms deux par deux en fonction de la manière de former leur pluriel, et explique ton choix, comme dans ces exemples :**

une cravate → des cravates
un camion → des camions
En général, les noms prennent un -s au pluriel.

une noix → des noix
une voix → des voix
Les noms se terminant par -x au singulier ne changent pas au pluriel.

**2. Effectue le même travail avec ces adjectifs.**

familial | poussiéreux | profond | gris | spécial | immobile | curieux | épais

## Pour s'entraîner

- **Réécris ces phrases en utilisant le plus possible le pluriel.**
- **Souligne les noms et les adjectifs qui ne changent pas au pluriel.**

**Sur ton cahier**
n°1 p. 156
Les nouvelles cuisinières épluchent des ...

**1**

La nouvelle cuisinière épluche le savoureux poireau. → ... épluchent ...
Ce morceau de rock est absolument génial ! → ... sont ...
Le voyageur curieux visite le palais royal. → ... visitent ...
Cet élève grincheux n'est pas un camarade très agréable. → ... ne sont pas ...
L'éleveur cherche à acheter un nouveau cheval. → ... cherchent ...
Cet homme a planté un chou dans son champ. → ... ont planté ...

**2**

Un animal bien nourri est un animal heureux. → ... sont ...
De temps en temps, ce journal propose un numéro spécial. → ... proposent ...
Ton résultat est tout à fait normal. → ... sont ...
Ce mur végétal ressemble à un jardin vertical. → ... ressemblent ...
Mon grand frère me donne un conseil amical. → ... donnent ...
Sur le canal, le gondolier chante un air italien. → ... chantent ...

**3**

L'ours brun mange un saumon, debout sur un gros caillou. → … mangent …
Ce chanteur anglais va chanter son plus grand succès. → … vont …
Le villageois québécois porte un épais manteau. → … portent …
Mon ami m'a offert un cadeau original et astucieux. → … m'ont offert …
Cette jeune fille lit un roman merveilleux. → … lisent …
Le célèbre musicien joue en costume noir. → … jouent …

**4**

Le touriste visite un pittoresque hameau provençal. → … visitent …
Le boucher utilise un couteau très pointu. → … utilisent …
Une affiche indique que le tarif postal a changé. → … indiquent … ont changé
L'enquêteur a trouvé un cheveu roux sur le sol. → … ont trouvé …
Le jardinier a replanté un bouleau et un chêne. → … ont replanté …

**5**

Le critique n'aime pas l'acteur principal de ce film. → … n'aiment pas …
Le scaphandrier, aventureux, a plongé dans l'eau profonde. → … ont plongé …
Un épais nuage de fumée envahit la rue commerçante. → … envahissent …
Le professeur a interdit ce jeu dangereux. → … ont interdit …
La brebis domestique partage la prairie avec le chamois sauvage. → … partagent …

**6**

Un cueilleur prudent ne ramasse jamais un champignon vénéneux. → … ne ramassent jamais …
Le technicien, méticuleux, vérifie cet appareil électrique. → … vérifient …
Le prince charmant n'existe que dans le conte fabuleux. → … n'existent …
Le principal du collège rencontre son nouveau collègue. → … rencontrent …
La comédienne porte son bijou préféré. → … portent …

## Pour aller plus loin

**Dans ces phrases, trouve la classe grammaticale des mots se terminant par -eux. Aide-toi du dictionnaire au besoin.**

a. Elle avait de **somptueux cheveux** et des **yeux mystérieux**.
b. Je fais ce que je **peux**.
c. Mes **neveux** sont d'**affreux** petits **curieux**.
d. Dans *Blanche-Neige*, mes deux nains préférés sont **Joyeux** et **Grincheux**.
e. Regarde ces livres et choisis **ceux** que tu **veux**.
f. Grâce à ces lunettes, mes **yeux** voient **mieux**.
g. Je pense souvent à **eux**.

# J'accorde le verbe avec le sujet (1)

## Pour commencer

**Lis ces phrases.**

« Ce bouquet de fleurs sent très bon !
– Oui, les fleurs de ce bouquet sentent vraiment très bon ! »

« Ce livre de recettes est très pratique.
– Et en plus, les recettes de ce livre sont très faciles à réussir. »

« Cette sauce tomate en bocaux s'utilise comme de la sauce tomate fraîche.
– Et ces bocaux de sauce tomate se conservent un an. »

- **Dans chacune, encadre le nom « chef de groupe » dans le groupe sujet.**
- **Puis trace la chaîne d'accords sujet-verbe, comme dans cet exemple.**

*Ce bouquet de fleurs sent très bon !*
GS V

## Pour s'entraîner

- **Complète les groupes de deux phrases avec les éléments proposés. Attention à l'accord entre le verbe et le sujet !**
- **Souligne le groupe sujet, encadre le nom « chef de groupe », puis relie ce nom au verbe.**

**Sur ton cahier**

*n°1 p. 158*

*a. L'actrice aux longs cheveux blonds éblouit ses admirateurs.*
GS V

**1**

**a** … éblouit ses admirateurs.
… éblouissent ses admirateurs.

| l'actrice | de | longs cheveux blonds | les | aux |
|---|---|---|---|---|

**b** … n'attirent pas les touristes.
… n'attire pas les touristes.

| les | de | trottoirs dégoutants | aux | cette ville |
|---|---|---|---|---|

**c** … pès… lourd dans ma poche.
… pès… lourd dans ma poche.

| les | de | mon sac | billes |
|---|---|---|---|

**d** … m'… beaucoup plu.
… m'… beaucoup plu.

| les | de | livre | contes | ce |
|---|---|---|---|---|

**2**

**a** … attir… l'attention des passants.
… attir… l'attention des passants.

homme | de | chaussures rouges | aux | les | cet

**b** … doi… être mélangées.
… doi… être mélangé.

ce | cartes | un | les | jeu | de

**c** … illumin… l'automne.
… illumin… l'automne.

arbres | de | feuillage rouge | au | ces | le

**d** … jou… pour remporter la coupe.
… jou… pour remporter la coupe.

juniors | de | des | les | l'équipe

**3**

**a** … ne facilit… pas la circulation.
… ne facilit… pas la circulation.

quartier | de | aux | les | rues étroites | ce

**b** … s'arrêt… pour prendre quelques photos.
… s'arrêt… pour prendre quelques photos.

touristes | de | car | les | du | ce

**c** … peu… transpercer le métal !
… peu… transpercer le métal !

dents acérées | aux | les | du | le | requin

**d** Demain, … par… en voyage en Allemagne.
Demain, … par… en voyage en Allemagne.

CM1 | classe | des | de | la | les | M. Christophe

**4**

**a** … f… l'admiration de la voisine.
… f… l'admiration de la voisine.

le | en | fleurs | du | les | pommier

**b** … ne facilit… pas le ménage !
… ne facilit… pas le ménage !

à | de | poils longs | mon | les | chien

**c** … v… finir à la poubelle.
… v… finir à la poubelle.

le | de | carton | du | les | vieux livres

**d** … me rappell… de bons souvenirs.
… me rappell… de bons souvenirs.

de | ton | photos | les | album

## …Pour s'entraîner

- Complète les phrases avec les éléments proposés.
  Attention à l'accord entre le verbe et le sujet !
- Souligne le groupe sujet, encadre le nom « chef de groupe » puis trace la chaîne d'accords.

### 5

**a** … aur… une grande valeur dans quelques années.
… aur… une grande valeur dans quelques années.
[timbres] [ta] [collection] [de] [les]

**b** … ne plair… pas à tout le monde.
… ne plair… pas à tout le monde.
[gratin] [le] [épinards] [d'] [les] [en]

**c** … laiss… entrer la lumière.
… sembl… très lumineux.
[château] [le] [grandes] [du] [aux] [fenêtres] [Les]

**d** … bloqu… la route.
… se suiv… sans savoir où ils vont.
[troupeau] [les] [de] [le] [en] [moutons]

### 6

**a** … parfum… toute la maison.
… parfum… toute la maison.
[pommes] [aux] [de] [ce] [les] [gâteau]

**b** … souffr… de la sécheresse.
… souffr… de la sécheresse.
[légumes] [de] [ce] [les] [champ]

**c** … s'install… à l'hôtel.
… s'install… à l'hôtel.
[groupe] [de] [les] [vacanciers] [ce]

**d** … perturb… le fonctionnement des feux rouges.
… perturb… le fonctionnement des feux rouges.
[panne] [des] [la] [les] [ordinateurs] [en]

### 7

**a** … impressionn… mon petit frère.
… impressionn… mon petit frère.
[sorcière] [aux] [la] [les] [ongles crochus] [de]

**b** … repèr… sa proie à grande altitude.
… repèr… leur proie à grande altitude.
[aigle] [aux] [l'] [les] [yeux perçants] [de]

**c** … pès… très lourd.
… pès… très lourd.
[filet] [de] [les] [pommes de terre] [ce]

**d** … coût… une fortune.
… coût… une fortune.

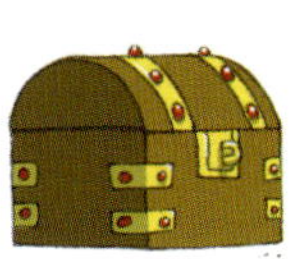

[coffret] [ce] [de] [bijoux] [les]

**8**

**a** ... constitu... une menace permanente.
... constitu... une menace permanente.

| volcans | des | l' | les | éruption | en |
|---|---|---|---|---|---|

**b** ... manifest... contre le projet de décharge.
... mont... peu à peu contre le projet de décharge.

| colère | des | la | les | habitants | en |
|---|---|---|---|---|---|

**c** ... peu... se conserver très longtemps.
... peu... se conserver très longtemps.

| vin | en | le | les | bouteilles | de |
|---|---|---|---|---|---|

**d** ... grinc... horriblement !
... grinc... horriblement !

| ton | à | de | les | roulettes | vélo |
|---|---|---|---|---|---|

**9**

**a** ... se trouv... près de la mare aux hippopotames.
... sembl... s'ennuyer beaucoup.

| cage | aux | la | les | lions | en |
|---|---|---|---|---|---|

**b** ... troubl... le prince charmant.
... troubl... le prince charmant.

| verts | aux | la | les | yeux | de | princesse |
|---|---|---|---|---|---|---|

**c** ... te donn... un air de vacances.
... te donn... un air de vacances.

| fleurs | ta | à | les | de | chemise |
|---|---|---|---|---|---|

**d** ... donn... l'impression que la maison est en ruine.
... donn... l'impression que la maison est en ruine.

| toit | du | envolées | tuiles | aux | les | le |
|---|---|---|---|---|---|---|

**e** ... arriv... au bon moment.
... arriv... au bon moment.

| ce | le | les | pizzas | de | livreur |
|---|---|---|---|---|---|

## Pour aller plus loin

- **Reconstitue deux phrases avec les étiquettes de chaque ligne.**
- **Pour chacune des phrases, fais un dessin qui montre la différence de sens entre les deux.**

Choisis bien les étiquettes pour chaque phrase : certaines sont à utiliser deux fois, d'autres une seule fois !

**a** | le | aux | ... fini | cerisier | les | par casser | du | branches trop chargées |

**b** | traîn... | pochette | de | les | ta | sous ton | bureau | feutres |

**c** | du | le | lunettes cerclées d'or | aux | rest... | introuvable(s) | les | savant |

**d** | roses | déjà | six | sont | ce | de | est | fané | fanées | bouquet |

# J'écris **les mots** en *-ail, -eil, -euil, -ouil…*

## Pour commencer

- **Complète ces mots avec -aill-, -euill-, -ill- ou -ouill-.**

a. Essuie-toi bien les pieds sur le p[ ]asson !
b. Un m[ ]on de la chaîne de mon vélo a cassé.
c. Un épais br[ ]ard gêne la circulation.
d. Tu as mis ton nouveau m[ ]ot de bain ?
e. J'ai ramassé un beau coqu[ ]age sur la plage.
f. J'ai f[ ]i tomber à la renverse !
g. Attention ! le café est b[ ]ant.
h. J'ai un petit c[ ]ou dans ma chaussure.
i. Il y a deux catégories d'arbres : les résineux et les f[ ]us.
j. L'eau j[ ]it du tuyau d'arrosage.
k. Le clown a une énorme trousse de maqu[ ]age.
l. On va te bander les yeux pour jouer à colin-m[ ]ard.

- **Lis ces étiquettes.**

Tu surveil la porte. | Je bafoui | Bébé babi | la gargoui | le trav
les volai | Tu barboui ton dessin. | trois grenoui | des fauteu
Elles se moui | Ils gaspi leur argent. | des chand | un chevre

- **Des élèves ont commencé à trier ces mots et ces phrases dans le tableau ci-dessous. Continue leur travail.**

| nom masculin singulier | … | … | nom féminin pluriel |
|---|---|---|---|
| … | des fauteuils<br>… | la gargouille<br>… | … |

| … | verbe conjugué au singulier terminaison -e | … |
|---|---|---|
| tu surveilles<br>… | … | elles se mouillent<br>… |

*Observes-tu des régularités dans les terminaisons ?*

## Pour s'entraîner

• **Complète les phrases avec le nom orange ou le verbe orange conjugué au présent.**

### 1

**conseiller - conseil**

a. Peux-tu me donner un ______ ?
b. Je te ______ de te coucher plus tôt.
c. Je n'arrive pas à choisir entre ces deux écharpes, laquelle me ______-tu ?
d. Le médecin du travail me ______ de faire un peu de sport.
e. Elles me ______ d'être prudent.
f. Les ______ que tu m'as donnés m'ont été très utiles pour mes recherches.

**griller - grille**

a. Les poulets ______ dans la rôtissoire.
b. La ______ de cette grande propriété est toujours fermée.
c. Les ______ du parc ont besoin d'un coup de peinture.
d. Si tu ______ un feu rouge, tu mets les autres en danger.
e. Je n'aime pas les voitures qui me ______ la priorité.

### 2

**chatouiller - chatouille**

a. Les enfants se font des ______.
b. Quand j'embrasse papi, ses moustaches me ______ les joues !
c. Je ne veux pas que tu me ______.
d. La plume de ton chapeau me ______ le bout du nez, ça me fait éternuer !

**sommeiller - sommeil**

a. Les enfants ______ à l'arrière de la voiture.
b. Papi ______ devant la télé.
c. Je me retourne dans mon lit, je cherche le ______.
d. Je te berce, petit frère, et voilà que tu ______.

### 3

**écaille - (s')écailler**

a. Les poissons, comme les tortues ou les lézards, ont des ______.
b. Les cuisiniers ______ les poissons avant de les cuire.
c. Ce mur est abîmé, la peinture s'______.
d. Les serpents à sonnettes font du bruit grâce à des ______ spéciales, qui se situent au bout de leur queue.

**aiguiller - aiguille**

a. Les sapins portent des ______.
b. Cet indice t'______ : il te donne un renseignement important.
c. Sur une montre, l'______ des minutes est la plus longue.
d. Les élèves de cinquième ______ les nouveaux de sixième : ils les aident à se repérer dans le collège.

### 4

**patrouille - patrouiller**

a. Les gendarmes ______ dans le quartier.
b. La police ______ toutes les nuits.
c. La ______ est au complet.
d. Le colonel félicite les deux ______ qui ont participé aux longues recherches.

**veiller - veillée**

a. Le soir du nouvel an, vous ______ tard.
b. Autrefois, les paysans se racontaient des histoires près de la cheminée, le soir, à la ______.
c. Cet été, on a fait aussi des ______ en colonie de vacances.
d. Les gardiens de musée ______ toute la nuit.

## …Pour s'entraîner

**• Complète les mots à moitié effacés du texte.**

**5**

Des corneilles piaille , sinistres,
au-dessus du champ de batai .
Partout résonne la mitrai .
Les ennemis grouill .
Les soldats du troisième batai n ferraill ,
vaille que vaille.
Ils ne font pas de dét .
Pourtant la peur,
on pourrait même dire la troui
tenai leurs entrai .
Un fantassin vaci , touché en plein poitr .
Ses camarades l'abritent derrière une murai ,
lui font un lit de fe , entre les rocai .
Au seu de la mort, son cœur défai
et son esprit dérai :
le malheureux se voit couvert de médai …

**6**

Dans la fami L'Embrou ,
il y a six enfants merve ux.
Mais quelle pagaill
dans leur pavi n de banlieue !
Les deux grandes fi se chamai
et se tirent les orei .
Le bébé brai et se torti
en se gratou nt les orte .
Au lieu de faire son trav ,
l'aîné gribou sur la feui
de son cahier de brou n
en chantant la Marsei ise.
Cami et Gui ume font les andou
et se barbouil
le visage de roui …
Cornebid !
Qui va calmer cette marma ?

**7**

Toi, cesse de faire l'andou ,
toi, mange ton fenou ,
et toi, finis tes nouil !
Comment ? Il faudrait que je veil
à vous donner à chacun pare ?
Vraiment, vous me cassez les oreil !
Allez, un effort, sinon Tante Mirei ,
malgré son cœur d'or, renverra au berca
ces petites canai qui toujours piaille !

**8**

À l'automne, quand la pluie ne mou pas trop, papi va aux champignons. Il se révei tôt, passe un chand , et hop ! il part en direction de la forêt sans même prendre un café. Quand il trouve des cèpes, son regard s'émervei , il s'agenou , malgré ses genoux un peu roui s, comme s'il s'agissait d'un trésor ! Au retour, il nous raconte des histoires, ou bien il imite le cri de la grenou pendant que mamie cuisine des omelettes. Quand il revient bredou , mamie fait de la ratatou et papi râle en moulinant des bras comme un épouvant parce qu'il déteste ça…

**9**

Mon papa adore manger de l'ai . Il en ajoute dans sa ratatou , dans ses nou , dans sa soupe à l'osei .
« C'est très bon pour le somme ! » dit-il en croquant ses gousses à pleines dents.
Dès le révei , il ne peut s'empêcher d'en mâchou r, comme si c'était un chewing-gum ! Maman n'aime pas son haleine quand il a mangé de l'ai . Si papa en grignote en cachette, c'est pare … Elle remarque quand même son odeur. Entre eux, c'est une batai permanente. Elle le survei , si elle le surprend en train de mordi r une gousse, elle le fusil du regard !

## Pour aller plus loin

### 1. Complète ces phrases avec -euil(l)- ou -ueil(l)-.

**a**

Une fois le matin venu, le vampire retourna se coucher dans son cerc ____ !
Dès qu'il nous a vus, le chevr ____ a détalé dans les fourrés.
L'eau de pluie est rec ____ ie dans un grand bassin pour servir à l'arrosage.
Je suis allé me renseigner à l'acc ____ du supermarché.
J'ai c ____ i quelques marguerites pour en faire un beau bouquet.
Le chien se repose au soleil, sur le s ____ de la porte.

**b**

Le mois prochain, ma grande sœur va acc ____ ir sa correspondante anglaise à la maison.
Les écur ____ s de ce parc n'ont plus peur des promeneurs.
Gérald est très org ____ eux : il se croit toujours plus intelligent que les autres.
Ma grand-mère rec ____ e tous les chats perdus du quartier.
J'aime aller chez ma marraine, sa maison est acc ____ ante et l'atmosphère est chaleureuse.
Les c ____ eurs de cerises sont dans les vergers, perchés sur des échelles.

**c**

Voici septembre, la saison de la c ____ ette des pommes !
Le bâteau risque de se briser contre cet éc ____ à la surface de la mer.
L'assistante du dentiste m'a installé sur le faut ____ .
J'ai reçu un rec ____ de poèmes pour mon anniversaire.
Le bouvr ____ est un joli oiseau au plumage gris, orange et noir.
Beaucoup de clients patientaient dans la salle d'attente en f ____ etant des magazines.

### 2. Le savais-tu ?

Il existe trois noms **masculins** qui se terminent par la finale **-euille** !

**Retrouve ces noms à partir de leur définition et de leur illustration.**

**a** Gâteau fait de trois couches de pâte feuilletée et de deux couches de crème pâtissière :

*un m...*

**b** Plante grimpante qui porte des fleurs très parfumées. Elle doit son nom au fait que les chèvres, selon la légende, mangeaient ses feuilles :

*le ch...*

**c** Pochette de cuir servant à ranger ses papiers et son argent :

*un p...*

# Je maîtrise les formes des verbes *être* et *avoir* conjugués au présent

## Pour commencer

• **Réécris ces phrases avec le sujet proposé.**

a. Ce matin, **Coralie** est absente : elle a la varicelle.
→ Ce matin, Coralie et Benoît…

b. **Les canetons** ont du mal à suivre leur mère, ils sont plutôt comiques !
→ Le caneton…

c. « Allô, **nous** avons un léger problème, nous sommes bloqués dans l'ascenseur !
→ « Allô, j'…

d. **Vous** n'êtes pas en retard, vous avez tout votre temps !
→ Tu…

e. Parfois, **ils** sont si rapides que nous avons du mal à les suivre !
→ Parfois, il… j'…

• **Souligne en rouge toutes les formes du verbe être et en bleu toutes les formes du verbe avoir.**

*Quels mots invariables ressemblent beaucoup à certains verbes conjugués ?*

## Pour s'entraîner

• **Complète la première phrase avec les formes de être et avoir qui conviennent.**
• **Réécris la phrase avec le sujet proposé. Attention aux chaînes d'accords !**

**1**

**a** Est-ce que vous ______ assez chaud ? ______-vous suffisamment habillés ?
→ Est-ce que tu …

**b** Léonore et Thibault ______ médecins, ils ______ beaucoup de travail.
→ Léonore …

**c** Théo ______ parti en classe verte, il ______ de la chance.
→ Théo et ses amis …

**d** Je n'______ jamais fait de ski, mais je ______ prêt à essayer.
→ Nous …

**2**

**a** Depuis que vous ______ arrivés, vous n'______ pas dit un mot.
→ Depuis que tu …

**b** Ma tante ______ photographe, elle ______ une vie passionnante.
→ Mon oncle et ma tante …

**c** Noémie et Margot ______ allées se promener, elles ______ fait une balade magnifique.
→ Noémie …

**d** Comme j'______ un peu de temps, j'______ décidé de ranger ma chambre.
→ Comme nous …

**3**

**a** Qui ____-vous ? Quel âge ____-vous ?
→ *Qui ____-tu ?* ...

**b** J' ____ un peu peur, je ne ____ pas à l'aise dans cette maison abandonnée.
→ *Nous* ...

**c** La graine que j' ____ plantée ____ en train de germer.
→ *Les graines que nous* ...

**d** Les lapereaux ____ montré le bout de leurs oreilles, ils ____ très mignons.
→ *Le lapereau* ...

**4**

**a** Ils ____ les joues toutes rouges car ils ____ allés jouer dans la neige.
→ *Elle* ...

**b** J' ____ sommeil, parce que je me ____ couché trop tard hier.
→ *Nous* ...

**c** Le film que tu ____ vu au cinéma l'an dernier ____ passé à la télé.
→ *Les films que vous* ...

**d** Quand vous ____ sortis de la pièce, vous ____ oublié d'éteindre la lumière.
→ *Quand tu* ...

**5**

**a** Je me ____ réveillé de bon matin et j' ____ tout de suite vu qu'il avait neigé.
→ *Nous* ...

**b** Thomas ____ en retard, car il n' ____ pas entendu le réveil sonner.
→ *Thomas et sa petite sœur* ...

**c** Si tu ____ pressé d'arriver, tu n' ____ qu'à marcher plus vite !
→ *Si vous* ...

**d** Quentin et Océane ____ tout bronzés, ils ____ passé tout l'été à la montagne.
→ *Quentin* ...

**6**

**a** Mes cousins ____ partis à la plage. Ils ne m' ____ pas attendu.
→ *Mon cousin* ...

**b** Tu ____ mon meilleur ami, tu ne m' ____ jamais déçu.
→ *Vous* ...

**c** Samia ____ neuf ans, elle ____ au CM1.
→ *Samia et Deng* ...

**d** Nous ____ nouveaux dans cette école, nous ____ déménagé.
→ *Je* ...

## Pour aller plus loin

**Complète le texte avec ces homonymes :**

ai - es - est - et ont - on
a - as - à sont - son

J' ____ un petit frère qui ____ trois ans de moins que moi ____ qui ____ plein d'énergie. Quand ____ joue ensemble, ____ fait beaucoup de bruit : nos parents ____ parfois l'impression que nous sommes dix !
____ lit est placé juste ____ côté du mien. Le soir, il ____ du mal ____ s'endormir. Quand je lui dis : « J' ____ sommeil, il ____ tard… Éteins ta lumière ____ dors ! », il me répond : « Si tu ____ fatigué, tu n' ____ qu' ____ fermer les yeux, tes paupières ____ là pour ça ! »

# J'utilise *et, ou, mais*

## Pour commencer

**Complète ces phrases avec les mots invariables : et, ou, mais.**

David voudrait bien repeindre la cuisine, ____ il manque de temps.
Tu préfères les histoires drôles ____ celles qui font peur ?
Mes livres ____ mes cahiers sont bien rangés dans mon casier.
Mounia, Quentin ____ Mathys préparent ensemble un exposé.
On serait bien venus vous voir, ____ la voiture était en panne.
Vous voulez jouer au basket ____ au base-ball ?
Je voulais boire mon thé, ____ il était trop chaud.
Je rentrerai chez moi dans trois ____ quatre jours.
Je me sens mal : j'ai de la fièvre ____ mon nez coule comme une fontaine.

*Comment utilise-t-on chacun de ces trois mots ?*

## Pour s'entraîner

**Complète ces textes avec ou, et ou mais.**

### 1

**a** « C'est rare de voir le soleil ____ la lune en même temps dans le ciel. En général, on voit l'un ____ l'autre, pas l'un ____ l'autre.
– C'est rare, ____ ça arrive quand même de temps en temps. »

**b** « Au restaurant, il faut choisir : fromage ____ dessert. Si l'on veut fromage ____ dessert, c'est possible, ____ ça coûte plus cher. »

### 2

« Je voudrais bien me marier, mais j'hésite : avec Samuel ____ avec Fernand ? Samuel est jeune ____ musclé, ____ ses pieds sentent le vieux fromage. Fernand est intelligent ____ cultivé, ____ il n'a aucun humour ! J'ai bien une idée, ____ je ne sais pas si elle est bonne : je vais choisir à pile ____ face !
– ____ voyons, Berthe, on ne choisit pas un mari au hasard ! Moi, je te conseille Maurice : non seulement il a de l'humour, ____ en plus il est sportif ____ cultivé ! »

### 3

M. ____ Mme Oscar vivaient heureux dans leur maison ____ leur jardinet. La semaine, ils travaillaient ____ regardaient la télé. Le week-end, ils se promenaient ____ regardaient la télé.
Mais un jour, Mme Oscar découvrit dans la poche droite de la veste de son mari ( ____ peut-être la gauche) une lettre d'amour enflammée signée d'une certaine Gloria. Sur le coup, l'épouse (prénommée Bernadette) crut mourir, ____ finalement non. Elle courut trouver son mari sur le terrain de pétanque où il jouait avec quelques amis :
« Écoute-moi bien, Léon : c'est elle ____ moi, pigé ? Pas elle ____ moi ! Jamais ! ____ tu ne la revois pas ____ je te quitte.
– ____ chérie, je ne connais pas cette Gloria ! protesta M. Oscar. Cette lettre est une publicité, je l'ai trouvée dans la boîte aux lettres !
– J'ai la même ! ____ moi aussi ! ____ moi aussi ! » s'écrièrent trois des boulistes en sortant la même lettre de leur poche…

**4**

« Quel métier voudrais-tu faire plus tard ? Je t'imagine bien pompier ____ aventurier ____ encore explorateur. ____ tu sais, je peux me tromper…

– Non, j'ai une autre idée, ____ j'ai peur que tu te moques de moi si je t'en parle…

– ____ non, vas-y, dis-moi vite !

– Je voudrais devenir danseur. J'adore le rythme ____ la musique, j'adore bouger ____ sauter.

– C'est un métier formidable, ____ qui demande une discipline de fer ____ beaucoup de volonté ! »

**5**

– Bonjour, Monsieur le crémier, je voudrais du beurre.

– Voilà. C'est deux euros ____ dix centimes, mon garçon.

– Merci, ____… est-ce que je peux garder l'argent que maman m'a donné ____ m'acheter des bonbons avec ?

– Eh non, petit : ____ tu veux mon beurre ( ____ dans ce cas, tu me donnes ton argent) ____ moi je te vends ma marchandise, ____ tu refuses de lâcher ton argent, ____ alors mon beurre, moi, je le garde ! Dans la vie, on a le beurre ____ l'argent du beurre. Jamais le beurre ____ l'argent du beurre, souviens-toi de ça…

**6**

Férol ____ Loref sont jumeaux. Ils se ressemblent tellement que, le matin, en se voyant dans la glace, ils ne savent jamais s'ils sont Loref ____ Férol.

En général, c'est Férol – ____ Loref – qui décide de s'appeler Loref – ____ Férol. ____ l'autre dit :

« D'accord, ____ demain c'est moi qui choisirai comment nous nommer. »

____ le lendemain, c'est Loref – ____ Férol – qui décide à son tour.

Heureusement qu'ils ne se disputent pas, personne ne pourrait intervenir : on ne saurait vraiment pas qui est Férol ____ qui est Loref !

**7**

« Maman, on mangera dans la salle à manger ____ sur la terrasse ?

– Sur la terrasse, il fait beau. Pouvez-vous mettre le couvert ? »

Gabin ____ son copain Tom préparent la table : les assiettes ____ les verres, les serviettes ____ les couverts… Ils ont l'impression d'avoir oublié quelque chose … ____ oui, le pain ____ l'eau ! Ils retournent à la cuisine ____ appellent tout le monde à table.

« Tom, mets-toi à gauche ____ à droite de Gabin, dit maman. Brrr, il fait beau, ____ il ne fait pas encore très chaud ! On aurait dû rester à l'intérieur !

– ____ maman, c'est toi qui…

– Je sais, mon Gabin, ____ je n'avais pas réalisé qu'il y avait ce vent frais ! S'il te plaît, va me chercher un gilet ____ un pull. »

## Pour aller plus loin

**Dans chaque phrase, on a utilisé un couple d'homonymes : ou/où - et/est - mais/mes. Complète ces phrases avec l'un des homonymes.**

a. ____ chaussettes sont trouées, ____ je les mets quand même.

b. ____ irons-nous en vacances, en Italie ____ en Grèce ?

c. La maison ____ grande ____ moderne.

d. Je voudrais bien lire cette lettre, ____ je n'ai pas ____ lunettes.

e. De quelle ville parles-tu, de la ville ____ tu habites ____ de celle ____ tu es né ?

f. De la farine, de l'eau ____ du sel : tout ____ prêt pour faire du pain.

g. Tu peux utiliser ____ skis, ____ ne les abîme surtout pas !

# J'utilise c, ç et g, gu, ge

## Pour commencer

- **Trouve la (ou les) lettre(s) cachée(s) dans ces listes de mots.**
- **Chaque liste contient un intrus : repère-le et explique ton choix.**

| | | | |
|---|---|---|---|
| itare | commer ant | dé u | exi ant |
| télé idé | rempla ant | ridi ule | imman able |
| irlande | fran ais | aper u | ven ance |
| éner ie | aga ant | re u | découra ant |
| dé isement | indi ation | ger ure | infati able |
| ba ette | soup on | dia onale | fi ure |
| proté er | tron onneuse | pi on | exi u |
| catalo e | dé ongeler | bou oir | na ur |
| erre | ma onnerie | plon on | Au uste |
| mar erite | balan oire | villa ois | ambi u |

## Pour s'entraîner

**Complète les mots avec c, ç ou g, gu, ge.**

### 1

Sur la pla e proven ale
un parasol rou e s'étale.
En et après-midi ensoleillé,
la chaleur est étouffante
pour isèle, la ommer ante
qui attend avec oura e
Les touristes de passa e…

La marchande de la e
s'énerve et s'a a e
devant e ar on indé is
qui n'a toujours pas choisi
entre erise, itron et assis.
« Prends e parfum- i ! »
lui onseille dou ement sa sœur Lu ie,
qui, elle aussi, se lasse.
Hélas ! À et instant pré is,
Fran ois renon e,
annon ant que de toute fa on,
la lace, a fond !
Et qu'il préfère les ma arons…
Quel polisson !

### 2

Le rempla ant a traversé la our,
puis il est entré dans la lasse.
Il avait une allure étran e.
Il portait une itare accrochée par une san le,
un ilet de coton ris avec une irafe en é usson,
un enre de cale on en ise de pantalon…
et des êtres à ros boutons.
Il a rimpé sur l'estrade en grima ant.
Puis il nous a re ardés lon ement.
Parfois il fron ait les sour ils.
Parfois il se rattait le enou auche.
Il a ouvert son artable, en a sorti une omme,
trois rayons, un sa de âteaux se s, une oran e.
Puis il nous a lan é aiement :
« omment a va ? »

**3**

Au _entre de Lyon se trouve une pla_e _i_antesque, re_ouverte de _ravier rou_e : la pla_e Bellecour. Il paraît que c'est la plus _rande pla_e d'Europe. La statue de Louis XIV en _avalier se dresse au _entre. Au pied de _ette statue, de nombreux va_an_iers viennent se reposer ou prendre des photos. Souvent, lors de la fête des Lumières (au début du mois de dé_embre, quand il _ommen_e à faire froid), une _rande roue est installée sur la pla_e. C'est un manè_e prodi_ieux, du haut duquel on peut _ontempler presque toute la ville de Lyon.

**4**

Un jour, j'ai vé_u une aventure pleine de dan_er…
Je parti_ipais à une randonnée, au mois de dé_embre, au _anada. On n'avan_ait pas très vite, par_e qu'on s'enfon_ait jusqu'aux _enoux dans la nei_e.
Il commen_ait à faire nuit. En fron_ant les sour_ils, notre _ide nous annon_a qu'il fallait nous proté_er du froid _la_ial sans tarder. Nous avons construit un i_loo, mais mal_ré _ela le vent nous transper_ait. Soudain, on entendit un hurlement qui nous _la_a les sangs : des loups mena_ants avaient flairé notre présen_e. La nuit fut lon_e et an_oissante, mais finalement nous avons aper_u les premiers signes de l'aube et nous sommes repartis en avan_ant vite pour réchauffer nos pieds _elés.

**5**

Hier, j'ai retrouvé au _renier une très vieille lettre, rédi_ée par ma _rand-mère quand elle était petite :
« Ma bien chère Hu_ette,
Je suis allée aux fian_ailles de ma tante A_laé. Elle s'est fian_ée avec un _arçon qui s'appelle _eor_es. A_laé m'en avait souvent parlé : "Tu verras, tu ne seras pas dé_ue : il est _rand, vi_oureux, _entil, intelli_ent, _énéreux, bref, il est irrempla_able !" Sur les tables, à l'auber_e, il y avait d'élé_ants bou_oirs, pourvus de bou_ies rou_es. _ela créait une ambian_e un peu ma_ique et très romantique ! A_laé portait une lon_e robe et, après le froma_e, _eor_es lui a offert une ba_ue étin_elante, ornée d'une pierre pré_ieuse. Vivement qu'ils annon_ent leur maria_e !
Je t'embrasse, Fran_oise. »

## Pour aller plus loin

**Les mots définis ici contiennent tous les lettres B, O, U, G. Complète-les à l'aide des définitions proposées.**

| Définition | | | | | | | | | |
|---|---|---|---|---|---|---|---|---|---|
| 1. On l'allume quand il y a une panne d'électricité : une … | B | O | U | G | | | | | |
| 2. Nous faisons des mouvements : nous … | B | O | U | G | | | | | |
| 3. C'est un support pour les bougies : un … | B | O | U | G | | | | | |
| 4. Grognon, de mauvaise humeur : … | B | O | U | G | | | | | |
| 5. Manie de remuer sans cesse : la … | B | O | U | G | | | | | |
| 6. Gronder entre ses dents : … | B | O | U | G | | | | | |
| 7. Chétif, de petite taille, maladif : … | | | B | O | U | G | | | |
| 8. Bouton de fleur : un … | B | O | U | | G | | | | |
| 9. Autrefois, habitant d'un bourg : un … | B | O | U | | G | | | | |
| 10. Artisan qui fabrique le pain : un … | B | O | U | | | | G | | |

# Je choisis le participe en *-é* ou l'infinitif en *-er*

## Pour commencer

- **Complète ces quatre phrases à l'aide des étiquettes proposées.**

Il est ______ à résoudre ce problème. = Il est ______ à résoudre ce problème.

Il va ______ à résoudre ce problème. = Il va ______ à résoudre ce problème.

| parvenir | arrivé | parvenu | arriver |

- **Fais le même travail avec ces phrases.**

Il a pensé à ______ avant le virage. = Il a pensé à ______ avant le virage.

Il a ______ avant le virage. = Il a ______ avant le virage.

| freiné | ralentir | freiner | ralenti |

L'avion attend l'autorisation de se ______. = L'avion attend l'autorisation d'______.

L'avion s'est ______. = L'avion a ______.

| posé | atterrir | poser | atterri |

*Quels sont les verbes à l'infinitif ? au participe passé ?*
*Explique par quel moyen on peut choisir entre les terminaisons* **-é** *ou* **-er**.

## Pour s'entraîner

- **Dans ces phrases, remplace les verbes en bleu par leurs synonymes.**
- **Puis complète leurs terminaisons.**

**Sur ton cahier**

n°1 p. 172
Ce soir, nous allons camper
= dormir sous la tente.
Hier soir, ...

**1**

**a** Ce soir, nous allons camp___.
Hier soir, nous avons camp___.
Un jour, j'aimerais bien camp___.

| dormir sous la tente | dormi sous la tente |

**b** Le cheval a saut___ au-dessus de la haie.
Le cheval va saut___ au-dessus de la haie.
Le cheval essaie de saut___ au-dessus de la haie.

| franchir la haie | franchi la haie |

**2**

**a** Le rat essaie de se sauv___ dans le grenier.
Le rat a réussi à se sauv___ dans le grenier.
Le rat s'est sauv___ dans le grenier.

| s'enfuir | enfui |

**b** Il a attrap___ le chien par son collier.
Il essaie d'attrap___ le chien par son collier.
Il a voulu attrap___ le chien par son collier.

| saisir | saisi |

**3**

**a** J'ai peur de m'égar… dans cette forêt.
Je me suis égar… dans cette forêt.
Les parents du Petit Poucet ont égar… leurs enfants dans la forêt.

| perdre | perdu |
|---|---|

**b** Le lion, très affamé, a aval… son repas en quelques bouchées.
Le lion, très affamé, va aval… son repas en quelques bouchées.
Le lion affamé est capable d'aval… son repas en quelques bouchées.

| engloutir | englouti |
|---|---|

**4**

**a** Les alpinistes, malgré tout, ont décidé de continu… l'expédition.
Les alpinistes ont continu… l'expédition.
Les alpinistes vont continu… l'expédition.

| poursuivre | poursuivi |
|---|---|

**b** Nous avons travers… cette rivière presque à sec.
Nous allons travers… cette rivière presque à sec.
Nous essayerons de travers… cette rivière presque à sec.

| franchir | franchi |
|---|---|

**5**

**a** Le roi est acclam… par la foule.
La foule va acclam… le roi.
Le roi aime être acclam… par la foule.

| applaudir | applaudi |
|---|---|

**b** Si un incendie commence, il faut alert… les pompiers.
Quand l'incendie a commencé, les voisins ont alert… les pompiers.
Vous avez bien fait d'alert… les pompiers !

| avertir | averti |
|---|---|

**6**

**a** J'essaie de ne pas me tromp… dans mon addition.
Je me suis tromp… dans mon addition.
Je ne veux surtout pas me tromp… dans mon addition.

| faire d'erreur | fait une erreur |
|---|---|

**b** Mes fleurs n'arrêtent pas de pouss… .
Mes fleurs vont beaucoup pouss… cet été.
Mes fleurs ont beaucoup pouss… ces derniers jours.

| grandir | grandi |
|---|---|

**7**

**a** J'essaie de me rappel… son numéro de téléphone.
Je ne me suis pas rappel… son numéro de téléphone.
Je n'arrive pas à me rappel… son numéro de téléphone.

| souvenir de | souvenu de |
|---|---|

**b** Les chamois ont saut… à des hauteurs prodigieuses.
J'ai vu des chamois saut… à des hauteurs prodigieuses.
Les chamois peuvent saut… à des hauteurs prodigieuses.

| bondir | bondi |
|---|---|

**8**

**a** Avant l'opération, Kamel a été anesthési… .
Avant l'opération, Kamel sera anesthési… .
Avant l'opération, on va anesthési… Kamel.

| endormir | endormi |
|---|---|

**b** Je n'ai pas envie de termin… ce livre.
J'aimerais bien termin… mon livre.
As-tu termin… ton livre ?

| finir | fini |
|---|---|

## ...Pour s'entraîner

**Il n'y a pas toujours un verbe synonyme pour t'aider à choisir entre -é ou -er ! Mais tu peux utiliser d'autres verbes, comme mordre/mordu ou dormir/dormi, même si la phrase n'a plus vraiment de sens.**

- **Dans ta tête, essaie les deux possibilités, puis complète les terminaisons des verbes en bleu.**

### 9

**a.** J'ai commenc… mes devoirs, mais je n'ai pas eu le temps de les termin… .

**b.** La coccinelle passe sa vie à dévor… des pucerons.

**c.** La rosée a mouill… l'herbe, mais le soleil va bientôt la séch… .

**d.** Un colis est arriv… pour toi, je l'ai pos… sur ton lit.

**e.** L'écureuil a amass… des graines pour pass… l'hiver.

**f.** Pascale a décid… de retapiss… sa chambre.

### 10

**a.** Elle m'a montr… le chemin pour all… à la poste du village.

**b.** Inutile de chuchot…, tu peux parl… normalement !

**c.** Han a cass… sa tirelire pour s'achet… un vélo rouge.

**d.** Nina voulait me raccompagn… chez moi en voiture, mais j'ai refus… pour ne pas la dérang… .

**e.** Il faut te repos… si tu veux gagn… ton match demain !

**f.** La princesse a voulu embrass… le crapaud, mais celui-ci s'est sauv… !

### 11

**a.** Plus que quelques marches à grimp… et Jules sera arriv… en haut de la tour.

**b.** Il y a encore un peu de vaisselle à lav… et du linge à rang… .

**c.** Comme je me suis beaucoup entraîn…, j'ai énormément progress… .

**d.** Dans le bus, il est interdit de fum… ou de parl… au chauffeur.

**e.** J'ai pens… à ferm… les volets, mais j'ai oubli… de verrouill… la porte !

**f.** Dès que la flamboyante Formule 1 a démarr…, son moteur s'est mis à fum… .

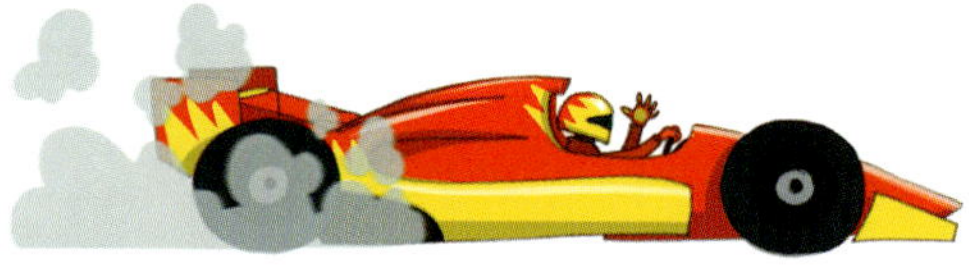

### 12

**a.** Papa nous laisse grimp… dans le grand chêne.

**b.** À force de tir… sur ton lacet, il a cass… !

**c.** Le couvercle de ce bocal s'est déviss…, je vais le reviss… .

**d.** Le bébé s'amusait à roul… sur le tapis, mais il s'est cogn… contre la table.

**e.** Je voudrais bien retrouv… mon portefeuille, je l'ai égar… !

**f.** Si tu veux apprendre à dessin…, je veux bien t'aid… .

**13**

**a.** Pour me faire une surprise, Jean-Philippe a réserv... deux places de théâtre.

**b.** Pendant la tempête, le vent a souffl... si fort qu'il a fini par déracin... plusieurs arbres.

**c.** Ma petite sœur m'a demand... de l'aid... à faire ses devoirs.

**d.** Le technicien est venu pour répar... le poste de télévision qui est tomb... en panne.

**e.** Le froid et le gel ont cess..., le chantier de l'hôpital va pouvoir démarr... .

**f.** J'ai ramass... quelques champignons, mais je ne suis pas sûr qu'ils soient bons à mang... .

**14**

**a.** On n'a pas retrouv... le ballon perdu, il faudra en rachet... un.

**b.** Les feux d'artifice vont commenc..., venez admir... le spectacle !

**c.** Kenji a enfil... son masque de vampire et s'est mis à cri... : « Je suis Dracula ! »

**d.** L'araignée a tiss... sa toile, elle attend maintenant qu'un insecte se fasse piég... .

**e.** Je n'arrête pas de me gratt..., un moustique m'a piqu... !

**f.** Le spectacle est termin..., il est temps de rentr... !

## Pour aller plus loin

**Lis ces phrases et complète les verbes avec les terminaisons -er ou -é.**

**1.**

**a** Je vois le premier coureur arriv... et franchir la ligne en vainqueur.
Je vois que le premier coureur arriv... est déjà sur le podium pour recevoir sa récompense.

**b** Je vois un pompier déroul... sa lance à incendie, prêt à maîtriser les flammes.
Je vois le pompier install... sur la grande échelle, tenant la lance à incendie.

**c** J'ai vu un écureuil cach... derrière un vieux chêne.
J'ai vu un écureuil cach... des noisettes dans un arbre creux.

**d** J'ai vu Laura retourn... chez elle, car elle avait oublié son sac.
J'ai vu un scarabée retourn... sur le dos, essayant de se remettre sur ses pattes.

**2.**

**a** J'ai vu Sébastien coiff... d'une perruque bleue et habill... d'un costume de clown.
J'ai vu Maeva coiff... sa poupée et l'habill... .

**b** Je vois les feuilles tomb... une à une sur le sol.
Une fois tout le feuillage tomb..., il faudra ratisser la pelouse.

**c** Ce matin, j'ai vu mon grand-père install... un épouvantail dans le potager.
Ce matin, j'ai vu mon grand-père install... dans une chaise longue.

**d** À la fin du match, on a vu l'entraîneur félicit... par tous les supporteurs du club.
À la fin du match, on a vu l'arbitre félicit... les joueurs pour la qualité de leur jeu.

# Je maîtrise **le genre et le nombre des noms et des adjectifs**

## Pour commencer

- **Trouve le masculin de tous ces noms féminins.**

| | | |
|---|---|---|
| une musicienne | une élève | une paysanne |
| une apprentie | une femme | une poule |
| une Africaine | une amoureuse | une secrétaire |
| une aviatrice | une ouvrière | une sœur |
| une cousine | une patronne | une spécialiste |

- **Un élève a commencé à classer les paires de mots ainsi trouvées en catégories. Continue son travail.**

| Pour former le féminin… | | | | |
|---|---|---|---|---|
| on double la consonne et on ajoute un -e. | on ajoute simplement un -e. | la finale du masculin change. | on ne change rien. | le mot entier change. |
| un musicien → une musicienne<br>… | un apprenti → …<br>… | … | … | … |

## Pour s'entraîner

**Complète ou transforme (selon les cas) les groupes nominaux.**

Sur ton cahier

n°1 p. 176
- un tigre dangereux → une tigresse dangereuse

**1**

un tigre dangereu_ → une …
un paysan breton → une …
un personnage grossi_ → des personn_ …
une plate-forme pétrolièr_ → des produit_ …

un conducteu_ pruden_ → des conductrices …
une promeneu_ solitair_ → un …
un énorm_ camion → d'énorm_ machine_
un journal quotidi_ → des information_ …
un immens_ acteur → une …
une poire juteu_ → des fruit_ …

**2**

une trist_ histoir_ → de trist_ événement_

une famille nombreu_ → des tourist_ …
un parfum étrang_ → des odeur_ …
un chanteu_ enroué → une …
une dresseu_ courageu_ → des …
les pays européen_ → les capital_ …
des coureus_ exténué_ → un …
des anim_ familie_ → une mélodie …
un grimpeu_ agil_ → une …
un chemin forestie_ → des rout_ …
des bijou_ cher_ → une montre …

**3**

des championne australie → un …
une baguett magiqu → des formul …
un chant guerrier → des chanson …
une lectrice passionné → un …
un mignon petit chien → une …
des pierr précieus → des objets …
une bricoleu adroit → un …
de célèbr présentateur → une …
une opération facil → des problèm …
des aviateur débutant → une …

**4**

des insecte venimeu → une araignée …
une robe légèr → un pantalon …
un chapeau bizarr → des chaussure …
un singe moqueu → des guenon …
des spectateu joyeu → une …
un fruit amer → des orang am
une enquête polici → des recherche …
des skieur audacieu → une …
une ville alsacie → des village …
un gâteau délicieu → une tarte …

**5**

des journé printani → un jour …
des conteur fabuleu → des conteus …
un jeun inspecteu → une …
une bête sauvag → des anim …
ces acheteur curieu → cette …
une élèv rêveu → un …
des cours particuli → une leçon …
un direct agréabl → une …
des anné entièr → un mois …
un menu végétari → des recett …

**6**

les dernie chapitre → la derni pag
un lion furieu → une …
une église ancie → des monument …
un grenier poussiéreu → une cave …
un quartier tranquill → des rue …
un farceur malicieu → une …
une danseu prodigieu → un …
les compagnie aérie → le trafic …
des patineur rapid → une …
un instituteu patien → une …

## Pour aller plus loin

- **Lis ces phrases et indique le genre (masculin ou féminin) du nom en orange.**
- **Puis précise s'il s'agit d'un homme (ou un garçon), d'une femme (ou une fille) ou si on ne peut pas le savoir.**

**Sur ton cahier**

*a. personne : nom féminin*
*Dans cette phrase, on ne peut pas savoir si c'est un homme ou une femme.*

a. Cette vieille **personne** semble perdue sur le quai de la gare.
b. Maman a été le **témoin** d'un accident.
c. Le prince est venu saluer son **Altesse** Royale, assise sur un trône doré.
d. Jordan a encore fait une farce à sa sœur. Quelle petite **canaille** !
e. Le soldat est venu remplacer la **sentinelle** en faction devant la caserne.
f. Ce jeune chanteur espère devenir une **vedette** internationale.
g. Les **victimes** de l'incendie ont été secourues par les pompiers.
h. Mon oncle a été dévalisé par une **crapule** qui a cambriolé son bureau.
i. Le **vainqueur** a célébré son nouveau titre de champion du monde.
j. Le **mannequin** essaie une robe de soie avant le défilé de haute couture.

# Je maîtrise
# les accents graves et aigus

## Pour commencer

- **Écris ces phrases en ajoutant les accents graves et aigus cachés par les dunes de sable.**

**a.** Elle prefere ne pas venir aujourd'hui.
Je prefererais qu'elle vienne demain.
Autrefois, je preferais le vert.
Maintenant je prefere le violet.
Et toi, quelle est ta preference ?
Elle completera son equipement quand elle aura les moyens.

**b.** Pouvez-vous completer ce document ?
Il complete sa collection d'helicopteres miniatures.
Le cinema est complet, il faudra qu'on revienne demain.
Je n'arrive pas a completer ce texte a trous, vraiment trop difficile.
Cesse de t'inquieter, tu es trop stresse !

- **Classe les mots dans ce tableau, comme dans ces exemples.**

| pas d'accent | accent aigu | accent grave |
|---|---|---|
| elle<br>… | préfère<br>… | préfère<br>… |

*Comprends-tu quand il faut un accent aigu ? un accent grave ? quand il ne faut pas d'accent ?*

## Pour s'entraîner

**Complète les mots avec é, è ou e.**

**1**

**a.** Je me prom_ne chaque matin.
**b.** Vous vous promen_z ensemble autour de l'_tang.
**c.** Ils pr_nnent le train tous les jours.
**d.** S_bastien s'est promen_ hier.
**e.** Il faut que j'appr_nne à me s_rvir d'une _qu_rre.
**f.** Autrefois, je m'_tais d_jà promen_ dans cette r_gion.
**g.** Demain, je me prom_nerai un peu.
**h.** Elles se prom_nent dans le champ de bl_.
**i.** J'ai fait une b_lle promenade à v_lo.
**j.** Nous appr_nons en classe la leçon sur les compl_ments du v_rbe.

**2**

**a.** Je l'emm_ne à l'_cole de musique tous les m_rcredis pour ses cours de solf_ge.
**b.** La voiture a acc_l_r_.
**c.** Tu l'emm_neras demain matin à la m_r.
**d.** L'acc_l_ration de cette voiture de course est impr_ssionnante.
**e.** Je t'emm_nerai à la cueill_tte des mirab_lles.
**f.** Peux-tu m'emmen_r chez Suz_tte ?
**g.** La voiture v_rte acc_l_re.
**h.** Je l'ai emmen_ au cin_ma.
**i.** La voiture acc_l_rera.
**j.** En acc_l_rant, tu consommes plus d'_ssence.
**k.** L'inqui_tude se lit sur ton visage crisp_.

**3**

a. Peux-tu tenir ma v_ste un instant ?
b. _stelle et Thi_rry se ti_nnent par la main.
c. Vous ten_z à r_ussir vos _xamens.
d. Il r_p_te toujours la même chose.
e. R_p_tez tous apr_s moi !
f. Ils ont r_p_t_ leur sk_tch.
g. Vous compren_z l'_spagnol ?
h. Je ne le r_p_terai plus !
i. Arrête de r_p_ter ce que je dis !
j. La r_p_tition est termin_e.

**4**

a. Ils compr_nnent vite.
b. Les comédiens prof_ssionn_ls r_p_tent une pi_ce de Moli_re.
c. Mon p_rroquet r_p_tait « Termin_ ! » toute la journ_e.
d. J'_sp_re que tu es en bonne sant_.
e. Ch_re m_m_, ch_r p_p_, nous esp_rons vivement vous voir c_t _t_.
f. J'ach_terai une b_lle poup_e anci_nne au march_ aux puces.
g. Qu'est-ce que tu as achet_ aujourd'hui au sup_rmarch_ ?
h. Ils ch_rchent à acheter un v_lo à roul_ttes pour Chlo_.
i. Elle ach_te une _tag_re à _pices.
j. La secr_taire m'a demand_ de compl_ter ce formulaire d'admission.

**5**

a. La s_rie de rec_ttes n'est plus compl_te, j'ai p_rdu la premi_re fiche.
b. Ne vous inqui_tez pas, je fais le d_ss_rt !
c. Mon p_re et ma m_re s'inqui_tent pour moi.
d. Ses _rreurs me surpr_nnent toujours.
e. J'ai fini ce livre hi_r : la derni_re page du d_rni_r chapitre est tr_s _tonnante !
f. La panth_re noire est un mammif_re, plus pr_cis_ment un f_lin.
g. C_tte _tudiante h_site entre la carri_re d'infirmi_re et c_lle de m_decin.
h. Nad_ge d_ambule dans les ru_lles de la cit_ m_di_vale.

**6**

La m_re d'H_l_ne _tait tr_s secr_te. _lle ne r_v_lait jamais où _lle allait, pr_f_rant emprunter des senti_rs tr_s biscornus pour se rendre qu_lque part. La seule fois où H_l_ne a essay_ de la suivre, _lle s'est p_rdue et _lle a dû demand_r de l'aide à une polici_re pour retrouv_r son chemin.
Un jour que la m_re d'H_l_ne _tait tr_s pr_ss_e, elle n'a pas r_ussi à retrouv_r ses cl_s de voiture : _lle avait encore oubli_ leur cach_tte…

## Pour aller plus loin

**Complète ce texte en ajoutant é, è ou e.**

M_ m_re rêve de b_lles f_ves.
P_p_re bêche, j_tte des p_llet_es de terre, t_ste des semences pr_lev_es chez ses fr_res Ren_ et H_rb_rt. Les f_ves r_stent d_s_sp_r_ment en t_rre.
P_p_re rentre, _xc_d_, ses sem_lles f_rr_es emm_nent de l'h_rbe dans l'entr_e et c_t _v_nement _n_rve c_tte m_g_re de m_m_re.
C_tte t_rre tr_s s_che d_s_sp_re t_llement p_p_re !

**Ce texte te rend perplexe ?**
- **Repère et encercle en vert les lettres extrêmement représentées.**
- **Révèle le secret de ce texte (règle très nettement respectée) !**

# Je maîtrise les démonstratifs, les possessifs et les réfléchis

## Pour commencer

- **Lis ces phrases.**

Je veux celui-ci.
Cette idée me plaît !
Elle s'était endormie.
Qui est-ce ?
Il lave sa voiture
Elle a perdu son chat.
Tu préfères celle-ci ou celle-là ?
Il se repose.
Elle sent bon, cette tarte !
Il s'est lavé les dents.

- **Des élèves ont commencé à ranger ces phrases en deux catégories : continue leur travail.**

| **Phrases contenant des mots possessifs ou réfléchis** (ce que quelqu'un possède, ce qui est à soi, ce qu'on fait à soi-même) **s**  | **Phrases contenant des mots démonstratifs** (ce qu'on montre, ce qu'on désigne) **c** 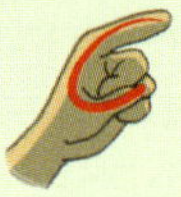 |
|---|---|
| Elle cherche ses lunettes.<br>… | C'est mon frère.<br>… |

- **Complète par s, c ou ç et classe les phrases dans le tableau.**

_a m'intéresse, _e que tu racontes !
Il _e demande s'il ne _'est pas trompé.
_on chien _'est sauvé de chez elle.
Mes gants sont plus chauds que les _iens.
Il a écrit à _es parents.
Regarde _es drôles de fleurs !
_e train que nous venons de voir, _'était un TGV.
« _'est quoi, _et objet ?
– _'est un épluche-légumes. »

## Pour s'entraîner

**Complète les phrases avec s, c ou ç.**

**1**

**a.** Le singe _e gratte la tête, puis il _e tourne vers le mur et _'endort.

**b.** Kilian _'est garé tout près, _a voiture n'est pas loin.

**c.** La star _'essuie soigneusement les mains et admire _es ongles vernis.

**d.** Pour Noël, Pierrick _e fait un petit cadeau : il _'en va en Espagne.

**e.** Gina _e lave les cheveux, puis elle _e brosse énergiquement. « _es cheveux longs _'emmêlent sans arrêt, _a me prend trop de temps ! » pense-t-elle.

**f.** Un jour, Willy _'était perdu dans la forêt. _ette forêt était bien sombre et quand _es parents l'ont retrouvé, il _'était endormi au pied d'un arbre.

**2**

a. …e jouet n'est pas rangé : il faut le mettre dans …e coffre, là-bas.
b. …ette image est très ancienne, …'est …elle-là qui me plaît le plus.
c. Mange plutôt …es fruits-là, …eux-ci sont moins mûrs.
d. …et ordinateur est encore en panne, il ne …'allume plus.
e. …ette porte …'ouvre difficilement, il faut pousser de toutes …es forces.
f. Gaël a noué une écharpe autour de …on cou : il …'est trompé, …e n'est pas la …ienne !
g. Papy …e relève difficilement de …on fauteuil en …'appuyant sur …a canne.

**3**

a. Léa est bien seule, …es amies sont toutes parties… Elle …'ennuie.
b. Déborah prendra …es vacances avec …es trois enfants.
c. « …'est un mâle, …e kangourou ?
– Non, …'est une femelle. »
d. Depuis …e matin, Kenji …'est enfermé dans …a chambre pour préparer …es cadeaux.
e. …ette nuit, des voleurs …e sont introduits dans le musée d'art, mais le gardien …'est aperçu de leur présence : ils …e sont enfuis sans emporter …es deux célèbres tableaux.
f. …'est facile de …e souvenir de …ette musique.
g. …es fauteuils-ci sont beaucoup plus confortables que …eux-là.

**4**

« …es chaussettes, …e sont les miennes ! …'écrie Suzie.
– …elles-ci, les bleues ? …a m'étonnerait ! …'exclame Léa.
– Je les ai enlevées hier quand on …'est cachées et elles …e sont coincées sous …e fauteuil, …'est sûr !
– N'importe quoi : …es bleues-là sont …elles de Gaston !
– Dans ce cas, les miennes sont ici, …e sont les rouges !
– …a ne …e peut pas, car …e sont …elles de Mélanie ! »
Suzie …e gratte les sourcils. Elle …e demande quelles chaussettes elle va bien pouvoir mettre pour aller …e promener…

**5**

…e petit bonhomme que vous voyez marcher ici, …e n'est pas n'importe qui ! …'est un très bon chanteur d'opéra.
Jusqu'à …ette année, il vivait seul avec …on chat et passait tout …on temps à travailler. Or, un soir, …on chat est sorti dans le jardin, la porte est restée ouverte et notre musicien …'est enrhumé. Tellement fort qu'il a dû …e faire soigner à l'hôpital. Impossible de chanter pendant un mois ! Le pauvre homme a bien pensé mourir d'ennui.
Et puis… il …'est marié avec l'infirmière.

## Pour aller plus loin

**Complète ce texte avec s, c ou ç.**

« …e que je vais vous dire ne …e crie pas sur les toits.
…eux qui le savent …e gardent de …'en vanter. …eux qui ne le savent pas …e doutent qu'ils …e privent de quelque chose, mais comme …eux qui le …avent …e taisent, …a ne …'ébruite pas.
…'est précieux pour …'économiser des fautes d'orthographe, …e hisser au-dessus de la moyenne en dictée :
– "C", …'est le démonstratif.
– "S" sert pour le poSSeSSif (4 S dans poSSeSSif, ça aide) et aussi pour les verbes réfléchis.
Il faut …e le rappeler, …'en souvenir, …e le rentrer dans la cervelle, …e le graver dans le disque dur… »

# Je maîtrise
# l'accord du participe passé

## Pour commencer

- **Complète ces phrases avec les étiquettes proposées.**

a. Mateo a **cassé** ______ .
______ qu'il a **cassée** contenait de l'huile.

b. Matéo a **cassé** ______ .
______ qu'il a **cassées** iront dans le gâteau !

c. Matéo a **cassé** ______ .
______ qu'il a **cassé** nous chauffera cet hiver.

d. Matéo a **cassé** ______ .
______ qu'il a **cassés** étaient tout neufs !

| des noisettes | le bois |
| --- | --- |
| la bouteille | les noisettes |
| ses skis | une bouteille |
| du bois | les skis |

- **Demande-toi ce qui a été cassé, puis relie-le par une flèche au participe passé (en violet), comme dans cet exemple.**

*Matéo a cassé la bouteille.*

*Que remarques-tu ?*

## Pour s'entraîner

- **Complète la terminaison des participes passés.**
- **Relie-les au bon mot.**

**Sur ton cahier**

n°1 p. 182
*Les élèves ont dessiné un dragon dans le couloir.*

**1**

Les élèves ont dessin… un dragon dans le couloir.
Le dragon qu'ils ont dessin… est menaçant !
Les élèves ont dessin… une locomotive.
La locomotive qu'ils ont dessin… est toute noire.
Une marelle en forme d'escargot a été dessin… dans la cour.
Les élèves ont dessin… les trois petits cochons.
Les petits cochons qu'ils ont dessin… sont roses et dodus.
Les élèves ont dessin… des fleurs des champs.
Les fleurs qu'ils ont dessin… sont très réussies.
De jolies fleurs sont dessin… sur le mur du préau.

**2**

Benjamin et Pierre ont mang___ du chocolat.
Le sandwich que David a mang___ était vraiment excellent.
Justine a mang___ des clémentines achetées au marché.
Les clémentines que Justine a mang___ étaient délicieuses !
Anaïs et Noémie ont mang___ une quiche lorraine.
La pizza que Tom a mang___ était très épicée.
Nicolas a mang___ des kiwis de Nouvelle-Zélande.
Les raisins que Zoé a mang___ étaient très sucrés.
Les cerises ont toutes été mang___.
Les cerises que nous avons mang___ étaient très bonnes.

**3**

Sam a achet___ un livre sur les dinosaures.
Le livre que Jules a achet___ lui plaît beaucoup.
Mounir a achet___ une voiture toute neuve.
La moto que mes parents ont achet___ est très rapide.
Sam a achet___ des chaussures de randonnée.
Les chaussettes que Lucie a achet___ sont chaudes et confortables.
Margot a achet___ des chaussons pour l'hiver.
Les outils qu'Amina a achet___ sont pratiques et incassables.
Christophe et Delphine ont achet___ une maison neuve.
La maison qu'ils ont achet___ est très moderne.

**4**

Jade a répar___ une vieille chaise trouvée dans le grenier.
La chaise qu'elle a répar___ n'est pas très solide.
Jade a répar___ son vieux téléphone.
Le téléphone qu'elle a répar___ ne marchait plus très bien.
Jade a répar___ ses skis de fond.
Les skis qu'elle a répar___ sont prêts pour l'hiver.
Jade a répar___ ses lunettes de soleil.
L'horloger a téléphoné : ta montre est répar___.
Les lunettes qu'elle a répar___ avaient une branche dévissée.
Ils ont répar___ les dégats causés par la tempête.

**5**

Les élèves ont écr___ des poèmes.
Les poèmes que Joanna a écr___ sont très réussis.
Damien a écr___ une lettre à ma cousine.
La lettre qu'il a écr___ n'est pas encore arrivée.
Cette chanson a été écr___ il y a plusieurs siècles.
L'écrivain a écr___ de nombreux romans.
Les romans qu'il a écr___ ont beaucoup de succès.
J'ai écr___ quelques mots sur le sable…
Les mots que j'ai écr___ ont été effacés par la marée.
Les rédactions qu'il a écr___ sont d'une grande qualité.

## ...Pour s'entraîner

- **Complète la terminaison des participes passés.**
- **Relie-les au bon mot.**

**6**

Nathan a cueill une poire.
La poire qu'il a cueilli n'était pas encore mûre.
Jézabel a cueill des fleurs des champs.
Le bouquet de fleurs qu'elle a cueill est splendide !
Arnaud a cueill des cerises.
Les cerises qu'il a cueill sont délicieuses.
Léa a cueill quelques branches de houx.
Le houx qu'elle a cueill décorera la table à Noël.
Jeanne et Adam ont cueill des champignons en forêt.

Demande-toi : qu'est-ce qui a été cueilli ? Est-ce que la flèche va vers la droite ou vers la gauche ?

**7**

Le professeur Globulus a invent une nouvelle machine.
La machine qu'il a invent ne marche pas, bien sûr !
La montgolfière a été invent par les frères Montgolfier.
Ils ont invent ce ballon à air chaud en 1782.
Mon frère a invent une petite chanson.
Elle est amusante, la chanson qu'il a invent !
L'ampoule électrique a été invent par Thomas Edison en 1879.
Il a également invent la première centrale électrique, dans la ville de New York.
Mais qui a donc invent l'eau tiède ? Mystère !

Demande-toi : qu'est-ce qui a été inventé ? Est-ce que la flèche va vers la droite ou vers la gauche ?

**8**

Cet après-midi, Romane et Annaëlle sont mont au grenier pour y jouer. Elles ont trouv une énorme malle dans un coin sombre. Avec difficulté, elles ont réuss à la tirer. De vieux vêtements y étaient rang , datant du siècle passé. Avec une robe longue, Annaëlle s'est déguis en princesse. Une veste de cuir et des lunettes de ski ont transform Romane en exploratrice. L'après-midi a pass très vite. Les deux fillettes ont rangé les vêtements qu'elles avaient enfil , puis elles sont redescend pour goûter. Quand elles sont arriv à la cuisine, leur maman a sour : elles étaient couvert de poussière de la tête aux pieds !

**9**

Un jour, dans la rue, un musicien a entend une petite mélodie sifflée par un enfant. Cette mélodie, il l'a tout de suite not sur un carnet, car elle lui plaisait beaucoup. Il est rentr chez lui, s'est assi devant son piano et a jou les quelques notes qu'il avait entendu un peu plus tôt.
Le musicien a enregistr cette musique qui est souvent pass à la radio. Le public a beaucoup aim la mélodie que le pianiste a popularis , mais personne ne sait qu'en fait, elle a été inspir par un tout jeune enfant de quatre ans !

**10**

Firmin avait fin___ sa journée de travail : les trois bancs qu'il avait repeint___ n'étaient pas encore secs… Une dame, qui n'avait pas remarqu___ les pancartes « peinture fraîche », s'est assi___ sur l'un des bancs… Un peu plus tard, la dame s'est relev___, sans savoir que la peinture avait laiss___ des bandes vertes sur son manteau ! Firmin a rattrap___ la dame qui s'en allait et il lui a annonc___ la mauvaise nouvelle… La dame s'est presque évanou___ quand elle a vu les taches !

**11**

Hier, j'ai profit___ de la voiture de Karine pour aller en ville. Je voulais acheter une paire de chaussures. Dans un premier magasin, j'ai repér___ un modèle qui était magnifique, mais je n'ai pas trouv___ ma pointure. Avec Karine, nous sommes donc all___ dans un autre magasin. Nous sommes rest___ longtemps devant la vitrine : j'ai finalement achet___ une paire de chaussures bleues, presque les mêmes que celles que j'avais essay___. Elles me plaisaient tellement que je les ai gard___ aux pieds !

**12**

Chère Vanessa,

J'ai bien reç___ la carte postale que tu m'as envoy___ et je t'en remercie. J'ai moi aussi pass___ des vacances formidables : les villes que j'ai visit___, les gens que j'ai rencontr___, les paysages que j'ai découvert___… tout était merveilleux ! Le soleil a brill___ tous les jours et nous avons appréci___ les bonnes baignades pour nous rafraîchir. Ce furent les plus belles vacances que j'ai jamais vécu___ !

## Pour aller plus loin

**1. Complète les phrases de cette comptine avec les groupes nominaux de ton choix.**

Voici ___ que la poule a pondus,
et voilà ___ que le fermier a vendu.

Voici ___ que le fermier a achetée,
et voilà ___ que le chien a rongé.

Voici ___ que le mécanicien a réparée,
et voilà ___ que les vaches ont mangée.

Voici ___ que tu as attendues,
et voilà ___ que nous avons lu.

Voici ___ que le musicien a jouée,
et voilà ___ que le roi a apporté.

Voici ___ que le chat a cassée,
et voilà ___ que j'ai inventée !

**2. En t'aidant du sens de ces phrases, complète-les avec les verbes qui conviennent. Attention aux accords !**

Comme j'avais froid, j'ai ___ la fenêtre que tu avais ___.
Le facteur a apporté le courrier, et Pierre a ___ la lettre que tu lui avais ___.
Après de longues heures de recherche, j'ai enfin ___ les clés que tu avais ___.
Catastrophe ! Les limaces ont ___ les plantes que nous avions ___.
Je suis allé à la médiathèque et j'ai ___ les deux DVD que j'avais ___ la semaine dernière.
Quelle soif j'avais ! J'ai ___ la gourde que tu avais ___.
Safouane a parfaitement bien ___ la poésie qu'il avait ___.

# J'accorde le verbe avec le sujet (2)

## Pour commencer

- **Complète ces phrases en choisissant les verbes qui conviennent parmi les étiquettes proposées.**

a. Les bijoux que ..... la princesse ..... de mille éclats.

porte | brillent | portes | brilles | portent | brilles

b. Les billes que ..... Jules pendant la récréation ..... dans sa poche.

pèse | pèses | gagnent | gagnes | pèsent | gagne

c. La jupe que ..... Sarah et Mélissa dans la vitrine ..... très cher.

regardes | coûte | coûtent | regarde | regardent | coûtes

- **Trace les chaînes d'accords entre les sujets et les verbes.**

*Pourquoi certains sujets sont-ils plus difficiles à repérer ?*

Parfois, il y a plusieurs sujets pour un seul verbe ; parfois, le sujet est placé après le verbe !

## Pour s'entraîner

- **Souligne le (ou les) GS et trace une flèche vers le verbe.**
- **Puis complète les terminaisons manquantes.**

**Sur ton cahier**

n°1 p. 186
La couleuvre et la grenouille pondent des œufs.

**1**

a. La couleuvre et la grenouille pond... des œufs.
b. Les histoires que racont... papi me passionn... .
c. La fête qu'organis... Mila et Jérémy aur... lieu mercredi.
d. C'est un mélange de graines que sembl... apprécier mon perroquet.
e. Mon chien avait mangé toutes ses croquettes et se repos... dans son panier.
f. L'anglais est la langue que parl... les Américains.
g. Benji et Déborah ? Je les crois... chaque matin en allant à l'école.

**2**

a. La longue ascension que commenc... les alpinistes les emmèn... au sommet du mont Blanc.
b. La police et la gendarmerie mèn... ensemble l'enquête.
c. Les champs où travaill... ce fermier donn... du blé.
d. L'histoire et la géographie m'intéress... beaucoup.
e. Les haricots verts sont les légumes que préfèr... Amandine.
f. Les pompiers ? Steven les admir... énormément !

**3**

a. Mes skis ? Je te les prêt… quand tu veux.
b. Le mont Everest et l'Annapurna s'élèv… à plus de 8 000 mètres.
c. Au-dessus des nuages se dress… un fabuleux château.
d. Les magnifiques coquillages que ramass… Jordan fer… un joli souvenir de son séjour à la mer.
e. La cabane que construis… mes deux cousins ser… très solide.
f. Le champion du monde, qui a gagné aux jeux Olympiques, arrêt… la compétition.
g. Derrière ces buissons se trouv… le bon sentier.

**4**

a. L'eau du bain ? Les petites jumelles la préfèr… bien chaude.
b. Les berceuses que chant… cette artiste me rappell… mon enfance.
c. Le lundi matin, la boulangerie et la boucherie rest… fermées.
d. Le violon, le violoncelle et la contrebasse se jou… avec un archet.
e. Les fèves que collectionn… Xavier occup… toute une étagère dans sa chambre.
f. « Saperlipopette » et « cornebidouille » sont des expressions qu'employai… souvent ma grand-mère.
g. Auguste et Pierrot se maquill… puis enfil… leur costume.

**5**

a. Sébastien, Xavier et Thierry travaill… dans la même entreprise.
b. Les petits frères de Félicie l'empêch… de travailler.
c. Les chaussettes que portai… ma sœur ét… trouées.
d. L'herbe que mang… les vaches se transform… en lait.
e. Au milieu des bois coul… un frais ruisseau.
f. Les arbres que coup… le bûcheron tomb… dans un grand fracas.
g. Le plongeur nag… entre les algues et les coraux puis s'approch… de la murène pour prendre une photo.

**6**

a. Les livres que dévor… Viviane se pass… souvent au Moyen Âge.
b. Le Massif central et le Jura produis… différents fromages.
c. En 2016 aur… lieu les jeux Olympiques de Rio au Brésil.
d. Nous allons organiser le voyage dont rêv… mes parents depuis si longtemps.
e. L'alphabet, composé de vingt-six lettres, se récit… par cœur.
f. La salle polyvalente, où l'on peut pratiquer tous les sports, se trouv… à côté du stade.
g. Mes devoirs ? Je les termin… tout de suite !

## Pour aller plus loin

**• Invente un sujet pour les verbes en orange de ces phrases.**
**• Trace une flèche entre le sujet et le verbe.**

a. La musique qu'**écoutaient** … me paraît démodée.
b. Sous l'armoire **se cachent** … .
c. Les terres que **cultive** … sont immenses.
d. Les documents que **range** … sont très anciens.
e. Non loin de l'étang **campent** … .
f. Les chaussettes que **cherchait** … étaient sous son lit.
g. Dans le jardin **fleurissent** … .
h. Les moineaux picorent les miettes que leur **jette** … .

# Je choisis **on ou on n'**

## Pour commencer

- **Dans ces phrases, remplace le GS en violet par le pronom on.**

Le bus est presque arrivé à la piscine.

Toute la famille partira en vacances dans les Pyrénées.

La classe n'a pas encore écrit les devoirs.

Va ouvrir, quelqu'un a frappé à la porte.

Personne n'a jamais vu un spectacle pareil.

Toute la classe a fait une partie de balle au camp.

Le monde n'aura bientôt plus de pétrole.

Hier soir, tout le monde a admiré le coucher de soleil.

- **Entoure les phrases à la forme négative et souligne les deux parties de la négation.**

## Pour s'entraîner

- **Complète les phrases avec on ou on n'.**
- **Dans les phrases négatives, souligne les deux parties de la négation.**

**Sur ton cahier**

n°1 p. 188
a. On n'est pas parti.

### 1

a ...... est pas parti en classe de neige cet hiver, mais le maître a dit qu' ...... irait l'année prochaine.

b ...... est pas pressé ce soir, ...... a tout notre temps !

c ...... a pas le droit de jouer à la balle ici, ...... risquerait de casser un carreau !

d ...... a pensé à vous, mais ...... a pas eu le temps de vous envoyer une carte postale !

e ...... s'est bien amusé chez toi mercredi dernier, ...... espère revenir bientôt !

### 2

a ...... a jamais vu un cochon volant, ...... en verra d'ailleurs jamais !

b Si ...... embête un chat malgrè lui, ...... doit s'attendre à recevoir quelques coups de griffe !

c ...... en peut plus, ...... a besoin d'une pause.

d Zut ! une panne d'électricité… ...... allume des bougies et ...... y voit déjà beaucoup plus clair !

e « Maman, ...... y sera bientôt, en Amérique ?
– Non, mon chéri, ...... est loin d'être arrivé, ...... atterrit seulement dans six heures ! »

### 3

a ...... a pas encore gagné de match, mais l'entraîneur a dit qu' ...... a fait des progrès.

b Comme ...... est déjà allé au cinéma le week-end dernier, ...... ira sans doute pas aujourd'hui.

c Quand ...... rentre de l'école, ...... a pas forcément envie de faire nos devoirs tout de suite.

d ...... a rien vu, ...... était dans la chambre pendant l'orage.

e Si ...... était plus nombreux, ...... pourrait jouer à cache-cache.

**4**

a. …… imagine pas le nombre de personnes sympathiques qu' …… peut croiser dans la rue ou en promenade.

b. …… m'a dit qu' …… pouvait admirer les fleurs du parc, mais qu' …… avait pas le droit de les cueillir.

c. …… apprend beaucoup mieux quand …… est passionné par un sujet.

d. Ce dimanche, …… a rencontré personne quand …… a traversé la forêt.

e. Si …… avait pas gagné ce dernier match, …… aurait été éliminé de la compétition.

**5**

a. Tous les matins, ma femme et moi, …… est jamais très en avance : …… se réveille en sursaut, …… avale un café en vitesse, …… enfile rapidement nos vêtements, …… accélère le rythme, …… attrape un bus et …… espère ne pas arriver en retard au travail !

b. Quand …… arrive au Zénith, …… attend parfois de longues heures avant le début du concert : …… entre dans la salle, puis …… s'installe à sa place. Lorsqu' …… voit la star apparaître sur scène, …… applaudit à deux mains, …… apprécie le spectacle et …… aimerait que ça ne s'arrête jamais !

**6**

a. …… aimerait bien savoir si …… a gagné le concours. Mais …… ne peut pas le savoir tant qu' …… affiche pas les résultats.

b. …… ose pas toujours lever le doigt, …… a parfois peur du ridicule. Pourtant la maîtresse a dit qu' …… pouvait poser toutes les questions qu' …… voulait.

c. Tiens, ce matin …… est entré dans ma chambre… …… a même fouillé dans mes affaires. Heureusement, …… a pas touché à mon tiroir secret !

d. Si …… veut protéger la planète, …… évite de gaspiller, …… utilise pas sa voiture pour de petits déplacements, …… enlaidit pas la nature avec nos déchets et …… essaie de respecter l'environnement.

## Pour aller plus loin

- **Complète ces proverbes avec on ou on n'.**

**a**

a. Quand …… parle du loup …… en voit la queue.
b. Quand …… a pas ce que l' …… aime, il faut aimer ce que l' …… a.
c. …… est jamais sali que par la boue.
d. …… engraisse pas les cochons avec de l'eau claire.
e. Plus …… est de fous, plus …… rit.
f. …… est jamais si bien servi que par soi-même.
g. À vivre, …… apprend toujours quelque chose.
h. C'est en faisant qu' …… apprend.

**b**

a. Pain qu' …… dérobe et qu' …… mange en cachette plaît mieux que pain qu' …… cuit et qu' …… achète.
b. De mouton à courte laine, …… aura pas bonne toison.
c. Ce qu' …… acquiert méchamment, …… le dépense sottement.
d. Le trop d'attention qu' …… a pour le danger fait le plus souvent qu' …… y tombe.
e. …… cause volontiers quand …… a les pieds chauds.
f. …… est jamais bien juste à l'égard d'un rival.

- **Explique le sens de chaque proverbe.**

# Les classes grammaticales

## LES NOMS : Chaque personne, chaque chose, chaque animal porte un nom.

| Les noms communs | |
|---|---|
| noms de personnes | noms de choses |
| **enfant, femme, médecin…** | **maison, forêt, sac…** |
| noms d'animaux | autres noms |
| **cheval, oiseau…** | **qualité, aventure, intelligence…** |

| Les noms propres | |
|---|---|
| noms propres de personnes | noms propres de lieux |
| M. **Durand**<br>(nom de famille)<br>**Chloé** (prénom)… | l'**Italie** (pays)<br>**Strasbourg** (ville)<br>la **Loire** (fleuve)<br>les **Alpes** (montagnes)… |

## LES ADJECTIFS QUALIFICATIFS : Ils sont placés avant ou après le nom et donnent des renseignements sur le nom…

| … sa taille, sa forme | … sa couleur | … son caractère | …ce qu'on en pense |
|---|---|---|---|
| **petit, long, épais…** | **bleu, rouge, vert…** | **gentil, impatient, rapide…** | **intéressant, amusant, facile…** |

## LES DÉTERMINANTS : Ils sont toujours placés avant le nom.

| les articles | les déterminants possessifs | les déterminants démonstratifs | les déterminants interrogatifs |
|---|---|---|---|
| articles définis<br>**le** cheval, **la** mer,<br>**les** élèves, **l'**univers<br>articles indéfinis<br>**une** journée, **un** bol<br>**des** dessins | **ma** poupée, **mon** âne,<br>**sa** cave, **son** fils,<br>**ses** cahiers,<br>**notre** famille,<br>**votre** mère,<br>**leur** maman | **ce** garçon<br>**cette** maison<br>**cet** élève<br>**ces** légumes | **quel** garçon ?<br>**quelle** heure ?<br>**quels** animaux ?<br>**quelles** vacances ? |

## LES PRONOMS : Ce sont des mots qui désignent quelqu'un, quelque chose.

| les pronoms personnels sujets | les pronoms personnels compléments | les pronoms relatifs | d'autres pronoms |
|---|---|---|---|
| **je**<br>**tu**<br>**il - elle**<br>**nous**<br>**vous**<br>**ils - elles** | **te la** présenterai.<br>penses à **lui**.<br>**les** écoute.<br>**leur** téléphonerons.<br>**le** remercierez.<br>ont besoin de **toi**… | un bébé **qui** dort<br>l'arbre **que** je vois… | **Laquelle** préfères-tu ?<br>**On** a frappé.<br>**Personne** n'est venu.<br>**Qui** es-tu ?… |

## LES VERBES : Ce sont des mots qui se conjuguent pour dire…

| …ce qu'on peut faire | | …ce qu'on peut être : les verbes d'état | |
|---|---|---|---|
| **chanter, courir…** | **comprendre** quelque chose,<br>**commencer** son travail… | **être** fatigué,<br>**sembler** impatient | **devenir** pilote,<br>**rester** calme… |

## LES MOTS INVARIABLES : Il y a trois classes de mots invariables.

| les prépositions | les adverbes | les conjonctions |
|---|---|---|
| **à** midi<br>une lampe **de** poche<br>**sans** les mains<br>**pour** commencer<br>**sur** la table<br>**pendant** la nuit… | adverbes de négation<br>Il **ne** viendra **pas**<br>je **n'**en veux **plus**<br>autres adverbes<br>**beaucoup, maintenant…** | toi **et** moi<br>le jour **ou** la nuit<br>**mais**<br>**car**<br>**ni** toi **ni** moi<br>**parce que…** |

*Pour plus de précisions, consulte ton aide-mémoire.*

# Les fonctions grammaticales

**La phrase de base est constituée d'un groupe sujet et d'un groupe verbal.**

| Le groupe sujet (GS) | | Le groupe verbal (GV) | |
|---|---|---|---|
| Le GS peut être : | | Le GV peut être : | |
| un **nom propre** | → Claire dort. | un **verbe** seul | → Ils travaillent. |
| un **pronom personnel sujet** | → Elle dort. | un **verbe** + **COD** | → Il écrit une lettre. |
| un **groupe nominal** | → La jeune fille dort. | un **verbe** + **COI** | → Il pense à son père. |
| | | un **verbe** + **COD** + **COS** | → Il donne un conseil à sa sœur. |
| | | un **verbe d'état** + **AdS** | → Il est médecin. |

La phrase de base peut être enrichie par un ou plusieurs **compléments de phrase** qu'on appelle les compléments circonstanciels : **GS + GV + CC**.
Les compléments circonstanciels peuvent être **déplacés** ou **supprimés**.

L'oiseau (GS) a fait son nid (GV) dans les branches de l'arbre (CC).

Dans les branches de l'arbre (CC), l'oiseau (GS) a fait son nid (GV).

| Le groupe nominal | | |
|---|---|---|
| Le **groupe nominal** peut être constitué de différentes manières : | | L'**adjectif qualificatif épithète**, le **complément du nom** et la **proposition relative** permettent de donner des informations sur le nom « chef de groupe » : |
| D + N | → un **chien** | → un gentil **chien** de berger qui monte la garde |
| D + N + **Adj.** | → un **chien** gentil | |
| D + N + **CdN** | → un **chien** de berger | |
| D + N + **Rel.** | → un **chien** qui monte la garde | |

| Les différents types de compléments | | |
|---|---|---|
| Quand un complément complète un **nom**, c'est un **complément du nom**. | Quand un complément complète un **verbe**, c'est un **complément d'objet**. | Quand un complément complète une **phrase**, c'est un **complément circonstanciel**. |
| **(CdN)**<br>→ la médaille d'argent | Complément d'objet direct (**COD**)<br>→ Je marque un but.<br>Complément d'objet indirect (**COI**)<br>→ Je manque d'argent.<br>Complément d'objet second (**COS**)<br>→ J'offre un livre à Félix. | Complément circonstanciel de temps (**CCT**)<br>→ Depuis hier, il pleut.<br>Complément circonstanciel de lieu (**CCL**)<br>→ La lune brille dans le ciel. |

| Les fonctions de l'adjectif qualificatif | |
|---|---|
| Quand il fait partie du groupe nominal, l'adjectif qualificatif est **épithète** :<br>→ une magnifique robe longue.<br>→ quatre petits cochons roses. | Quand il suit un verbe d'état (*être, sembler, devenir*...), l'adjectif qualificatif est **attribut du sujet (AdS)** :<br>→ Cette histoire est merveilleuse.<br>→ La maison semble inhabitée. |

Pour plus de précisions, consulte ton aide-mémoire.

# Présentation des auteurs de littérature jeunesse

## Roland Fuentès

J'adore les histoires. Toutes les sortes d'histoires :
les courtes, les longues, les tristes, les rigolotes, les sérieuses,
les farfelues… Ce livre m'a donné l'occasion d'en raconter beaucoup.
J'espère qu'elles donneront envie de lire aux enfants qui, comme moi,
n'aiment pas les journées sans histoires…

## Fanny Joly

Quand j'étais petite, j'aimais lire, écrire et rire (ça rime)…
Et vous savez quoi ? Depuis plus de 50 ans, je passe ma vie à lire, écrire
(souvent pour la jeunesse) et rire (pas tout le temps mais bon, le plus
possible). Alors quand l'éditeur de ce livre m'a sollicitée, je n'ai pas hésité !
J'espère que vous ne m'en voudrez pas : tant qu'à faire de la grammaire,
autant que ce soit avec le sourire, non ?
www.fannyjoly.com

## Sabine Minssieux

Écrire, les enfants, a quelque chose de magique. Je l'ai découvert
à votre âge.
Les mots sont des amis qui ne demandent qu'à jouer avec chacun.
Amusez-vous !
Ils ont le pouvoir de transporter dans le passé ou dans l'avenir.
Embarquez-vous !
Ils donnent vie et poids à vos idées, vos questions d'aujourd'hui.
Exprimez-vous !
Alors, vous verrez : celui qui écrit... lit aussi.

*Les éditions Retz remercient les éditions Syros, Rageot Éditeur et les éditions du Baron Perché qui ont accepté que les personnages créés par Roland Fuentès dans ses romans* Tonton Zéro, L'Arbre à chatouilles *et* Charlepogne et Poilenfrac *viennent animer aussi les pages de ce manuel.*

**Direction éditoriale :** Sylvie Cuchin
**Édition :** Charlotte Aussedat
**Conception et réalisation intérieure :** Langage Graphique
**Illustrations :** Rory et Vivilablonde
**Corrections :** Florence Richard, Gérard Tassi

**N° de projet :** 10188061
**Dépôt légal :** mars 2010
Achevé d'imprimer en Espagne en juillet 2012 sur les presses de Graficas Estella